朝鮮後期財政史研究

軍事・商業政策の転換

山本　進

九州大学出版会

朝鮮後期財政史研究
——軍事・商業政策の転換

序　章　朝鮮における前近代型「国民経済」の形成……………………1

第Ⅰ部　軍備の強化と財政

索引

序章　朝鮮における前近代型「国民経済」の形成

戦後日本政府と韓国政府はことあるごとに「歴史問題」で対立してきた。竹島（独島）の領有権問題も従軍慰安婦問題も根底には「歴史問題」が存在するものと思われる。「歴史問題」とは改めて言うまでもなく日本帝国主義が朝鮮に不平等条約を強制し、終には一九一〇年から一九四五年まで朝鮮半島を植民地として併合した（韓国の認識では不法に強制占領した）両国の近代史に対する捉え方の問題である。

韓国側の日本批判に対し日本の保守層は概ね次のような弁明をしてきた。第一に、所謂「日韓併合」が行われた二〇世紀初頭は帝国主義列強による植民地争奪戦の時代であり、日本もロシア帝国との対抗上朝鮮半島や中国東北部に進出せざるを得なかった。第二に、日本は植民地朝鮮の開発に巨額のインフラ投資をしており、結果的に朝鮮半島の近代化に貢献した。第三に、欧米帝国主義諸国も植民地支配に対する謝罪を求められておらず、また行っていない。

第一の点は被害者の立場を無視した単なる居直りに過ぎず、あまり声高には唱えられていない。義和団事件以降ロシア帝国の中国東北部に対する利権要求が加速したのは事実であるが、朝鮮半島への圧迫はほとんど見られず、ましてや日本征服まで企図していたというのは被害妄想であるか、あるいは為にする議論である。しかし第二・第三の点はある程度の説得力を持っている。著者は保守支配層の歴史観には強い違和感を感じるが、とはいえこれらの論点を単なる国粋主義者の戯れ言と斬り捨てることにも若干の躊躇を覚える。欧州列強によるアフリカやアジアの分割と植民地化がもたらした最大の弊害は、恣意的な国境線の劃定により独立後から今日に至るまで部族間の紛争が絶えないことである。更に宗主国に対する反撥を逸らせるため支配地内部の諸集団を互いに反目させる手口も用いられ、その結果インドとパキスタンが犬猿の仲となったことはよく知られている。一方で列強は植民地の資源を収奪する傍ら、原住民の利益にも繋がる経済開発はほとんど行っておらず、また北米やオセアニアなど経済開発がなされた地域は宗主国から移住者が押し寄せて多数派を形成し、元来の居住者は先住民族として社会から隔離・排除されるか、あるいは同化させられてしまった。これら欧州列強の植民地支配と較べた場合、日本の朝鮮支配とはやはり質的に大きな違いがあったと言わざるを得ないだろう。

だからといって著者には日本帝国主義の侵略行為を弁護したり正当化したりする意図は毛頭ない。ただ帝国主義支配の非道徳性だけではなく植民地化された側がそれまで育んできた伝統社会の成熟度も問題にすべきだと言いたいのである。大半の植民地は列強に支配される前は部族社会であり、部族間の組織化はほとんどなされていなかった。近世の南アジアや西アジアではムガール帝国やオスマン帝国が各部族の頂点に君臨し広大な領土を統治していたが、在地支配は各部族の藩王や族長に委ねていた。これに対し朝鮮半島では古くから中央集権国家が形成され、更に朝鮮後期になると政府が財政を通じて経済を一元的に制御する動きが加速された。法定貨幣が鋳造され、陸海の交通網が整備され、海外貿易の規範が劃定され、徴税の均質化が限界性を帯びながらも進行した。このような近世東アジア諸国に共通して見られる国家単位での経済統合を、本書では前近代型「国民経済」（以後単に「国民経済」と記す）と呼ぶことにする。

一九世紀末、日本が急速に帝国主義化し、中国も辛うじて全面的な植民地化を回避し得たのに対し[1]、朝鮮は容易に日本帝国主義の軍門に降った。その理由は朝鮮が他のアジア・アフリカ諸国のような低位の経済発展水準に止まっていたからではなく、むしろ「国民経済」の規模が小さく、また日本と比較すると相対的に遅れた部分が存在したが故に、結局僅差で競り負けたと言うべきではないか。勝ち負けで見ると日本と朝鮮との違いは歴然としているが、これを英仏とアジア・アフリカ諸国との格差と較べれば支配者と被支配者との隔たりは相対的に小さかった。このことが却って韓国人の日帝植民地支配に対する怨念を一層強めているのではないだろうか。日本への対抗意識の裏返しとして、現代韓国人の中国東北部に対するまなざしからは、先人がもう少し外交や軍事に力を傾注していれば自分たちは東北アジアに跨る帝国を築けたかもしれないという領土的野心が時として透けて見える。

同じことは韓国近代史における「植民地近代化論」に対する彼らの反応からも窺い知れる。日本帝国主義が結果的に朝鮮の近代化にある程度寄与したのか、あるいは近代化を抑圧する存在に終始したのかについては、韓国の保守派と進歩派によって見解が分断されている。保守派は日本の植民地経営の延長線上にある朴正熙政権の外資導入型開発経済政策を支持し、逆に進歩派は民族主義の立場から情緒的反日に強く傾斜している。

著者は何も韓国人が歴史学に政治を持ち込むことを批判しているのではない。政治的意図や先入観に基づく朝鮮半島研究は日本人も負けず劣らず行っている。著者が強調したいのは、わざわざ日本人に近代化してもらわなくても朝鮮が自国の力で近代化を成し遂げる可能性は十分にあったこと、日本人が植民地朝鮮で行ったことはたとえ独立後の発展に裨益するものであっても朝鮮人にとっては有り難迷惑のお節介に過ぎないものであったことである。保守派であれ進歩派であれ朝鮮戦争の停戦直後には世界の最貧国の一つに過ぎなかった韓国が今では先進国の仲間入りを果たしていることは彼らの自尊心の拠り所となっており、著者にとっては一九世紀末既に「国民経済」の基盤が形成されていたことに対する間接的証拠である。朝鮮半島の近代化における日本帝国主義の役割について政治絡みの論争をする前に、まずは近世朝鮮が日本や中国と類似の経済的土台を確立していたことを認めた上で、日中両国には見られない特殊性や脆弱性について個別に検証すべきではないだろうか。これが本書に込めた著者の問題意識である。

著者は長らく清代中国の経済構造を流通・商業・財政・貨幣金融の諸側面から研究してきた(2)。次いでそこで得られた知見を基礎とし、対清関係を軸に据えつつ、朝鮮経済の特徴を北辺開発、多様な貨幣の並存、貿易における信用取引などを通して考察した。そしてそれらの成果を『大清帝国と朝鮮経済——開発・貨幣・信用』(九州大学出版会、二〇一四年)として上梓した。その後同書で議論が及ばなかった視点や新たに注目した課題について検討を加え、その成果を本書で再び世に問うこととした。前書が前半戦だとすると本書は後半戦に相当すると言えよう。

本書では大清帝国の影響力とその結果としての朝鮮経済の跛行的発展という視座は後景に退く。その代わりに後期朝鮮の経済制度を清代中国の経済制度と対比し、比較経済史的方法で議論を進める。本書の問題意識からすれば日本を含めた東アジア全体の比較経済史を論じたいところであるが、著者には日本近世史を実証分析する能力がないので、壬辰倭乱や倭館貿易など避けて通れない部分に限って先行研究の引用という形で言及するに止める。日本近世史の研究蓄積は膨大にあり、本書をきっかけとして日本史研究者から御批正を頂戴できれば幸いである。

本書の構成を略述すると、まず第Ⅰ部では軍事と財政との関係について議論する。朝鮮では銅の多くを日本からの輸入に依存していたが、銅は銭貨の原料であると同時に鍮器や大砲の原料でもあった。そこで第一章では鋳銭と鋳砲との関係および結果的に銭遣い制が採用された意義について検討する。

朝鮮政府の銅銭流通政策については前書第五章・第六章で論じたが、銅製大砲の鋳造や配備については触れなかった。また先行研究も日本における火縄銃の伝来と倣製、壬辰倭乱での活躍について述べるだけで、明・朝鮮軍の大砲についてはほとんど注目してこなかった。そこでしばし軍事史に立ち寄り、第二章において朝鮮政府の大砲と鳥銃（火縄銃）に対する評価について検討する。

第三章と第四章は軍用衣料に関する研究である。朝鮮は北辺で中国大陸と接壌しており、高麗時代より北辺警護は倭寇対策と並んで王朝の重要な軍事政策として位置付けられていた。朝鮮において軍服や天幕・甲冑などの軍装の原材料として使用されたのは太糸で織られた厚手の綿布である青布であった。朝鮮時代綿布は既に国産化されていたが、軍用綿布として貴ばれたのは中国から輸入された青布であった。第三章では先行研究を批判的に継承しながら、青布が如何なる綿布であり、どのような経緯で対中交易品となったのかについて検討する。

続く第四章では禦寒衣料としての紙衣の支給について考察する。シベリアから南下する冬場の寒気は北辺の戍卒を凍えさせたであろう。しかし毛皮は高価であり、羊毛は国産化できなかった。そこで朝鮮政府は中国の綿入れとは似て非なる狗皮衣・衲衣・紙衣を製造し戍卒に支給した。これらはその名称から非常にみすぼらしい印象を与えるし、実際そうであったと思われるが、それでも時代が下るにつれ一定の変化が見られたことを検証する。

次に第Ⅱ部では商業と財政との関係について議論する。まず第五章では都庫に注目する。朝鮮後期に商品貨幣経済が発達すると、市廛・乱廛に加えて旅客主人・中都児・船商・褓負商・郷商など多様な種類の商人が登場したことは先行研究によって繰り返し論じられてきた。しかし営業形態である都庫（都賈）すなわち大量集荷行為という視点からの商業史研究は非常に少なかった。そこで本章では清代江南の牙行に相当する商人として都庫というカテゴリーを設定し、その仲買商としての役割を歴史的に評価する。ここでも日本近世史の卸売問屋との比較検討が欲しいところであるが、残念ながら著者の力量の埒外にある。改めて御教示を請いたい。

続く第六章では都庫を行った商人の内、代表格である旅客主人と中都児について論じる。ただ旅客主人や中都児に関する研究蓄積は充実しており、本書が追加する新たな論点は限られたものに過ぎないことをあらかじめ断っておく。なお朝鮮政府が商業部門における剰余収奪の対象としていたのは貢人と市廛であり、一八世紀末までは都庫と財政とは直接の関係を結んでいなかったが、都庫の擡頭により、一九世紀には権力機関が旅客主人を庇護して見返りに収税することが常態化する。本章では何故彼ら旅客主人が中国の牙行のように仲買問屋として販路を拡大することを止め、浦口の収税権者としての地位に甘んじたのかについて考察する。

ところで朝鮮財政は田税・賦役・貢納の三本柱を中心に構成されていた。田税と貢納は物納または貨幣納され、賦役は生の労働を徴発された。その収取と漢城への上納に責任を負わされていたのは各邑の守令である。守令は明清中国の知州・知県の如き末端の地方行政機関の長であったが、中国とは異なり布政司のような上位の財政監督機構は整備されておらず、また漢城の収取機構も一元化されていなかった。そこで各邑から上送される税貢・徭役を中央の宮房・衙門・軍門に納付する責任者として京主人が設けられていた。その業務は未達の責任を負わされる危険を伴っていたが、商業の発達により邸債と呼ばれる高利貸しを行う事例も出現した。第七章では彼ら京主人の殖利活動について考察する。

一方政府諸機関も公債と呼ばれる高利貸しを行っていた。公債が登場した理由は勅行・使行支援のための銀確保であったと見られるが、意外にも一八世紀の前半頃まではその利率が比較的低位に抑えられていた。第八章ではその理由を中継貿易における被執慣行と銀銭流通の側面から考察する。

　最後に第九章では商品流通の発達と財政の公正運用には必要不可欠な度量衡の統一について論じる。著者にとっては意外なことに、そして嫌韓論者にとっては大変好都合なことに、朝鮮は度量衡の統一が実現されず、官民ともに複数の量制が並存した。またその使い分け方も未だ解明されていない。一七八一年掌令洪秉聖は「近日国中の衡斛は一家の中でも内外で異なり、一廛の中でも朝夕で別にする。此の邑の一升はほとんど彼の州の半斗に当たり、東の市の一尺は西の村の数寸に当たる」ほど乱れているが、一方「日本は蕃夷であるが、聞く所によると窓牖（障子）や毯席（畳）を市場で購入しても寸毫たりとも狂いがない」[3]と上啓している。現代であれば「親日派」の烙印を押されかねないほど大胆な発言である。同章では洪秉聖の歎きを真摯に受けとめ、商品流通が発展しつつあった一八世紀末の朝鮮で何故度量衡が不統一であったのか、またそれが如何なる形で収斂されたのかについて検討する。

　ところで、著者は明清史研究を出発点としているため、朝鮮史の専門家が見落としがちな問題点に気付く能力を持っている。比較的短期間で朝鮮後期史に関する研究書を二冊上梓できたのも、そのような嗅覚が裨益した所が少なくない。逆に中国史家としての常識が災いして思わぬ落とし穴に陥ることもある。たとえば「軍」という語の辞書的意味は非戦闘集団を含めた軍隊の意であるが、朝鮮では「集団」の意でも使われる。従って民間の樵夫の集団も「軍」と称せられる。また「布」は明清史では綿布を指すが、朝鮮史では麻布に限定され、木綿布は「綿布」あるいは「木」と称される。前書では著者の無知により幾つかの初歩的な誤謬を犯してしまい、深く恥じ入っている。ただ朝鮮史研究も蛸壺のようになっており、外部から見ると奇異に感じられる議論も少なくない。本書の刊行を機に中国史と朝鮮史との架け橋ができれば著者としてこれに過ぎる喜びはない。

　資料については大韓民国国史編纂委員会による『承政院日記』の電子版が大いに役立った。また同会の文献検索システムにもお世話になった。これらは自宅や研究室に居ながらにして膨大な資料を語彙検索できる便利な道具である。その他の資料については九州大学で閲覧の機会を得た。とはいえ、中国史と比較すると朝鮮史研究が如何に困難であるかを毎度痛感させられる。

中国史の場合、漢籍は東洋文庫・東京大学東洋文化研究所・京都大学人文科学研究所を始めとする主要所蔵機関が漢籍目録を刊行しており、京大人文研がこれらをデータベース化している。先行研究については京大人文研が『東洋学文献類目』を刊行しており、これもデータベース化されている。そして多くの漢籍が中国本土や台湾から復刻出版されており、近年ではマイクロフィルムやCD-ROMなどの媒体でも販売されている。これらは全て日本国内の輸入代理店を通して入手可能である。

しかし朝鮮史では、まず古典籍や先行研究の整理が中国史ほど網羅的になされていない。近年の日本の先行研究については朝鮮史研究会編『戦後日本における朝鮮史文献目録一九四五―一九九一』（緑蔭書房、一九九四年）およびこれを追補した「戦後日本における朝鮮史文献目録（データベース版）」に頼った。ソウル大学校奎章閣文庫所蔵の貴重な資料は影印出版されてはいるが、これらは日本の主要な朝鮮史研究機関に寄贈されるだけで（それも全てではない）、輸入代理店を通して購入することはできない（一部は高麗書林を通して購入可能）。従って本書で引用した先行研究は朝鮮史研究会や韓国国史編纂委員会のデータベースで検索したものを除き、大半は先行研究が紹介している参考文献を芋づる式に辿ったり、知り合いの韓国人研究者に紹介してもらったりしたものである。著者が朝鮮史について浅学であることは十分承知しているが、日本の朝鮮史研究インフラの整備が中国史のそれと比較して著しく遅れていることは大きな妨げとなった。

そもそも知識は特権階級に独占されるべきものではなく、万人に開かれてこそ初めて人類共通の財産となるものである。僭越ながら日韓両国が「歴史問題」でいがみ合う前に、まず今後両国の研究者が協力して書誌データの蒐集と共有化、資料へのアクセスの簡便化を進めてくれることを強く望む次第である。そして各国・各分野の研究者が忌憚なく議論することにより、偏狭な歴史観は自ずと消滅するものと信じる。

初出一覧

序章　書き下ろし
第一章「朝鮮後期銭遣い制の形成過程」北九州市立大学『外国語学部紀要』一四〇号、二〇一五年
第二章「朝鮮時代の火器」『東洋史研究』七五巻二号、二〇一六年
第三章「近世中朝貿易と青布」『朝鮮学報』二三四輯、二〇一五年
第四章「朝鮮時代北辺における衣料支給」北九州市立大学『外国語学部紀要』一三八号、二〇一四年
第五章「朝鮮後期の都庫」九州大学『東洋史論集』四四号、二〇一六年
第六章　書き下ろし
第七章「朝鮮後期の京主人」北九州市立大学『外国語学部紀要』一四三号、二〇一六年
第八章「朝鮮後期の公債」北九州市立大学『外国語学部紀要』一四五号、二〇一七年
第九章「朝鮮後期の量制」北九州市立大学『外国語学部紀要』一四六号、二〇一七年
終章　書き下ろし

註

（1）ただし清朝は蒙古・新疆・西蔵など藩部に対してムガールやオスマンのような部族首長を通した間接統治を敷いており、辛亥革命後も外モンゴルを除き藩部の独立は達成できなかった。植民地帝国主義への抵抗運動が結果的に伝統帝国の自主的解体と民族自決を妨げてしまったのである。現代中国は大清帝国の残滓を内包しながらグローバル競争へ参加するという極めていびつな構造の下にあり、台湾回収と並んで旧藩部の「中華民族」への統合がなされない限り、中国共産党による権威主義統治は止められないであろう。欧米先進国も中国政府を牽制する道具として民族問題を持ち出すが、本気で旧藩部とりわけ新疆のムスリム社会を流動化させるつもりはないようである。

（2）拙書『清代財政史研究』汲古書院、二〇〇二年、『清代の市場構造と経済政策』名古屋大学出版会、二〇〇二年、『明清時代の

商人と国家』研文出版、二〇〇二年、『環渤海交易圏の形成と変容』東方書店、二〇〇九年。

（3）『承政院日記』第一四九六冊、正祖五年一〇月二四日。

第I部　軍備の強化と財政

第一章　鋳砲政策と鋳銭政策

はじめに

朝鮮半島では古代より近世後期に至るまで米や布などの現物が貨幣として使用され続けた。金属貨幣については、既に高麗時代より銅銭や銀瓶が鋳造されていたことが知られているものの、その流通範囲については不明な点が多い。ただ常識的に考えて、高麗時代が朝鮮時代より貨幣経済が発達していたとは考え難い。朝鮮前期に至ると世宗期に朝鮮通宝が鋳造されたが、普及することなく終わった。その後一六世紀末、壬辰倭乱という外的要因を契機として銀の流通が始まり、一七世紀前期には銅銭の鋳造や中国からの銭輸入がたびたび企画されたが、丁卯・丙子胡乱の影響などにより軌道に乗らず、本格的な銭時代の幕開けは粛宗四年（一六七八）に登場する常平通宝まで待たねばならなかった。初期の常平通宝は粛宗二三年（一六九七）に鋳造が停止され、その後約半世紀間、一七三一年の一例を除き鋳銭は実施されなかったが、一八世紀後期から再開され、一九世紀には銀の払底とも相俟って銭遣い体制が確立した。一方で銭使用が普及した後も現物貨幣は根強く使い続けられた。

中国や日本と比較すれば、朝鮮では金属貨幣の普及が後れたと総括できるが、その理由は一般に自給自足経済が鞏固に残存し続けた点と金・銀・銅などの鋳貨原料が国内でほとんど自給できなかった点に求められてきた。前者については、農村経済の実態がほとんど解明されていないため推測の域を出ないが、粛宗二三年の停鋳後に銭荒（銭不足）が朝廷でたびたび問題視されていることから、少なくとも都市部では貨幣経済がある程度発達していたものと見られる。大同法において銭での納税が部分的に認められるようになったことも銭遣いの普及を裏付けている。後者については、朝鮮では金をほとんど産出せず、有力な銀鉱脈は高麗時代に掘り尽くし、銅も一九世紀に甲山銅鉱が本格的に開発されるまで、ほぼ全てを日本からの輸入に依存していたことが知られている。これまでの研究成果を繋ぎ合わせると、朝鮮後期には市場における金属貨幣の需要がある程度高まったものの、鋳造原料の不足によりその供給が円滑に進展しなかったという結論に達する。需要増と供給難という相反する経済事情の妥協点として貴金属である銀が退場し、卑金属である銅を主要原料とする銭が貨幣の中心に位置付けられたものと考えられる。すなわち後期朝鮮市場における最良の金属貨幣であった丁銀（純度八〇％の日本銀）は一八世紀中葉に輸入が途絶えたが、最悪の現物貨幣であった麤布《そふ》も一七―一八世紀を通じて市場から駆逐され、結果として一九世紀には銅銭を中央に据え、貿易決済用の礦銀（名目純度一〇〇％の国産銀）と農村市場用の良質綿布が両脇を固める貨幣制度が形成されるに至ったものと推測される。もちろん礦銀と綿布は脇役であり、基本的には銭遣い体制が確立したと言える(1)。

常平通宝は朝鮮政府が大量に鋳造した貨幣であるため、これまで多様な側面から研究が積み重ねられてきた。その中でも元裕漢は「貨権在上」という政府の貨幣政策を中心に銭をめぐる諸問題を包括的に論じている(2)。また宋賛植は仁祖・孝宗期の鋳銭試行から常平通宝停鋳後の銭荒に至る経緯をより詳細に掘り起こしているが(3)、元裕漢の研究と細部で食い違う点も少なくない。近年では須川英徳が王朝による通貨発行権の独占を意味する「貨権在上」論を諸般の利源に対する支配権の独占を意味する「利権在上」論に拡大し、その一部として政府の貨幣政策を位置付けているが(4)、許多の利権維持政策の中で貨幣政策だけが他と異なる方向性を有していたわけではないので、元裕漢の貨権在上論との齟齬はない。一方これらの動向とは対蹠的に、李憲昶は計量経済学的手法によって朝鮮後期の貨幣流通を数量的に把握しようと試みている(5)。ただ当時の史料に記された数値がどの程度信頼できるのかという疑念がつきまとう。なお国家の貨幣政策や流通政策を論じる元・宋・須川が銭と併せて銀瓶・麤布・楮貨などを考察しているのに対し、計測可能な貨幣量を論じる李は銀を対象に加えている点が注目される。

さて、これまでの銅銭研究では銭と銀との関係についてほとんど検討されてこなかった。しかし朝鮮では銀も銅もともに日本からの輸入に依存しており、銀遣いと銭遣いとは相反関係にあった。すなわち鋳銭を積極的に推進すると原料銅輸入が増大し、その分だけ銀輸入量が減少するのである。しかし鋳銭利益は高かったらしく、中央の各衙門・軍門や各道の監兵営は様々な理由を根拠に鋳銭許可を得ようとしていた。元裕漢の試算によると、常平通宝の開鋳直後の粛宗五年と賑恤費用捻出のため臨時鋳造した英祖七年には鋳造利益が五〇%に達し、鋳銭が本格的に再開された一八世紀後期でも二〇—三〇%はあったとする。[6] 一方宋賛植は『文献随録』財用条の記事を引用して、粛宗期には鋳銭利益は出なかったが、英祖期の再開時には一四〇—一五〇%の高利益が生み出されたという当時の議論を紹介している。[7] 英祖期の常平通宝は粛宗期のそれより重量が軽く、品質も劣悪であったことは周知の事実であるが、一八世紀には輸入銅の価格も上昇しており、『文献随録』の叙述より元裕漢の推算の方が比較的妥当であると思われる。しかしたとえ日本からの銅輸入量が制限され、銅価格も上昇していたとしても、五割もの鋳造利益が得られる鋳銭事業を政府がどうして停止したのか、また停鋳後次第に銭荒が深刻化した後も鋳銭の再開を躊躇したのは何故なのか、貨権在上論では合理的な説明がなされていない。

実は元裕漢の算出した鋳造利益は政府が定めた銀銭比価を規準にしているものと思われるが、[8] 市場では銀価と銭価は各々独立して変動していた。従ってたとえば『続大典』が定める銀一両＝銭二〇〇文の比価に基づき、銀一両の費用（原料費・燃料費・人件費など）で銭三〇〇文を鋳造し得たと仮定すれば、鋳造利益は五〇%になるが、実際には政府が新鋳銭を両替商に持ち込み五割増の銀を回収できたわけではない。これは中国でも同様で、清朝が国初公定した銀銭比価は銀一両＝銭一千文であるが、市場での銀銭比価は絶えず変動しており、また政府が銀と銭とを交換することもなかった。朝鮮における銀一両＝銭二〇〇文という公定比価は財政上の規準値に過ぎず、常平通宝の発行当初実施されていた公定比価による銀銭交換も粛宗六年には中止されており、政府でも民間でも銭遣い経済と銀遣い経済とは基本的に分断されていたのである。そもそも鋳造利益が五〇%も得られ、原料銅輸入も順調に増加している最中に利権在上を掲げる粛宗が何故鋳銭を停止したのか、理由がわからない。逆に購買力平価で貨幣価値を推算すると、『文献随録』の数値もあながち出鱈目だとは断定できない。すなわち銭が社会的信用を獲得していない段階にあっては重量二銭の良銭を鋳造しても市場価値は利益が出せないほど低く、逆に銭荒が進行した英祖期には重量一銭の粗悪銭を鋳造するだけで二倍半もの価値が創出されることもあり得るのである。

このように鋳銭には銭自体の価値変動と同時に銀との関係が複雑に絡んでくる。従って先行研究のように商品経済の展開が小額貨幣の需要を生んだとか、鋳銭により利権在上の達成が困難になったとかいう抽象論で常平通宝を論じることには限界があると思われる。官撰資料に現れる朝廷の議論から為政者の本音を引き出すことは難しいが、銭を取り巻く国際関係、特に対日・対中貿易についても考慮する必要がある。

ところで、朝鮮では一九世紀初まで銭の主要原料である銅のほぼ全てを日本から輸入していた。倭銅の輸入についてはつとに対馬宗家記録を用いた田代和生の研究が存在する[9]。田代によると、対馬藩の銅輸出は貞享元年（一六八四）の一六万余斤から漸次増大し、元禄一〇年（一六九七）には前年の二倍を超える一四三万余斤に激増した後、翌一一年以降は激減して数万斤から数百斤に至るとされる[10]。元禄一〇年四月には元禄銀通用交渉が開始されており、田代は銅輸出激減の原因を貨幣改鋳による私貿易の混乱に求めている。一方、一六九七年には朝鮮政府が常平通宝の鋳造を停止しており、島田竜登は倭銅輸入減が停鋳の原因になったと考える[11]。ただ両者が同じ年に発生していることから、元や須川は両者の間に因果関係を認めず、単に倭銅輸入減が結果的に鋳銭の再開を困難にしたと述べるに止めている。

ここで注意すべきは、先行研究の大半が倭銅輸入の要因を鋳銭のみに求めている点である。例外的に田代和生は元裕漢の論文[12]を引用して、「当時の盛んな銅銭鋳造によって、朝鮮側に銅の不足や銅価の異常騰貴が引き起り、兵器（主に大砲）製造に多大の支障をきたし、そのため日本からの輸入銅をめぐって、これを兵器に充てるか、或いは鋳銭用にするか、常に政治論争が絶えなかったことが明らかにされている（同論文六五四頁）」とも述べており[13]、銅が兵器の原料にも使用されていたことに言及している。極めて鋭い指摘であるが、惜しいことに元裕漢論文は鋳砲と鋳銭とは競合関係にあったとしか述べておらず、また根拠とされる史料も英祖元年一〇月の「鋳銭を罷め、賑庁の貿銅を以て軍器を鋳んことを命ず」という教旨のみである。確かに、中国とは異なり朝鮮では鋳銭部局が統一されておらず、戸曹・常平庁・賑恤庁のような財務部門だけでなく、御営庁・司僕寺・訓錬都監や地方の監営・兵営などといった軍事部門でも鋳銭が実施されており、財政と軍政とは銅をめぐって密接な関係にあった。従って田代や元が指摘した鋳銭と鋳砲との相剋についてはより一層掘り下げた検討が必要である。

本章では従来ほとんど全く顧みられなかった銀と銭との関係および鋳銭と鋳砲との関係という二問題に焦点を当て、朝鮮後期の銭政策を再検討する。興味深いことに銭をめぐる出来事は世紀の境目に集中して発生しており、これらを劃期として朝鮮後期を三期に区分することができる。第一期は一六世紀末の壬辰倭乱から一七世紀末の鋳銭停止・銅輸入激減・元禄銀通用まで、第二期は一八世紀末の包蔘制施行と甲山銅鉱開発まで、第三期はそれ以降である。このように本章では銭が使用された朝鮮後期を便宜的に三分割し、各期における銭制の実態について考察する。なお本章は新事実の発見というよりは既知の史実の再構成という性質が強いため、行論では先行研究が明らかにした出来事については原則として註記を省略し、一部のみ史料で補う。

一　一七世紀の銭

国初朝鮮は銅銭を鋳造しその普及を試みたが短期間で挫折し、一六世紀末までは穀物や布帛などの現物貨幣が交換手段として使用されていた。楮貨（紙幣）も発行されたが広範には流通しなかった。このような現物を媒介とする原始的な交換経済を一変させたのが一五九二年に勃発した壬辰倭乱であった。宣祖の要請に応じて援軍を送った明朝は兵餉として膨大な銀を策源地の遼東や前線の朝鮮に持ち込んだ。これを契機として朝鮮でも銀の流通が始まった[14]。明軍は日本軍より兵站が充実していたとはいえ、長引く戦況の下で安定的に兵餉を確保することは容易ではなかった。そこで戦乱末期の一五九八年、明の経理楊鎬は「爾国は銭を用いず、只だ米布を用いて交易するのみ。故に貨泉通ぜず、以て国を富ます無し」として朝鮮政府に万暦通宝を鋳造するよう提言した。朝廷では賛成論と慎重論が出たものの、備辺司は楊鎬の強い意志に配慮して鋳銭実施を上啓したが、宣祖は許さなかった[15]。楊鎬が万暦通宝の鋳造を要請したのは、朝鮮の経済財政政策への介入を目的とするものではなく、貨幣経済が未発達な土地での兵餉確保が困難であったからであろうと思われる。しかし銅銭の原料は銅や錫であり、これらは大砲の鋳造にも不可欠であったが故に、宣祖は即座に却下したものと思われる。

戦後間もない宣祖三六年（一六〇三）、領議政李徳馨は「往年楊経理は私に、貴国は倭乱発生後糧餉が匱竭しており、銭貨を創用して公家の用を裕かにしなくてはならないと常に語っていた」と述べ、まずは銅銭を鋳造して民間に流布させ、時期を定めて布貨で納めさせていた税を銭納に切り換えるべしと進言した。しかし左議政尹承勲や右議政柳永慶は原料銅を国内で産出できないため鋳銭は困難だと反論したので、結局政府は銭行使に踏み切らなかった。

一方壬辰倭乱で疲弊した明と朝鮮の間隙を衝いて急速に勢力を拡大したのがヌルハチ率いる建州女真が建てた後金であった。後金に押されて朝鮮領の椴島に退却した毛文龍は仁祖三年（一六二五）朝鮮に鋳銭を要請し、これが拒否されると原料銅の提供を何度も要求した[16]。朝廷では金藎国や李曙が銭行使を支持したが、同年六月、左議政尹昉は「中国は銭を用いるが地域によって各々異なる。山海関内では銭を用いるが関外では用いない」と述べ、特進官金大徳も「中国や日本は皆銀を用いている。故に銀遣いが甚だ便利であり、銭は障碍が多いので用いるべきではない」と述べ、鋳銭に反対した[17]。その後一〇月、戸曹判書金藎国の提言により鋳銭が許可された[18]。しかし仁祖五年に発生した丁卯胡乱により鋳銭は中断されてしまった。

この戦争に惨敗した朝鮮は、保有銅を鋳銭でなく鋳砲に振り向けるようになる。対後金宥和政策を採っていた光海君を反正により追放した仁祖は外交を親明反後金政策に転換し、これが丁卯胡乱の引き金となったのであるが、後金にたやすく敗退した仁祖は以後積極的な軍備強化を開始した。壬辰倭乱の際、日本軍は小銃を多用したが、明軍は小銃から大砲まで多様な火器を使用した。もともと火器は元代に高麗へ伝播し、世宗は火砲の鋳造に積極的に取り組んだが、その後永らく衰退していた。そこで朝鮮は再度明に倣って大小各種の火砲を製造するようになるが、大砲の主力は母砲と子砲に分かれ、子砲を母砲に装塡して発射する仏狼機（日本や中国では仏郎機と記す）であった。仏狼機は火力において小銃より勝っており、子砲を入れ替えるだけで連射ができる利点があった。ただし当時の技術では大砲を鉄で鍛造することはできず、青銅で鋳造していたため、原料費が高くなり、また破裂しやすい欠点があった。

それでも朝鮮政府は高価で製造・使用が困難な大砲の製造に積極的に取り組んだ。仁祖七年には軍器寺より銅製の天地字銃筒と鋳鉄製の碗口（明より伝来した小型砲）・震天雷（『蒙古襲来絵詞』に「てつはう」と記されている投擲弾）・地雷（埋火と呼ばれる導火線式地雷）などの各種大砲・爆弾を鋳造し江華に配置しているが、砲数は僅かで鋳造も困難であるとの報告がなされている[19]。翌八年には軍器寺が新造した仏狼機を試射したところ、三門のうち二門が破裂した[20]。前線にはたとえば平安道兵馬節度使柳琳のように小銃が大砲と同様の威力を発揮すると訴える者もいたし[21]、小銃の充実には最大級の努力がなされていたが、当時の国産鳥銃は日本からの輸入品と較べて精度が劣っていたため、朝廷は射程距離が長く破壊力の強い大砲の増備に執着した。

とはいえ、対後金戦争を継続するには兵餉調達手段である貨幣の製造も必要であり、仁祖一一年戸曹判書金起宗の提言により常平庁での鋳銭が認められ、翌一二年より銭使用が開始された。しかし朝廷では有限の銅を鋳砲に充てるか鋳銭に充てるかで議論が分かれた[22]。そうこうするうち丙子胡乱が勃発し、朝鮮は前回以上に屈辱的な講和を結ばねばならなくなった。

丙子胡乱の後、朝廷では倭銅を大砲鋳造に充てるべしという意見が強まり[23]、実際そのようにされた[24]。しかし鋳銭もまた使行支援や兵餉確保の面で必要不可欠な外交・防衛政策である。そこで清が中原に侵攻し北京に遷都した仁祖二二年（一六四四）、行大司成金堉は北京において銀で千百万貫規模の銅銭を買い付け、これを平安道と黄海道に散布すべしと上疏し、平安道観察使金世濂も銭流通の試行を支持したが[25]、直ちに実現には至らなかった。孝宗元年（一六五〇）ようやく北京より制銭一五〇〇貫を輸入して平壌と安州に留置したが、孝宗二年の制銭一三〇〇余貫の輸入計画は戸曹の反対により実施には至らなかった[26]。その後孝宗は銭行使に消極的になり、孝宗七年九月には

「行銭六年、既に分寸の効無く、国家の財産、日び凋耗に就く」と述べて、廷臣に命じ銭行使自体の廃止を議論させるようになった[27]。

もともと百数十貫程度の些少な銅銭で銭流通が実現できるはずもなかったが、清朝討伐に意気込む孝宗は兵餉支援体制の確立より正面装備の充実を優先したのである。たとえば孝宗四年、江華留守李曼が「東萊府使の報告によると倭銅で仏狼機一四二門を鋳造した後、戸曹の要請により残余を常平庁と戸曹に移送したとあるが、仏狼機の鋳造はもう停止されたのか」と問い詰めたのに応えて、孝宗は銅の移送を禁止し、全数を仏狼機鋳造に振り向けるよう下命している[28]。これに対して翌年正月、特進官李時昉は倭銅の全てを仏狼機鋳造に用いると器皿などの鋳造が不可能になるとして、一万斤を戸曹の用とし、二万余斤を鋳砲の用とすべしと反論したが、孝宗は前言を撤回しなかった[29]。その後孝宗七年九月には行銭の停止が議論され、同年一二月、漢城府判尹李時昉は、京中の行銭は既に停罷されたので、常平庁が儲備する生銅三千斤と熟銅一千斤は鋳砲に転用すべしと上啓して裁可されている[30]。

孝宗五年には清国の要請により第一回羅禅征伐（ロシアへの派兵）が行われており、この前後に火器製造に特段の意欲が払われたことは想像に難くない。しかし孝宗七年に忠清道の所斤水軍僉節制使黄士誠が「大砲は最重要兵器であり戦場では不可欠であるが、我が国は火薬が貴重なので使用は稀であり、発射できる者は少ない。……また仏狼機・震天雷・大碗口などの火器があるが、臣が試射せんと欲し、土兵に問うたところ、誰一人発射できなかった。……当初国家が多大な労力を費やして鋳成した本意は終に達成されなかった。臣は痛歎を禁じ得ない」と上疏しているように[31]、せっかく量産した大砲も一部の軍団では全く使いこなせない有様であった。黄士誠の発言を朝鮮軍砲兵全体に敷衍することは早計であるが、大砲は小銃より多量の火薬を使用する反面、火薬の原料である焔硝（硝酸カリウム）の製造技術は相対的に低く[32]、また硫黄は中国や日本からの輸入にほぼ全面的に依存していたことから、日常的な射撃演習は行われていなかったものと見られる。

かかる欠点にもかかわらず朝鮮が仏狼機を重視したのは射程距離の長さや破壊力の強さにあった。顕宗一〇年（一六六九）前工曹判書金佐明は仏狼機の性能について、鴨卵程度の小型砲弾を二里（約八〇〇ｍ）程度飛ばすことができると語っている。[33] また英祖六年（一七三〇）には御営庁が製造した胡制銃（銅製小銃）の射程距離が二百余歩（約二四〇ｍ）、銅砲は二千余歩（約二四〇〇ｍ）あったと報告されており、[34] 英祖一九年にも行副司直金聖応が、仏狼機は射程距離が千余歩（約一二〇〇ｍ）で命中率も高いと賞賛しており、[35] 一八世紀に入っても仏狼機をはじめとする大砲に対する信頼は揺るがなかった。

反清復明戦争に強い意欲を抱いていた孝宗が亡くなった後も大砲鋳造事業は継続され、江華島や忠清・黄海・湖西各水師に配備され、要塞砲や艦載砲として使用された。このような状況下で粛宗四年正月、領議政許積と左議政権大運は鋳銭の実施を提起し、粛宗は戸曹・常平庁・賑恤庁・精抄庁・司僕寺・御営庁・訓錬都監において常平通宝の鋳造を許可した。[36] この政策は拡大する銀流通に丁銀の輸入が追い付かなくなってきたため、通貨を銀から銭に置き換えようとするもので、その背後には政府の銀備蓄を充実させる狙いもあった。また平安道や全羅道など地方の監営や兵営でも鋳銭が実施されたが、特に両西（平安道・黄海道）は対清防衛の要衝であることから銭の普及が推進され、また鋳造した銭の多くが監兵営に備蓄された。

改めて言うまでもなく、当時の朝鮮は銅や錫のほぼ全てを日本からの輸入に依存しており、鋳銭と鋳砲とは相反関係にあった。また対日貿易においても銅輸入と銀輸入とは相反関係にあった。すなわち鋳銭を行うとその分だけ鋳砲量が減少し、銅輸入を増やすとその分だけ銀流入が減少することになる。当時漢城や開城では銀が流通しており、単に兵餉備蓄のためだけならわざわざ常平通宝を鋳造する意味はない。にもかかわらず粛宗が鋳銭を敢行したのは、高額の鋳造利益を得るためであったと思われる。

一般に通貨市場では新たに出現した貨幣より永年使い慣れた貨幣の方がより高い信認を得られる。それでも粛宗が新規貨幣を鋳造したのは、単に銀による支払いが困難な小額取引の円滑化を図ろうというような民便を慮っての措置ではなく、銀銭比価を公定し、政府の財政支出に対し銀や現物より割高に設定された銭を用いることで、利益を得ようとする意図に基づくものであった。粛宗四年閏三月時点では、開城の相場に倣い銀一両につき銭四〇〇文の公定価格が設定され、米も一升につき銭四文と定められたが、早くも翌五年二月には対銀価格が一挙に二〇〇文に引き上げられたため貨幣市場が混乱し、九月には四〇〇文に戻すとともに、重量を一銭二分から二銭五分に倍増させた二字銭を投入して銭に対する信頼を取り付けようとした。しかし当初より割高に設定された銭相場に市場は嫌気し、粛宗六年には実勢価格が八〇〇文にまで下がった。以後粛宗は公定比価の強制を放棄した。

そもそも小額貨幣を流通させようとする目的だけなら、何も銀や米との公定比価を設定する必要はない。清朝は名目上銀一両＝銭一千文と定めていたが、財政は全て銀両建てであり、銭は兵餉（兵士の給与）として一方的に搭放（支出）され、民間で流通・退蔵するだけで、国庫には還流しない。銀流通の少ない華北では銭舗（両替商）が銭糧を割高な折価額（銀銭比価）で包攬（請負納税）しており、糧戸は重い負担を強いられていたが[37]、国庫（各省の布政司庫）へ納められるのは銀であった。粛宗が銭価を銀価や米価とリンクさせたのは、貢人に対する支払いを銭に換えることにより高い利益が得られるからであった。その一方銭での収捧は一時的・例外的措置として許容されるに過ぎず、銭の価値を保障する措置は講じられなかった。

ただ粛宗が財政組織だけでなく軍事組織にも鋳銭を許したこと、鋳銭量ではなく鋳銭期間が設定されただけに過ぎなかったことは注目に値する。鋳銭と鋳砲とは外見では相反するが、両者とも同じ組織でなされることが多々あったこと、営利事業でもある鋳銭に対する制約が緩かったことを勘案すると、実際には鋳銭は軍事組織に利益をもたらし、それが鋳砲にも活かされることが期待されていたと考えることができるだろう。粛宗は軍事優先から経済優先に舵を切ったのではなく、鋳砲のために鋳銭を行ったものと思われる。

粛宗八年三月には銭の市場価格が銀一両につき二五〇文に戻ったが、これでも公定価格よりは安いため、鋳銭は一旦停止された。その後も断続的に鋳銭は繰り返され、特に粛宗二一年（一六九五）からは大規模な鋳銭が実施されたが、二三年に至り突如停止され、その後約半世紀間ただ一回の例外を除いて鋳銭は行われなかった。

二　一八世紀の銭

粛宗二三年（一六九七）六月、領議政柳尚運は「近年の公私の鋳銭により東萊の商賈が倭館より銅や錫を大量購入するようになった。現在銭貨の通行は久しく、ほとんど全国に普及しており、極めて弊害があるとはいえ、直ちに廃止することは困難である」として、今年の被執物貨の銅錫での受領は許すが、来年以降鋳銭を停止し銅錫の私貿易を禁止せよと迫った。左議政尹趾善も柳尚運に賛同したため、粛宗はこれを認めた[38]。

柳尚運が突然鋳銭の停止を要請したのは、田代和生が明らかにしたように、同年の私貿易による輸入銅が一四三万六千斤と急増したためである。この数値は極端に高い。また田代によると、翌二四年には私貿易による倭銅輸入が二六四五三斤まで激減し、更に二五年には六二六斤まで低下したようである。粛宗期の鋳銭は間歇的にしか行われておらず、鋳銭の有無や銅錫私貿易の禁止だけで何故これほどまでに取引量が変動したのであろうか。

実は一六九五年から幕府は慶長銀から元禄銀への銀貨改鋳を行っており、貿易にも元禄銀を用いるよう命じていた。しかし元禄銀が朝鮮で不評であることを知った対馬藩は当分の間国内に残る慶長銀を掻き集めて交易を続けていたが、程なくして慶長銀の調達に行き詰まり、一六九七年四月、朝鮮政府に対し元禄銀通用交渉を開始した。その約二箇月後に柳尚運が銅錫私貿易を禁止したのである。

ここから推測されることは、正式な通用交渉の前に倭館と萊商との間で元禄銀決済について予備交渉が行われていたことである。この交渉で対馬側は朝鮮で元禄銀が歓迎されないことを知り、萊商側は近い将来慶長銀の輸入が途絶することを知ったのであろう。萊商としては朝鮮国内で銀含有量に相応しい評価を得られないと予測される元禄銀を受領することは避けたいが、対日私貿易の縮小は彼ら自身の経営を圧迫する。そこで彼らは慶長銀に次いで国内で安定的な需要がある物貨として銅を選択したのではないだろうか。元禄銀通用交渉の開始と倭銅購入額の突出とが同じ年に起きているのは、貿易決済通貨（倭銀も物貨の一つと見なせば貿易品価格）混乱の影響を免れようとした萊商の危険回避措置と考えられる。萊商による膨大な銅の買い付けは結果的に倭銅輸入と鋳銭の停止を招来したが、そもそも銅は鋳砲に用いる軍需物資であり、また長期間備蓄しても劣化することがないため、銅買いは銀買いに次ぐ安全な投資先となったのであろう。

一方日本でも銅生産に翳りが見えてきた。そこで幕府は元禄末から銅の輸出統制を始め、正徳・享保期には対朝鮮私貿易での銅輸出額が事実上毎年一〇万斤に限定されるようになった。朝鮮では元禄銀通用期は国内で貨幣として流通可能な丁銀の減少により一時的な銀貴銭賤が発生したが、一七一二年から丁銀と同様の銀含有量を有する人蔘代往古銀（特鋳銀）が通行されたことで銀不足は解消に向かった。逆にある程度市場の信認を得ていた常平通宝の供給が長期間停止されたことにより、一八世紀前期には銭荒が進行した。

このような状況下で粛宗は輸入銅を専ら鋳砲に傾注した。別表は『承政院日記』に見られる粛宗期以降の鋳砲関係史料を列挙したものである。この表から粛宗期の朝廷は孝宗・顕宗期の軍備強化方針を引き継いで水師や山城に断続的に大砲を配備し続けたことが読み取れる。鋳砲推進期は①粛宗二年から七年、②粛宗一八年から二二年、③粛宗三二年から三八年の三期に集中しており、それぞれ約一〇年の空白期が存在する。注目すべき点は、③期こそ鋳銭停止期に該当するが、①期と②期は鋳銭実施時期と重なっていることである。鋳銭も鋳砲も史料が乏しく、全体像が明らかにできない弱点はあるが、残された史料に拠る限り、鋳銭と鋳砲とは必ずしも二律背反の関係にはなかったことがこのことから窺い知れる。鋳銭が軍事部門による鋳砲資金の補塡手段として用いられる側面もあったことも、この推論を裏付けている。

再度別表を見ると、鋳砲政策は景宗期に中断し、英祖期には規模を小さくして再開されるが、一八世紀半ばに途絶することがわかる。推進期は①英祖元年から五年、②英祖一九年から二四年に集中する。一方銭は英祖七年に飢饉対策として臨時に鋳銭された事例を除いて停鋳状態が続き、英祖一八年（一七四二）ようやく常平通宝の鋳造が再開された。ここでも②期が鋳銭実施時期と重なっている。ただ粛宗期と比較すると英祖期の鋳砲は小規模で、特に①期は国内産銅での鋳砲が真剣に模索されていることが窺われる。その理由は一八世紀初頭に倭銅価格が急騰

別表　承政院日記に記された鋳砲関係事例

日　　付	西暦	発言者	内　　容
粛宗2年3月3日	1676	李宇鼎	銅8846斤・錫1008斤を用い忠清道水軍にて仏狼機・百字銃の鋳造を報告
粛宗2年3月13日	1676	金徳遠	銅5600斤・錫800斤を用いて黄海道で戦船の火器を鋳造したと報告
粛宗2年7月11日	1676	金錫冑	湖西水師の仏狼機砲の鋳造終了を報告
粛宗3年正月23日	1677	金錫冑	昨年忠清水師は仏狼機136門を黄海水師は仏狼機52門を鋳造したと報告
粛宗4年3月26日	1678	金世器	湖南水師も仏狼機母砲130門・子砲520門を鋳造したと報告
粛宗4年10月16日	1678	柳赫然	国産銅の採掘を許し軍器と銅銭の鋳造に充てるべし
粛宗6年5月9日	1680	備辺司	江華の各墩に統営鋳造の仏狼機153門を設置したと報告
粛宗7年5月23日	1681	金寿恒	定式を作り毎年火砲・仏狼機の弾丸を各営に配備すべし
粛宗18年12月3日	1692	呉始復	現在南漢山城の仏狼機は200余門に過ぎないため50門を加鋳すべし
粛宗19年5月18日	1693	呉始復	南漢山城の火器不足補塡のため仏狼機母砲50門・子砲250門を鋳造すべし
粛宗22年2月3日	1696	南九万	三枝銃・仏狼機の優劣を審査して南漢山城に配備すべし
粛宗32年4月28日	1706	閔鎮厚	南漢山城防備強化のため倭銅1万5千斤を用いて火砲150余門を鋳造すべし
粛宗33年5月14日	1707	趙泰采	来年輸入する倭銅で仏狼機100門を鋳造し南漢山城に追加配備すべし
粛宗34年8月5日	1708	李寅燁	仏狼機100門を鋳造して江華に配備すべし
粛宗35年4月29日	1709	禁衛営	仏狼機母砲60門・子砲300門を鋳造し露梁で試射すると報告
粛宗35年9月1日	1709	李寅燁	仏狼機200門を鋳造し江華府と禁衛営に各々100門を配備すべし
粛宗36年4月12日	1710	李寅燁	鳥嶺山にも仏狼機を配備すべし
粛宗36年10月10日	1710	閔鎮厚	海西・嶺南防備のため仏狼機の鋳造を促進すべし
粛宗37年10月23日	1711	崔錫恒	鳥嶺城は仏狼機の設置場所が少ないので築城中の北漢山城に移置すべし
粛宗38年8月3日	1712	李頤命	大砲や仏狼機の鋳造に銅が必須であるため国内での採銅を推進すべし
粛宗38年10月10日	1712	趙泰采	新鋳仏狼機のうち150門を江華に配備し100門を鳥嶺山城に留置すべし
英祖元年10月19日	1725	英祖	鋳銭を罷め賑庁の貿銅を以て軍器を鋳んことを命ず
英祖5年9月14日	1729	張泰紹	伊川・安辺での産銅を促進し大砲・仏郎機を鋳造すべし
英祖6年3月4日	1730	御営庁	安辺産銅で大砲1門を鋳造
英祖19年7月14日	1743	宋寅明	江華の仏狼機不足を補うため平安兵営・統営に毎年1門を製造させるべし
英祖23年7月2日	1747	御営庁	4号仏狼機・5号仏狼機・虎蹲砲・鉄製仏狼機などの大砲を製造したと報告
英祖23年11月4日	1747	訓錬都監	4号仏狼機15門・5号仏狼機50門を鋳造したと報告
英祖24年正月7日	1748	禁衛営	5号仏狼機65門・4号仏狼機5門・砲弾6千個を鋳造したと報告
正祖20年9月15日	1796	沈鏞	西平浦戦船沈没により仏狼機2門・子砲15門・鉄百字銃1門を鋳造し補塡

し、その後も高止まりしたからである。元裕漢によると銀一両で買える倭銅は、粛宗三二年には八・三斤、景宗初には一・五斤、正祖某年には一・二斤と減少したとされる(39)。英祖五年（一七二九）御営庁は戦守の兵器として大砲や仏狼機の優秀性を高く評価しながら、鋳造に必要な倭銅の価格が高いため、十分に整えられないと上啓しており(40)、原料銅確保の困難性が鋳砲を圧迫していたことは確かなようである。

英祖一八年に鋳銭が再開されたのは、直接的には目下の銭荒に対処するためであったが、間接的には銀の不足を補うためであったものと思われる。銭は確かに退蔵されやすいが、銀のように国外に流出することはない。一八世紀中葉には市場で銭流通が一定程度普及し、税役の一部を銭で収捧することも行われるようになったから、既鋳銭が国庫へ還流する途も開かれていた。また銅価格は上昇したものの、銅輸入それ自体は私貿易で年間一〇万斤を維持し続けており、政府機関の銅備蓄は相当量に達していたものと思われる。英祖七年、戸曹判書金東弼は「本曹所在の銅鉄は既に死貨を以て留蔵せり。今若し鋳して生貨と為し、貢物価等諸般用下の処、此を以て米に代うれば、則ち或いは一分支堪の道と為すが似《ごと》し」と陳達し(41)、戸曹に死蔵されている銅で銭を鋳造し貢人から購入する物貨の支払いに充てれば、財政支援の一助となると訴えている。また英祖四七年にも左議政韓翼謩と右議政金尚喆は、無用のものである銅が軍門に大量備蓄されているので、これを用いて鋳銭すべしと述べている(42)。更に正祖九年（一七八五）に至っても兵曹判書趙時俊は、屢万斤の銅鉄が永年積置され無用の長物となっており、鋳銭以外に使い道がないと述べ、行副司直徐有大も各軍門や均役庁が莫大な生銅を儲備しており、鋳銭に用いるべしと請うている(43)。銅はあるところにはあったのである。

それでは政府機関にかくも大量の銅が備蓄されているのなら、何故鋳砲規模が縮小されたのであろうか。その理由は恐らく銅が銀に次ぐ新たな備蓄資産として貴重視されるようになったためであろうと推測される。蓋し銅はそれ自体単なる金属物資に過ぎないが、常平通宝に鋳成すれば相当の鋳造利益が得られたからである。市場もまた銭を欲していた。鋳銭を阻止していたのは貨権在上を大義名分とする英祖だけであった。

これに加えて鋳砲への意欲自体が低下したことも考えられる。英祖一七年には南漢山城が存在する広州の府尹閔通洙が、仏狼機をはじめとする各種兵器や軍需品のほとんど全てが使い物にならない状態にあると報告している。(44) 南漢山城自体の防備が手薄になったわけではないが、日本や清国に対する軍事的緊張感は粛宗期以前と比較して相当低下していたことは確かであろう。また一定量の大砲が配備された後は、毀損した旧砲を熔解して新砲を再製すれば事足り、新たな銅需要があまり発生しなくなったとも考えられる。ただし大砲を更新すべしとの上啓は史料上確認できず、やはり朝廷で軍備に対する関心が低下したことにより鋳砲関連史料が減少したものと思われる。

銅保有機関の要求に応え、英祖は鋳銭を再開した。だが粛宗期の鋳銭が多分に鋳砲支援を目的としていたのに対し、英祖期の鋳銭は各衙門・軍門の利潤追求の性格が強く、鋳砲との関連は弱くなっていた。これに伴い軍門での鋳銭は次第に認められなくなり、また鋳砲とは関係なく定期的に鋳銭が行われるようになった。その到達点が正祖一二年（一七八八）一一月、戸曹判書徐有隣により確立された年例鋳銭制であり、具体的には弓角契の生銅を用い、戸曹鋳銭所で毎年五―六万両の鋳銭を実施するというものであった。(45) 実際には毎年の鋳銭は実施できなかったが、これにより鋳砲との関係は完全に断ち切れたと言えよう。

総じて一八世紀は国内において貨幣経済が浸透し銭荒を招来する一方、対外的には清国に対する軍事的緊張が弱まり、倭銀流入も減少そして途絶した時期であった。こうした国内外の事情に対応すべく、一七四二年より常平通宝の鋳造が再開された。しかし日本の銅供給力は一七世紀末を頂点として低落の一途を辿り、幕府の輸出制限とも相俟って銅価格は高騰した。それ故この時期に鋳造された銭は粛宗期の銭より粗悪であり、また乏しい銅で大量の流動性を生み出す便法として当十銭などの高額銭を鋳造すべしとの建議もなされたが、実現には至らなかった。銀については丁銀から礦銀への転換が始まったが、銀経済と銭経済とは交わることなく並存していた。これらの状況を大きく転換する要因となったのが包蔘制の実施と甲山銅鉱の開発である。ただ銅鉱開発は国内の銅供給力を強化し、銭遣い制に誘導する牽引力となったことは容易に理解できるが、包蔘制は使行貿易に関する問題で貨幣制度と直接の繋がりはない。この点については次節で詳しく解説しよう。

三　一九世紀の銭

倭館を通した丁銀の輸入は一八世紀中葉に途絶し、朝鮮は銀の慢性的不足に陥った。そこで政府は英祖三四年（一七五八）に官帽法を施行した。官帽法とは使行に随行する訳官に官銀を貸与し、中国の中後所で規定量の帽子を買わせ、国内で独占販売させて、その利益から公用銀を捻出させるものである。ただこれでは政府が私貿易に直接手を染めることになるため、英祖五〇年（一七七四）には官帽法を廃止して税帽法を実施し、湾商の資金で帽子一千隻を買わせ、公用銀を確保するようになった。正祖元年（一七七七）に定められた税帽節目によると、首訳と暦咨官が帽税銭を徴収し、司訳院で銭三両につき銀一両の割合で換銀し、公用銀などに充てるとされている。しかしいずれにせよ国内の貴重な銀を輸出して一冬で棄てられる奢侈品を輸入する制度であり、当面の公用銀確保に裨益したとしても、銀流出に拍車を掛けることになることは違いがない。銀流出に伴い市場の銀銭比価は税帽節目よりも銀高になり、正祖二〇年（一七九六）より帽税銭徴収と換銀を請け負うようになった湾商は莫大な負債を抱えるようになった㊻。そのため翌正祖二一年に蔘包節目が制定され、紅蔘輸出による公用銀確保にも途が開かれた。紅蔘は中国で仕入れ値の数倍もの利益をもたらした㊼。

包蔘制により朝鮮の銀輸出は漸減し、やがて中国から銀が流入するまでに至る。しかし政府は銀建て対中貿易の赤字基調を改善し、黒字転換することを企図していなかった。一八世紀中葉に倭銀流入が途絶え、中朝日の中継貿易体制が解体したことにより、各衙門・軍門が訳官や商人に官銀を貸し付けて対中私貿易を行わせ、利潤を得ることは困難になりつつあった。官帽法では公用銀の確保を目的とする場合に限り官銀の私貿易への貸出が認められたが、税帽法の施行により政府機関と使行貿易との関係は最終的に解消し、司訳院と訳官だけが貿易に携わるようになった。

税帽法により政府機関が多量の銀を保有する必要性は大幅に低下した。ただ訳官に持たせる八包は銀で確保しなくてはならなかった。しかし正祖二一年には帽子輸入量が約半分に減少する一方、司訳院の公定比価が銀一両につき銭三両三銭であるのに市場価格は四両二―三銭まで高騰したことで換銀を委託された湾商の経営が悪化し、銭四万余両もの負債を抱えるに至った[48]。公用銀と財政との関係が断ち切れていなかったため、結局立場の弱い商人にしわ寄せが及んだのである。

包蔘制はこの関係を断ち切ることに成功した。紅蔘は国産の栽培人蔘を加工した商品で、京商が蒸包所で製造していた。訳官はこれを銭で買い付けて中国へ輸出し、代価で唐貨を購入して朝鮮に持ち帰り、国内で販売して利益の一部を司訳院に銭で納税した。この蔘税銭が帽税銭に代わって公用銀の原資となったのである。また訳官だけでなく京商や湾商・松商が蔘包貿易を代行することもあった。もちろん包蔘制の実施により全ての八包が紅蔘で充たされたわけではないが、銀包についても義州府運餉庫の税銭を換銀することで十分賄えるようになった。純祖即位年（一八〇〇）一〇月、歳幣正使李得臣は、使行の公用銀は通例として義州府所在の帽税銭で確保しているが、今年は帽税銭では足りないので、以前の事例に倣い平安監兵営の備蓄銀で補塡したいと願い出ており[49]、翌年にも領議政沈煥之が同様の請願を行っている[50]。税帽節目にはこのような「通例」は記されていないが、これは包蔘制導入の前年から司訳院に代わって湾商が公用銀準備業務を代行するようになっていたことを意味するのであろう。純祖三年には司訳院自身が帽税銭の不足により関西営邑の備蓄銀を借用したいと訴えている[51]。ここでは運餉庫の帽税銭とは明言されていないが、平安監兵営儲備銀で公用銀の不足を補い、帽税銭に余裕が出た時に返納したいと述べていることから、やはり義州府の帽税銭を使っていると捉えてよかろう。

帽税銭の減少と換銀を委託された湾商の没落によって、純祖一四年には管税庁が設置され、運餉庫から公用銀調達業務が移転された。しかし管税庁によっても税収増加は実現せず、憲宗年間には司訳院の包蔘税から毎年銭九千両を支給することとなった。一九世紀に入り、燕行使は司訳院が発行する支払指図書を持って義州に至り、運餉庫や管税庁に備蓄する帽税銭を引き出して換銀し、場合によっては平安監兵営から銀を借り受けて銀包を調えるか、あるいは漢城で蔘包を調えるかして、鴨緑江を渡って行ったのである。

こうして包蔘制は使行貿易における政府の公用銀負担を事実上取り除くことに成功した。純祖三年以降、帽税銭不足を関西銀で補塡せよという訴えはなされておらず、銀包の大部分は蔘包に代替したようである。しかしくどいようだが包蔘制は貿易制度の再編であり、貨幣制度の改革ではない。

貨幣史の通説では一八世紀中葉に倭銀流入が途絶したことで銀が市場から姿を消す一方、銭荒対策として英祖が鋳銭を再開したことにより、朝鮮は自ずと銭遣いに移行したものと捉えられてきた。大局的にはこの見解は正しい。朝廷では税を如何なる物貨で徴収するかについて論じられることはあっても、通貨制度を如何に定めるかについて議論されることはなかったからである。

しかし個々の政策を繫ぎ合わせて検討すると、そこには銀を廃して銭を遣おうとする国家の意思が透けて見える。もし銀流入が途絶したのなら、使行貿易を制限するなり礦銀生産を増大させるなりして、国内の銀流通量をできるだけ維持するのが常道である。実際日本が銀輸出制限に舵を切ったのも、貨幣原料の流出を阻止するためであった。ところが英祖は官帽法を実施して貴重な銀で帽子という消耗品を購入させている。これにより訳官の困窮は当面救済できたが、銀はいずれは枯渇するであろう。実際に官帽法を貴重な資源を流出させるものとして批判する声もあった[52]。銀の欠乏と平仄を合わせるかのように包蔘制が導入され、紅蔘は時に中国からの銀流入をもたらすこともあったが、政府はこれを日本に再輸出し、銅を買っている。純祖一六年（一八一六）以降は鋳銭目標を達成するため、政府機関の備蓄銅一〇余万斤だけでなく、備蓄銀一二万両も放出して原料銅の調達を図っている[53]。買付先は言わずと知れた日本であった。一八一八年には幕府が対馬藩に銀輸入の令達を下し、一八二〇年には銀が朝鮮から日本へ逆流し始めた[54]。その銀は日本では灰吹銀と呼ばれる中国銀や朝鮮産礦銀であった[55]。これに便乗して銀の不法漏出が発生したようであり、純祖二三年には東萊府使李奎鉉の報告に基づき、領議政南公轍が銀による私貿易の禁止を徹底すべしと要請して裁可された[56]。銀はあくまで銅購入のためのみ輸出が許されたらしい。このように明文化こそなされていないが、朝鮮政府は国内通貨を銀銭並用から銭専用へと転換していったのである。

一七世紀には兵餉備蓄として銭ではなく銀を選択した朝鮮が、一八世紀後期から銭志向に転換したのは何故であろうか。銀は中国や日本でも通用可能な国際通貨であり、相対的に軽くてかさばらない利点がある。しかし朝鮮はそれまで中継貿易で利鞘を取ってきたのであり、その一端である日本からの銀流入が途絶えると、中国への銀流出だけが残る。政府にとって使行貿易の制限と礦銀生産の促進により銀遣い制を維持するには相当の負担が掛かるであろう。朝鮮では生糸・絹織物生産を筆頭とした手工業が発達しておらず、対中貿易はどうしても入超傾向になる。国内通貨が銀であると、如何に鴨緑江で厳しい検査をしても銀の不正流出は避けられない。しかし国内幣制を中国とは異なるものに転換すれば、密貿易は自ずと下火になるであろう。紅蔘輸出を解禁したところで、清国商人は紅蔘の輸入額を超えて唐貨を輸出しても、差額を受け取ることができないから、貿易収支は自ずと均衡に向かうからである。ただ国内通貨が国際通貨から遮断されると、貿易は大局的に貨幣を媒介としない物々交換となり（もちろん個々の商取引では基本的に現地通貨で決済されるが）、貿易額は概して縮小する。士大夫層が愛好する各種唐貨は紅蔘が売れた分だけしか入らないからである。それでもなお政府が銭遣い制を志向したのは、銀遣いの放棄こそが貿易収支を均衡させる最も容易で確実な方策であったからだと推論される。

そもそも朝鮮では有力な銀脈は既に枯渇しており、一七世紀の銀遣い制は中朝日の中継貿易を前提に成り立っていた。一八世紀中葉の倭銀途絶は中継貿易の片方を閉じることであり、政府は遅かれ早かれもう片方について何らかの対策を講じなければならなかった。その答えが税帽法の湾商請負制と包蔘制であり、銭遣い制であった。対日・対中貿易は縮小しながらも途絶することはなかったが、両者の関係は切り離され、それぞれが独立して行われるようになった。対中貿易は柵門―北京間で銀によって決済され、対日貿易は倭館にて現物で決済されたが、一八世紀末から倭館では常平通宝でも決済が行われるようになった(57)。

おわりに

朝鮮における本格的な金属貨幣の歴史は壬辰倭乱の際に明国よりもたらされた銀によって開幕した。銅は主に鋳砲原料として使用されたが、鋳銭もまた兵餉充実に裨益するため、一六七八年より常平通宝が発行された。鋳砲と鋳銭とはともに軍備強化のための政策であり、両者が拮抗することはなく、逆に軍門や監兵営が鋳銭によって得られる利益により鋳砲を支援していたとも捉えられる。一七世紀後半は倭館貿易の全盛期であり、大量の銀や銅が入手できたことも、鋳銭・鋳砲に有利に作用した。

ところが元禄銀通用交渉と同時に鋳銭は停止され、粛宗は鋳砲に専念した。英祖期になると鋳砲は粛宗期より小規模でしか行われなくなり、また銭荒対策として一七四二年より鋳銭が再開された。その背景には清国との軍事的緊張が低下したことと、倭銀の流入が減少そして途絶したことがあった。一七八八年には年例鋳銭制が施行され、一九世紀以降も鋳銭量は増大した。

朝鮮政府が無意識的であれ銭遣い制を選択したのは、倭銀流入の途絶による中継貿易体制の解体に対応するものであったと思量される。中朝貿易では銀は常に流出圧力に晒されており、政府がそれに対抗して国内の銀流通量を確保することは困難であった。丁銀に代替すべく礦銀が登場したが、市場に均霑するまでには至らなかった。一八世紀末には紅蔘の輸出により銀流出の勢いは減速したが、政府は莫大な労力を要する銀遣い制を維持し続ける意欲を失っていた。

もっとも朝鮮政府は積極的に銭遣い制を確立しようとする意志を明確に持っていたわけではなかった。ただ年例鋳銭制や官帽法・税帽法そして包蔘制という一連の政策が実施されたことから、流出圧力の強い銀と訣別し、対中貿易の決済手段となり得ない銭を国内通貨とすることで、国内流動性の安定を図ろうとしたのではないかと考えられる。銭は銀より持ち運びが不便であるが、換（手形）が使われ出したことにより遠隔地への送金もある程度可能になったのであろう。貨幣経済の発展に対応し、なおかつ貿易収支を均衡させるためには、銭遣い制を採用する以外に手立てはなかったのである。一九世紀末の日本人は朝鮮市場に遍く流通する葉銭や白銅貨を経済的後進性の象徴と見たが、それは近世朝鮮が模索した、不安定な国際市場から隔離された前近代型「国民経済」形成の一側面であったとも考えられる。

註

(1) 拙書『大清帝国と朝鮮経済』九州大学出版会、二〇一四年。
(2) 元裕漢『朝鮮後期 貨幣史研究』韓国研究院、一九七五年。
(3) 宋賛植「朝鮮後期 行銭論」『韓国思想体系Ⅱ』成均館大学校大東文化研究院、一九七六年。
(4) 須川英徳「朝鮮時代の貨幣――『利権在上』をめぐる葛藤――」歴史学研究会編『越境する貨幣』青木書店、一九九九年。
(5) 李憲昶「一六七八―一八六五년간 貨幣量과 貨幣価値의 推移」『経済史学』二七号、一九九九年。
(6) 前註(2)元、一一〇頁。また元裕漢「一八世紀에 있어서의 貨幣政策――銅銭의 鋳造事業 中心――」『史学研究』一九号、一九六七年、七三頁。
(7) 前註(3)宋、八四三頁。ただし八五一―八五二頁では、公定の銀銭比価で計算すると粛宗期の鋳銭でも相当の鋳造利益が出たとも記されており、宋も元と同じく、鋳銭は最初から政府機関にとって儲けの多い事業であったと捉えている。
(8) たとえば粛宗五年の利益率は『朝鮮粛宗実録』巻八、粛宗五年九月戊申の条に見える領中枢府事許積の「頃当春間。民以二百買銭者。坐失折半之産矣。民怨之興。勢所必至。臣以各司鋳銭所費。較其所剰。則充却本銀五万零数之外。其贏剰又是五万余零。今雖大買已発之銭。旋即減価而出之。国家所失。不過其所贏之数而已」という箚文に拠り、英祖七年の利益率は『備辺司謄録』第九〇冊、英祖七年一〇月二三日の条に見える戸曹判書金東弼の「今此鋳銭之挙。出於目前救急。雖鋳二十万両。充償其所入諸費。則余利不過十万両」という上啓に拠る。前者は銀で算出し（ただし許積は鋳銭により投下資金と同等以上の利益が出たと述べており、利益率は約一〇〇%と推計される。この時かかる莫大な利益率が出たのは銭価を市場価格より高めに設定していたからであり、許積は銭価を下げ民怨を解消せよと主張している）、後者は銭で算出しているが、どちらも政府の販売価格すなわち公定比価で計算していると考えてよかろう。
(9) 田代和生『近世日朝通交貿易史の研究』創文社、一九八一年。
(10) 同右、二七四―二七五頁。
(11) 島田竜登「近世日本の銅輸出削減と朝鮮の銭荒――近世における潜在的アジア間競争――」川勝平太編『アジア太平洋経済圏史 一五〇〇―二〇〇〇』藤原書店、二〇〇三年、三三一頁。
(12) 元裕漢「李朝 粛宗時代의 鋳銭에 対하여」『史学研究』一八号、一九六四年。
(13) 前註(9)田代、二九二―二九三頁。
(14) 前註(2)元、三三二頁。また韓明基「一七세기초 銀의 유통과 그 영향」『奎章閣』一五、一九九二年。

(15)『朝鮮宣祖実録』巻九九、宣祖三一年四月丙辰。
(16)『朝鮮仁祖実録』巻八、仁祖三年三月己酉。
(17)『承政院日記』第七冊、仁祖三年六月一九日。
(18)『朝鮮仁祖実録』巻一〇、仁祖三年一〇月壬寅。
(19)『承政院日記』第二五冊、仁祖七年三月二五日
朴炡以軍器寺官員以都提調意啓曰。所謂大砲。如天地字銃筒大中小。碗口大中小。震天雷・地雷砲等物。而自前流来者。皆置江都。京下則時無一位。季朔放火。亦不得試放。已送江都之物。還運亦甚非便。且其数原甚零星。武庫重地。無形莫甚。天地字則必用銅鉄以鋳。鋳之雖難。碗口・震天雷則当以水鉄鋳之。而在京貿得不易。
(20)同右、第三〇冊、仁祖八年八月五日
院啓。軍器寺鋳成火器。頃日出征之時。試放新造仏狼機。則所試三坐。而二坐破裂。終使許多功役。帰於虚地。
(21)同右、第五一冊、仁祖一四年四月二七日
金尚以訓錬都監言啓曰。平安兵使柳琳啓請。鳥銃則今方完粧。連続下送計料矣。……鳥銃連及破堅。有同大砲。此制甚好。
(22)同右、第四六冊、仁祖一三年二月二〇日、同右、第五一冊、仁祖一四年三月四日。
(23)同右、第六六冊、仁祖一六年八月一二日
李行健以戸曹言啓曰。……倭物銅鉄。自前取而補用者。尽為各道火砲之用。無一介取用。
(24)『朝鮮仁祖実録』巻四二、仁祖一九年一二月壬戌
慶尚道漆谷府使林埥報于本道監司曰。……如得東萊銅鉄。則可以鋳成軍器。
(25)同右、巻四五、仁祖二二年九月丙戌・一〇月己巳。
(26)『朝鮮孝宗実録』巻四、孝宗元年六月丁未、同右、巻六、孝宗二年三月庚寅。なお清銭輸入の他、民間の鋳銭も許可されている。
(27)『備辺司謄録』第一八冊、孝宗七年九月二六日。
(28)『承政院日記』第一二九冊、孝宗四年一二月一三日。
(29)同右、第一三〇冊、孝宗五年正月七日。
(30)『備辺司謄録』第一八冊、孝宗七年一二月四日。
(31)『承政院日記』第一四〇冊、孝宗七年六月一二日。
(32)焰硝の製造法は国初より知られていたようであり、世宗期には明より高度な製造技術を導入したり(『朝鮮世宗実録』巻六五、世宗一六年七月丁丑)、朝貢貿易による輸入を検討したり(同右、巻六五、世宗一六年九月乙酉)して、焰硝の調達に努めると同

時に、日本への技術流出を警戒していた（同右、巻一〇八、世宗二七年五月壬午）。しかし壬辰倭乱の頃には降倭より製造技術を学んでおり（『朝鮮宣祖実録』巻三六、宣祖二六年三月丙寅、同右、巻三九、宣祖二六年六月己亥）、倭乱後も明より輸入していることから（『光海君日記』巻二四、光海君二年正月癸巳）、朝鮮後期には中国に追い付くどころか日本にも追い越されていた。

(33)『承政院日記』第二二冊、顕宗一〇年正月四日。

(34) 同右、第七〇二冊、英祖六年三月四日。

(35) 同右、第九六二冊、英祖一九年八月二六日。

(36)『朝鮮粛宗実録』巻七、粛宗四年正月乙未、『備辺司謄録』第三四冊、粛宗四年正月二四日。なお前者には精抄庁の名はなく、後者には常平賑恤庁と見える。

(37) 拙書『環渤海交易圏の形成と変容』東方書店、二〇〇九年、第三章「清代の京銭と折銭納税」。

(38)『承政院日記』第三七二冊、粛宗二三年六月一三日。

(39) 前註（6）元「一八世紀에 있어서의 貨幣政策」七三頁。

(40)『承政院日記』第六九二冊、英祖五年八月二三日。

(41) 同右、第七三一冊、英祖七年九月二〇日。

(42) 同右、第一三一六冊、英祖四七年四月一八日

翼謩曰。我国欲鋳銭。出銅鉄置軍門者多。宜使鋳銭矣。右相曰。銅是無用之物。宜鋳銭矣。

(43) 同右、第一五七七冊、正祖九年二月二八日

兵曹判書趙時俊曰。鋳銭之議。臣嘗持難。而今則屢万斤銅鉄。年久積置。将為無用之帰。従近鋳銭之外。似無他道矣。……行副司直徐有大曰。各軍門及均庁之生銅儲置者。其数夥多。若非鋳銭。則似無区処之道。且今銭荒之時。都民之願鋳久矣。

(44) 同右、第九三九冊、英祖一七年一二月二七日。

(45) 同右、第一六四八冊、正祖一二年一一月三日。

(46) 寺内威太郎「柵門後市と湾商」『清朝と東アジア』山川出版社、一九九二年、三八九―三九三頁。

(47)『備辺司謄録』第一八五冊、正祖二一年六月二四日。紅蔘貿易については、李哲成『朝鮮後期 対清貿易史 研究』国学資料院、二〇〇〇年が詳しい。

(48) 同右、第一八六冊、正祖二一年八月二二日。

(49)『承政院日記』第一八二九冊、純祖即位年一〇月二〇日・二九日。

(50) 同右、第一八四二冊、純祖元年一〇月六日。

(51) 同右、第一八七二冊、純祖三年一〇月一五日。

(52) 朴趾源『熱河日記』「馹汎随筆」
帽為一人三冬之資。春後弊落。則棄之耳。以千年不壊之銀。易三冬弊棄之帽。以採山有限之物。輸一往不返之地。何其不思之甚也。

(53)『承政院日記』第二〇七六冊、純祖一六年一〇月一日・六日。

(54) 前註（9）田代、三二三・三八一頁。

(55) 田代和生『日朝交易と対馬藩』創文社、二〇〇七年、二三〇頁。

(56)『承政院日記』第二一七二冊、純祖二三年一一月一〇日。

(57) 田代和生「倭館における朝鮮銭の使用」『対馬宗家文書第Ⅲ期　倭館館守日記・裁判記録』別冊中、ゆまに書房、二〇〇五年、七二頁。

第二章　火器の種類と製造

はじめに

一五四三年、種子島に一艘の中国船が漂着した。そして同船に便乗していたポルトガル人によって伝えられた火縄銃は日本の戦国史を大きく変えた。当時の戦国大名や本願寺勢力あるいは根来衆・雑賀衆などの土豪武装集団は積極的に火縄銃を導入し、戦場における殺傷力は従来より格段に大きくなった。その中でこの新兵器を積極的に採用した織田信長とその後継者である豊臣秀吉が群雄の中から擡頭し、天下を一統して乱世を終息させ、織豊政権を樹立させた。これが通俗的な日本の戦国時代史である。

一般に火器すなわち火薬を用いた兵器は北宋時代の中国で開発され、南宋期には実用化されていたと考えられている。しかし当時の火器が戦場での主戦力となったとは言い難く、北宋や南宋はもともと火器を保有しなかった女真や蒙古など北方民族によって圧迫され、滅ぼされてしまった。火槍と称される火器を導入した女真族の金朝も蒙古軍には敵わなかった。蒙古軍もまた南宋攻略の際には火器を使用し、元朝皇帝フビライが日本征服を企図した文永の役では元軍が「てつはう」と呼ばれる投擲型火器を用いたことが『蒙古襲来絵詞』に描かれているが、日本側がこれを脅威と見なしたという記録は残っておらず、導入もされていない。元代までの火器が火薬の詰まった砲丸を投石機で抛擲するものに過ぎなかったのに対し、明代以降の火器は金属製筒型発射器で矢石を飛ばすものに進化したが、火器技術が飛躍的に発展したのは東アジアではなくヨーロッパであった。

大航海時代の到来によって一六世紀の東アジアではヨーロッパから新式の火器が相継いで伝来した。これを最も熱心に受容したのが戦国時代の日本であり、一六世紀末の壬辰倭乱すなわち豊臣秀吉による朝鮮侵攻においても鉄砲（鳥銃＝火縄銃）はその威力を遺憾なく発揮し、朝鮮人や中国人を驚かせた。

このような歴史的経緯から、従来の東アジア火器史研究においては日本への鉄砲伝来と火器技術伝播に関心が集中する傾向が強かった。中国でも火薬の爆発力を利用した銃筒（小型火器）の改良が進み、その技術は朝鮮へも伝えられ、独自の発展を見たが、なにぶん文献史料や伝世品・出土品が乏しく、一六世紀に流入した火縄銃や仏郎機砲（後装式大砲）と較べて性能が劣ることから、十分な研究がなされてこなかった。ヨーロッパ式火器の中国への伝来も詳細は不明であるが、通説によると仏郎機砲は嘉靖元年（一五二二）広東省新会県の西草湾において明軍がポルトガル船と戦った際に二〇余門の艦載砲を鹵獲し、これを基に翌年より軍器局で倣製されるようになったとされている。小銃も同じ頃ポルトガル人より伝えられたが、嘉靖二七年（一五四八）明軍が倭寇の活動拠点である浙江省双嶼を攻撃した際に捕虜となった日本人から製法を学び、改良を加えたという説が有力である。[1]なお日本が火縄銃を錬鉄で鍛造したのとは異なり、中国ではこれを銅で鋳造したという見解が洞富雄より提示されているが、[2]必ずしも説得的な史料に裏付けされたものではない。錬鉄製か青銅製かはさておき、現時点では中国の小銃は日本のそれより性能が劣っていたとしか言えない。朝鮮に至っては嘉靖癸亥年（一五六三）に朴命長が鋳たとの銘文が刻まれた仏狼機子砲が韓国陸軍博物館に現存するもの、[3]鳥銃は一五九二年に勃発した壬辰倭乱まで生産されることも実戦配備されることもなかった。

東アジアにおけるヨーロッパ式火器の伝来と受容については日本史や東洋史を中心に許多の研究が積み重ねられてきた。[4]しかし議論の多くは日本への鉄砲伝来年が一五四二年か四三年か、形式がヨーロッパ式肩当て型か東南アジア式頬付け型か、それと関連して伝来者がポルトガル人かそれとも王直に代表される中国人海商かといった比較的瑣末な論争に止まり、用兵論にはほとんど言及されてこなかった。蓋しいずれの論者にとっても鉄砲は弓矢や伝統的銃筒を圧倒する革新的兵器であり、鉄砲によって戦争の在り方が一変し、鉄砲を積極的に取り入れた者が軍事ける日本軍鉄砲隊の活躍がその固定観念を強く支持してきた。

確かに長い尺度で歴史を見た場合、火器が弓箭を駆逐したことは確かである。しかし一六世紀の時点で、技術論ではなく用兵論の側面から火器の優越性と限界性を論じた研究は少ない。その理由として、そもそも合戦史には信憑性に足る史料が少ないこと、前述の如く鉄砲伝来が戦国時代を一変させたという思い込みがあること、兵器学は人文学者が苦手とする分野であることなどが挙げられるが、それらに加えて戦後日本の歴史学が軍国主義との決別から出発したため、軍事史や戦争史が歴史学者の研究対象から分離されアマチュア史家の手に委ねられてしまったことも無関係ではないだろう。

だがアマチュア史家の研究成果を一概に無視することはできない。たとえば鈴木眞哉は戦国武将の用兵から鉄砲の役割を再検討し、広く信じられている織田信長の長篠合戦における鉄砲三段撃ちや鉄砲が天下一統を招来したという通説に正面から疑問を唱えた(5)。一般に戦国時代は史料が非常に乏しいため、鈴木説も当然ながら可能な限り史料を活用しているが、通説への実証的批判というよりは総じて用兵論的常識からの批判に偏倚しているという弱点はある。しかし鈴木説において注目すべきは、史料の乏しい鉄砲や戦争の歴史について、銃砲史家によくある好事家的視点ではなく、戦術論・用兵論の立場から議論を展開している点である。すなわち確かに鉄砲は個々の戦闘では優れた新兵器であったが、それが戦争の帰趨を決めるほど絶対的なものではなかったこと、織田信長の鉄砲の前に敗れたとされる武田勝頼などの諸大名も決して鉄砲を軽視してはおらず、また鉄砲入手が困難だったわけでもなく、何より白兵戦を貴ぶなどということはあり得なかったことである。歴史学者が不得手とする軍事学的視点の欠如を鈴木は鋭く衝いている(6)。

とはいえ、日本史においては評価に程度の差こそあれ、鉄砲が戦争の在り方を変えたことはやはり否定できない事実であろう。ところが東アジア全体を俯瞰すると、日本と中国や朝鮮との間には火器に対する認識に少なからぬ相違が見られる。すなわち一六世紀前半まで火器志向は日本より中国や朝鮮の方が強かったのに対し、壬辰倭乱では日本軍の小銃が緒戦で圧倒的威力を示し、一七世紀以降も兵器体系の在り方に相当の違いが見られることである。簡単に言うと、日本が鉄砲すなわち小銃を重視したのに対し、中国や朝鮮は仏郎機砲・虎蹲砲・紅夷砲などといった大砲と小銃とを併用する傾向がより強かったのである。この差異は単なる技術的格差によるものではなく、日本と中国・朝鮮との用兵思想の違いに起因するものと思われる。

ところで、これまでの朝鮮火器史研究は朝鮮前期から壬辰倭乱にかけて発展した伝統的火器を中心に展開され、既に有馬成甫・宇田川武久・許善道の著書をはじめ数多くの研究が蓄積されてきた[7]。それらを簡単に整理すると、銃筒は高麗末に中国より伝来し、世宗期に発展を遂げた。小型銃筒には勝字銃筒が、大型銃筒には天字・地字・玄字銃筒があった。銃筒から発射されるのは大将軍箭・将軍箭など木製の弓箭であるが、大型銃筒から鉄丸を発射することもあった。この他食碗形状の大砲である碗口があり、団石や震天雷と呼ばれる爆弾を発射した。一方ヨーロッパ式火器である鳥銃は一六世紀半ばに倭人により将来されていた可能性があるものの、朝鮮政府は結局これを導入せず、壬辰倭乱を契機に倭鳥銃の倣製が始まった。以上のように素描できるだろう。

ところが一七世紀に入ると、短期間で戦闘が終結した丁卯・丙子胡乱を除き大規模な戦争が起きなかったことにより、火器の発展は停滞した。一七世紀前期には対馬から鳥銃や硫黄が輸出されたこと[8]、オランダ人漂流民朴燕(Jan Janse de Weltevree)が訓錬都監で紅夷砲の試作に関与していたこと[9]、中国式の焔硝製造法が導入されたこと[10]などが紹介されているが、他には特に見るべき研究成果がない。確かに技術史的側面から見れば、一七世紀以降の東アジアは火器技術の停滞期と位置付けられるであろう。しかし軍備は維持され続けたのであり、各国は独自の用兵思想で兵器体系を構築していたのである。

鈴木によれば日本が鉄砲を積極的に導入したのは、それまでの武士階級が白兵主義ではなく遠戦志向であったため、弓矢に優る新種の飛び道具として受容されやすかったからであるとされるが、中国や朝鮮も遠戦志向であることに変わりはなかった。敢えて違いを言えば「中国ではどちらかというと大砲が重視され、日本では小銃が発達した[11]」程度であり、朝鮮も中国に近かった。しかし両国とも小銃を軽視したわけではなく、大砲から小銃までの大小火器を満遍なく配備したと言う方が現実に近い。

白兵主義か遠戦志向かという二者択一的問いかけをするなら、世界中の戦争はほぼ全て遠戦志向であると言える。戦争は小説や映画で見られる刀剣での斬り合いとは本質的に異なるという鈴木の主張にとってこの分類法は有効であるが、東アジア各国の用兵論を詳細に検討するには、ただ単に遠戦志向であったと述べるだけでは不十分である。すなわち遠戦兵器である弓矢や火砲が戦場でどのように用いられたのか、具体的に言うと比較的近距離から敵兵を狙撃する使われ方をしたのか、はたまた相当遠距離から膨大な矢弾を一斉に浴びせかけて敵の戦力を漸減させ、戦意を喪失させるような使われ方をしたのかが問われなければならない。そして用兵の違いが前述した火器選択における微妙な差異、すなわち大砲重視か小銃重視かの違いを生んだものと考えられる。

本章では朝鮮における火器の発達を通して、これまで兵器論・技術伝来論的側面に偏倚しがちであった東アジア銃砲史を戦術論・用兵論の側面から再検討する。つまり火器の技術史的評価について再検討することはせず、それが軍隊または戦争でどう用いられたのか、その背景にはどのような発想があったのかについて考察する。なお東アジアにおける対外戦争で火器が本格的に使用された嚆矢は壬辰倭乱であるが、この戦争には日本や中国も参加しているため、倭乱期の年次表記は西暦で統一したが、これは単に陰暦紀年に相当する西暦年を表記しただけであり、月日は原史料に拠っている。

一　朝鮮前期の火器

朝鮮半島に火薬の製造法が伝えられたのは高麗末崔茂宣の功績によるとされる。朝鮮王朝もこれを継承し、火器を製造している。太宗九年（一四〇九）一〇月には火薬を用いて銅桶から鉄箭数十本を発射する火車が軍器監で製造され、御前で披露されているが[12]、このような銃筒は既に高麗恭愍王の時代に明より将来されていた。その背景には倭寇に対する防禦があったとされる[13]。

ただし実戦でこれらの火器が如何なる戦果を挙げたのかは定かでない。麗末から世宗期に至るまで史料上に頻出する火薬の主たる用途は火器ではなく火戯（火棚・火山戯）と呼ばれる花火であった。たとえば太宗一三年には厄払いのため毎年末に軍器監が製造した火薬や火矢を宮中で爆発・発射させ、女真や日本の使者に見せて驚かせているとある。⑭同様の記述は世宗期の実録にも頻出する。火戯は儺戯と融合して大晦日の年中行事となるが、この時代にあっては単なる遊戯ではなく、中国の爆竹や日本の追儺と同様疫病を退けるための重要な儀式であった。女真族や倭人に火戯を見せたのは示威目的であったと考えられるが、要求があれば明の使臣にも宴会の余興として披露していたようである。⑮

それでは兵器としての火器はどのように使用されていたのであろうか。先行研究が明らかにしているように、この時代の銃筒は火薬の燃焼ガスで複数本の弓箭を発射する兵器であり、射程距離は数百歩（一歩＝約一・二m）程度、最大で一三〇〇余歩であった。射程距離だけ見ると数十歩に過ぎない弓矢よりはるかに長く、火縄銃と較べても遜色ないが、命中精度は極めて低かったものと思われる。世宗二〇年（一四三八）咸吉道節制使金宗瑞に下された教旨の中で、国王自身が「火砲で敵に応戦するのは利が大きい。倭寇や野人が畏怖するのはこの兵器である。しかし戦場では火砲軍が先鋒となるため、人は甚だこれを厭い、火砲軍を避けんと欲し他の役に投じる者が多い」と述べているように、⑯合戦で真っ先に斃されるのは銃筒兵であった。火器の戦術的利点は弓箭を超える遠戦にあるから、倭寇や女真族の弓矢に怯える朝鮮軍兵士は余程の臆病者であるのか、あるいは自身の兵器に対する信頼度が余りにも低いのかのいずれかであるが、火器に劣るはずの弓矢や白兵を恐れていることから見て後者であろう。命中率が低く次発装塡に時間が掛かる銃筒では敵の前線を突破することは困難で、逆に多くの犠牲者を出していたものと見られる。世宗二四年、咸吉道監錬官の上啓に「火炮発射の法は禦賊のための最たる急務であるが、今本道六鎮各堡の軍人らは愚昧かつ怠惰であり、全く顧みようとしない」とあるのも、⑰単に辺鎮の軍紀が弛緩しているからではなく、最前線の将卒が火砲は実戦で役に立たないことを知っていたからであろう。前回も今回も対策として訓練の強化が謳われているが、そのような精神論では何の解決にもならないはずである。許善道は咸吉道節制使に下された世宗二三年の教旨において、火砲が利器として活用できないのであればしばらく停止すべしと記されていることを挙げながらも、その冒頭に「火砲最禦敵之利器也」と記されていること、および当時の議論の大勢から勘案すると、この配備停止命令は到底理解し難いと述べているが[18]、世宗や許善道の思い入れとは裏腹に、実際の戦場では火砲など無用の長物だと見なされていたと理解すれば納得できる。

世宗は軍備を強化するだけでなく軍事活動も盛んに行い、火器に勝る兵器はないとの確信を深めていったが、女真や倭寇に対する戦闘で火器が活躍したと記す史料は見られない。唯一効果を発揮したと目されるのは、世宗一五年（一四三三）明へ派遣する使行の径路である東八站に大火砲二〇挺・小火砲三〇挺を配備して虎を驚かせるべしとの提案がなされた事例である[19]。当時の火砲は発射時の轟音で害獣を威嚇する程度の役にしか立たなかったのである。

もちろん発射される弓箭の総数を増やしたり発射訓練を強化したりすれば命中率も高まり、兵器としての有用性も発揮できたであろう。しかし火砲を増備するためには原料銅を調達しなければならず、訓練を頻繁に行うためには多量の火薬を必要とする。ところが銅や硫黄は輸入品であり、焔硝も製造が困難であったため、火砲や火薬の増強はともに国家財政を圧迫し、人民の負担を高めることとなった。世宗は一貫して火器の強化に取り組んだが、火薬の不足により射撃演習は次第に行われなくなり、北辺の銃筒軍は有名無実になっていた[20]。

世宗歿後、火器重視政策は見直され、文宗元年（一四五一）には兵曹の提議に基づき、各道節制使・処置使において四箭銃筒以外の各種銃筒の通常訓練が廃止され、三銃筒と中神機箭についてはそれぞれ一〇挺に限り、平安・咸鏡両道では毎年一回、他道では二年に一回発射訓練を行うよう議政府で決定され、国王の裁可を受けた[21]。その後癸酉靖難で端宗より王権を簒奪した世祖は北辺充実政策に対して消極的になり、これに伴って火器の発達も停滞局面に入った。成宗期には軍事技術の維持を名目として火戯が盛んに行われたが[22]、実戦部隊の火器訓練については成宗九年（一四七八）七月、全羅道観察使李克増が「諸浦所蔵の火砲は発射を習う者が一―二人に過ぎず、その火薬も箭を発射し得る力がない。これはきっと火薬の貯蔵が適切に行われていないためであろう」と上啓しているよあった。

うに、ほとんど等閑に付されていた。かかる趨勢は大航海時代の荒波が打ち寄せ始める一六世紀前期まで不変であった。[23]

　嘉靖年間（一五二二―六六）ポルトガル人により西洋式火器が初めて東アジアにもたらされた。仏郎機砲や鳥銃はこの頃中国に伝来したと見られるが、明朝はこれらを従来型火器の一種として取り入れた。当時の明朝が直面していた軍事的課題は北虜南倭すなわちアルタンに率いられ長城を頻繁に侵犯する蒙古勢力と双嶼や月港を拠点として南部沿岸を荒らす後期倭寇であった。しかし騎馬戦では銃筒の発射音が乗馬を驚かせるため、遼東や長城一帯では使用されず、[24]火器は南部沿岸の水軍に集中配備され、海賊船との戦闘に使用された。水上戦では遠方から大小各種の銃砲を発射して敵船に損害を与えるのが肝要であり、そのため仏郎機砲などの大型火器が比較的重視された。

　天文一二年（一五四三）種子島に伝来した火縄銃は瞬く間に戦国大名に広まり、野戦で大活躍した。戦国時代の武将は歩行で戦闘を行っていたため、中国塞北地域とは異なり馬を気遣う必要はなかった。また海戦とは異なり野戦では船舶など大型の構造物を破壊する必要性が低く、一人でも多くの歩兵を殺傷することに主眼が置かれたため、日本では大砲はほとんど普及せず、専ら小銃が量産されたものと思われる。通説では鉄砲を重視したとされる織田信長も、石山本願寺攻略戦の際、戦艦に大砲を搭載して毛利軍の補給船を撃退した程度で、他にはこれといって大砲を使っていない。

　では朝鮮の状況はどうであったか。北辺については世宗歿後、女真族を刺激する開墾政策は実施されておらず、国防上の関心は主として南三道を荒らす倭寇に置かれていた。中宗四年（一五〇九）には李宗仁が捕獲した倭船に銃筒と長箭が装備されていたとあり、[25]倭寇船も明や朝鮮の水軍に応戦すべく火器を装備し始めたことが窺える。中宗三九年（一五四四）七月には下忠清道水使池世芳が、唐人が倭地に赴けば倭人は必ずやその火砲器具を伝習するであろうとして、中国船が日本に往来することで火砲技術が拡散することを警戒すべしと状啓しており、[26]同年九月にも判中枢府事宋欽が、唐船は大層堅牢で四面を板で囲い、内部は百余人を収容できる程広く、武器も皆整っており、向かう所敵なしであるが、これに較べると我が国は戦艦の備えがなく、火砲は旧式で火力は弱いと上疏している。[27]奇しくも種子島への鉄砲伝来の一年後の記録であり、ここで謂う所の唐人・唐船とは王直のような後期倭寇すなわち中国人海商であったものと思われるが、朝鮮政府が唐船に装備された火砲技術の伝播を恐れたのに対し、日本人は偶然彼らの船に乗り合わせて遭難したポルトガル人から小銃を学んだのである。

嘉靖大倭寇が朝鮮半島に深刻な被害をもたらすようになると、朝鮮政府は明の火器・火薬技術を導入して海防の強化を図った。明宗即位年（一五四五）一一月には唐人より火砲の伝習を受け、慕華館で実演を行っている。この時は火力不足で四〇歩先の標的にも命中せず、唐人は「中国では火薬に杉木灰を用いるが、朝鮮では柳木灰を用いたため爆発力が低下した」と弁明したが、軍器寺は砲自体が甚だ粗悪で我が国の砲にも及ばないとの評価を下している。[28]翌明宗元年、済州島民が琉球に漂着し、明を経由して刷還された際、福建水軍が鉄丸を発射する火砲を装備していることを目撃しており、これを聞いた侍読官尹仁恕はこの火器が水上戦に甚だ便利であると考え、軍器寺に命じて倣製させるべしと上啓している。[29]また明宗二年には領議政尹仁鏡と右議政鄭順朋が、謝恩奏聞使の派遣に際し、福建人が倭寇と通じ、兵器を提供したり火砲技術を教授したりしているが、これは明と朝鮮の双方にとって不利益であるので、今回捕らえた水賊を送還する機会を利用して明朝皇帝に取り締まりを求めるべしと上啓している。[30]明宗九年（一五五四）には咸鏡北道兵馬節度使李思曾が、玄字銃筒と鉄丸を受領し、また本道でも鉄丸を多数製造して、日常的に発射訓練を行っていると馳啓している。[31]

ところが同年備辺司は、倭人信長が製造した銃筒は精巧であるが、薬穴への着火が困難で、弾丸も勢いよく飛ばないが、信長は火薬が良くないためであると言い、来年再訪して試射したいと述べていることを伝え、彼を手厚くもてなし送還すべしと上啓した。[32]信長の銃筒製造を管理した柳忠弘は、信長が耽羅（済州）島より命からがら脱出した薩摩人から聞いた話として、薩摩人が来春大規模に明を劫略しようと語っているが、実際には耽羅を狙っているのだという情報を伝えたことを備辺司に報告している。[33]翌一〇年には、倭人平長親が銃筒を持参したが、極めて精巧で火薬も強力であったことが備辺司より上啓されている。[34]

これらの史料をめぐっては、信長や平長親がもたらした銃筒が伝統的形式のものなのか、あるいは西洋式鳥銃であったのか議論が分かれているが、種子島に鉄砲が伝来して既に一〇年以上が経過していることから、火縄銃と考えても差し支えないと思われる。[35] 問題は朝鮮政府がこれらを嘉賞しながら、その製造に取り組まなかったことである。銃筒の形式が如何なるものであれ、彼らがそれを朝鮮に売り込みに来た武器商人であることは間違いない。信長に至っては薩摩人による済州島侵掠という朝鮮側の危機感を煽る偽情報すら流している。にもかかわらず朝鮮政府は鉄丸発射式旧式銃筒の導入には熱心に取り組みながら、火縄銃であった可能性が高い倭人の銃は、精巧だと評価しつつも導入はしなかった。その理由は奈辺にあるのだろうか。

当時の火縄銃は弓矢や刀槍しか保有していなかった日本の戦国大名には好意的・積極的に受容されたが、伝統的銃筒に加え西洋式小銃や大砲を取り入れ、嘉靖大倭寇と戦っていた明にとっては新型小火器の一つに過ぎなかった。明宗一〇年五月には朝鮮でも乙卯達梁倭変が発生しており、領議政沈連源は「古の倭船は薄い板で造られていたため、撃破が甚だ容易であったが、今では唐人と通交しており、造船は極めて堅牢になったので、終に銃筒では撃破できなくなった。また倭の銃筒は極めて精巧なので、今日の倭寇防禦は古より困難である」と述べている。[36] 倭寇を追撃した李浚慶は「天字・地字銃筒がなかったため敗走した賊船を撃沈できず、みすみす逃してしまったのは痛恨の極みである」と悔やんでおり、[37] 朝鮮側はより大型の艦載砲で海賊船を撃ち破るべしと考えるようになった。なお同年九月、済州牧使金秀文は銃筒で賊船を焼き討ちしたと報告しており、[38] 火薬あるいは油脂を用いた火箭が発射されたことが窺い知れる。

中宗三九年には唐船が、明宗一〇年には倭船が脅威とされているが、これらはいずれも中国人を中心とした後期倭寇の船団であり、明も朝鮮も堅牢な海賊船を撃沈するため大砲を中心とした大型火器を整備するようになった。これに応じて倭寇側も船体を強化し、明宗一四年（一五五九）には「賊船は高大堅実で、天字・地字銃筒を放っても容易に破壊できず、鉄丸は真木（橡樹）の防牌（盾）を貫通できない」と言われるまでに至った。[39] 政府軍も負けてはおられず、前述したように、実戦配備されたか否かは確認できないが、遅くとも明宗一八年（一五六三）には朝鮮でも仏狼機砲が鋳造された。このように戦国日本と嘉靖期の東・南シナ海沿岸部とでは必要とされる兵器の性質が大いに異なっていた。従って海域アジアにおいて、小銃が倭寇対策の一環として利用される可能性はあったものの、明では主力兵器と見なされず、朝鮮では製造も配備もされなかった。

その後一五五七年に胡宗憲が王直を捕縛し、一五六三年に戚継光が福建沿海で倭寇に大勝したことで、後期倭寇集団は概ね殲滅された。また一五六七年頃から海禁が緩和され、倭寇が再活性化する要因も除去された。これにより明と朝鮮は重い軍事負担から免れるようになったが、それも壬辰倭乱までの束の間の平安に過ぎなかった。

以上のように、火器は高麗末に中国から渡来し、朝鮮世宗期に本格的な開発が試みられたが、命中精度の低さと火薬不足から実戦ではほとんど用いられず、世宗歿後は専ら火戯に用いられた。ところが一六世紀嘉靖年間に倭寇が猖獗を極めるようになると、朝鮮でも海賊船対策として天字・地字・玄字銃筒と呼ばれる大型銃筒が製造されるようになり、発射物も弓箭から鉄丸に進化した。仏狼機砲の製造もなされたようであるが、日本人が持ち込んだ火縄銃と推測される銃筒はその精巧さが賞賛されながらも導入された形跡は見られない。戦国日本が小銃を志向したのとは対照的に朝鮮は明と同様大砲を志向したのである。この両者が激突するのが一五九二年四月に勃発した壬辰倭乱（文禄・慶長の役）であった。

二　壬辰倭乱と火器

壬辰倭乱は東アジアにおける火器を用いた初めての国家間戦争であった。日本は一〇万から二〇万の圧倒的兵力と火縄銃という遠戦兵器によって数万規模の朝鮮軍を圧倒し、九二年五月には漢城を陥落させ、七月には小西行長が平壌に入城した。宣祖は宗主国の明に援兵を要請し、同月より平壌奪還をめぐって両軍は激しい戦闘を繰り広げた。

当初日本軍が破竹の勢いで進撃し得たのは、朝鮮政府が豊臣秀吉の意志を読み違え防備を怠ったことも少なからず影響しているだろうが、やはり多数の火器によるものと考えられる。朝鮮軍も九月の慶州回復戦では城外から震天雷を打ち込み、不審に思った日本兵が集まってきた時に爆発して、二〇人程度を殺傷する戦果を挙げたが、その後震天雷はほとんど使用されなかった[40]。この一例を除き陸戦で朝鮮軍が火器を用いた事例は見出せない。一方水上戦では釜山における橋頭堡構築こそ許したものの、李舜臣率いる全羅水軍が緒戦より日本の輸送船団を相手に大小銃筒にて善戦し、最後まで全羅道沿岸を守り抜いた。

朝鮮に来援した明の南兵（浙江省方面より派遣された部隊）は小銃や大砲など大小火器で武装して日本軍に立ち塞がり[41]、戦闘は火力の衝突の様相を呈するようになった[42]。ただし朝鮮側は明軍の小銃を倣製せず[43]、後述するように捕虜に命じて小銃や焰硝の製造法を伝授させていることから、通説通り小銃の性能は日本側が優れていたと見てよいであろう。日本軍を悩ませたのは明の大砲であった。

ところで明軍南兵は倭寇防衛のために訓練された屈指の部隊であったが、主力兵器である大砲は船舶のような構造物の破壊には最適であるが、野戦には必ずしも適さなかった。確かに射程距離や破壊力を較べると仏郎機砲などの大砲は火縄銃より優れるが、ともに銃身内に施条（ライフリング）がなされていない滑腔式であり、命中率に大差はなかったものと見られる。射撃間隔は前装式の火縄銃より子砲を装塡する仏郎機砲の方が短いように思われるが、仏郎機砲には母砲と子砲との隙間からの燃焼ガス漏れで、威力低下や砲身破裂などを起こしやすいという弱点もあった。何より大砲には移動や輸送が困難で火薬を大量消費し、一門当たりの製造費用も高いため、火縄銃より砲数を揃え難いことが致命的欠点であった。当時の砲弾は炸裂しない単なる金属球に過ぎず、運良く敵陣に着弾しても榴弾のように弾片が飛散して周囲の兵士を殺傷することはなかった。総合的に見れば、大小金属球の撃ち合いなら、大砲より火縄銃の方が有利であった。

そこで明軍は正攻法で優位に立とうとはせず、当時の火器の弱点を利用して、なるべく相手に撃たれないように努めた。理論的に考えると、朝鮮軍を相手とした緒戦では、日本軍は弓矢の射程の短さを利用して、比較的近距離からアウトレンジ（敵の射程外からの攻撃）で敵兵を狙撃していたものと思われる。たとえば九二年四月の尚州城攻防戦では巡辺使李鎰率いる朝鮮軍が発射する弓箭は数十歩で落下し、日本軍鉄砲隊に敗れている[44]。もちろん九二年一〇月の第一次晋州城攻防戦のように、朝鮮軍が籠城し火砲で防戦した場合には、日本軍も数千挺の火縄銃による斉射を試みているが、(45) このような弾薬を大量消費する力攻めは例外だったと思われる。日本軍の狙撃戦法を逆手に取って、明軍は敵の火縄銃の有効射程外から大砲を撃ったものと見られる。とはいえ、前に述べた通り、砲数が少なく命中精度も低い大砲でアウトレンジの効果は期待できないし、敵兵の狙撃には小回りの利く小銃の方が便利である。明軍が大砲に期待したのは敵兵の射殺ではなく、大砲の放つ轟音や火縄銃の射程外からの着弾などにより日本軍銃兵の早期射撃を誘発させ、一時的な弾切れを起こさせることであった。

明の遼東副総兵祖承訓は火器を所持していなかったにもかかわらず日本軍を見くびり、平壌城奪還戦で城中に誘い込まれ、伏兵による銃撃を受けて敗退したが、(46) この戦いを経験した遊撃銭世禎は「倭丸は只だ百余歩に到るのみ。中原の丸は二百歩に至る可し。大将軍箭は則ち六里に至る可し」と語ったと、行礼曹判書尹根寿が宣祖に伝えている。(47) 一方、経略防海禦倭軍務を拝命した兵部員外郎劉黄裳と兵部主事袁黄は朝鮮政府に「我が大国の雄兵は虎の如く熊の如く、無敵の大砲は一発千歩なり。……倭奴の恃む所は唯だ鳥銃のみ。然るに三発の後、即ちに継ぎ難し矣」と移咨している。(48) 明軍の大砲は最大射程が約一〇〇〇歩であるものの、実戦では二〇〇歩程度から発射されていたのに対し、日本軍の火縄銃は一〇〇歩を超える程度であり、また斉射三回で次発装塡の間が空くことがこれらの史料から窺われる。小銃は西洋では歩兵が戦列を組み、指揮官の号令により前方斉射し、斉射間隔を短縮させるため狙撃が禁止される使われ方をするようになるが、日本では近距離から狙撃することが多かった。(49) 朝鮮軍の弓矢を相手に戦っている時期には狙撃戦術の方が有効であったと思われるが、少なくとも明軍の大砲に遭遇した後は遠距離斉射戦術に転換されたらしい。劉経略らは倭鳥銃が三発撃つと述べているが、もちろん近代戦で使用される連発銃を使用したのではなく、銃兵を三隊に分けて三回斉射させるという意味である。それも「信長の三段撃ち」説のように間断なく発砲できたわけではなく、三回斉射すればしばらく攻撃できなかった。銃兵を細分割すれば連続斉射も可能であるが、一回当たりの斉射弾数は分割の度合いに比例して減少し、斉射の威力は低下するので、概ね三回程度が標準とされたのであろう。

大砲で優勢に立ちながら小銃で劣る明軍は、次発装塡に時間が掛かるという火縄銃の弱点を衝いた。兵部右侍郎で経略備倭軍務に任ぜられた宋応昌は万暦二一年（一五九三）正月一四日付の参軍鄭文彬・趙汝梅に宛てた書状にて、

私の考えでは、今後凡そ陣地戦に遭遇したなら、必ず倭営から四百余歩離れ、まず味方から大将軍砲で相手を挑発すれば、敵は必ず鳥銃で応戦するから、その発射が尽きるのを待って、はじめて大兵を進軍させれば、必ず全勝を得られるだろう[50]。

と記し、同年二月一日付の鄭参軍と趙知県に宛てた書状では、

明の火器は固より優秀であるが、倭の鳥銃もまたこれに匹敵する。もし緒戦の時、まず我が火器を発射し、進軍するような動きをしつつ実際には進撃せず、鳥銃を撃ち尽くすよう誘導し、然る後一鼓にてこれを下せば難無し[51]。

と記しているように、明軍の戦術は大砲を用いたアウトレンジにより日本軍銃兵の遠距離からの斉射を促し、次発装塡の間合いを縫って白兵戦に持ち込むというものであった。実際に白兵戦だけで勝負を付けたのかは判然としないが、戦況に応じて弓兵や騎兵を用いることもあったと思われる。

地上戦で火砲をほとんど用いなかった朝鮮側も、領議政柳成龍が「鳥銃発射時に火箭一―二千本を集中放射し、煙によって敵陣が混乱する間隙を縫って大軍を突撃させるべし」と提案しており[52]、火縄銃を一時的に無力化させて白兵戦を仕掛けるという戦術では明軍と軌を一にしていた。九三年六月には経略劉黄裳が鳥銃と長槍の訓練を朝鮮側に提言し、八月には宣祖が火砲と併せて騎射・歩射・刺殺術の訓練も行うよう命じており、九四年正月には宣祖の強い意向に応じて、兵曹判書李徳馨が明軍総兵駱尚志の部下より火砲と剣槍の技能を朝鮮軍に伝授させるべしと上啓している[53]。火力戦が遂行されている最中に弓矢や剣術の訓練を施すという一見矛盾するこれらの事実は、火力

戦と並んで白兵戦が勝敗を分ける戦術の要諦であったことを裏付けている。日本軍も敵の意図は察知していたであろうが、戦場で敵弾が降り注ぐ中、有効射程まで敵兵を引き付けて発砲することは困難であったと思われる。ただ朝鮮からの撤退局面に至った九八年一〇月の泗川城攻防戦では、日本軍は城下六〇歩あたりから明軍に銃撃を加えており、(54)守城戦でなおかつ弾薬を節約しなくてはならない場合には、比較的近距離から斉射を行っていた。なおこの戦いでは、明軍提督董一元が城門を破壊しながら、入城の際に火薬の失火を起こし、日本軍がその混乱に乗じて銃撃を加えたため、兵員七千余名と軍糧二千余石を失って敗退しており、(55)戦場における火薬管理の難しさを物語っている。

かくの如く火縄銃に対峙した明軍は、火砲を本来の構造物破壊兵器としてではなく、また対人殺傷兵器としてでもなく、日本軍銃兵の一時的弾切れを誘引する攪乱兵器として使用した。九三年六月、備辺司が「兵器については、禦敵の用としては弓矢より肝要なものはないが、もし声威を轟かせて一挙に殲滅するのであれば、各種の火砲が上である」と上啓しているように、(56)朝鮮も大砲はあくまでも轟音で敵を誘い出す道具であり、対敵殺傷は弓矢を筆頭とした在来型武器を用いるものと認識していた。

とはいえ、接近戦や白兵戦に持ち込んでも日本軍を圧倒する兵器を明軍が所有していたわけではない。有名な九三年正月の碧蹄館会戦では李如松が火器の到着を待たずに騎兵で攻撃を仕掛け、日本軍歩兵の鋭利な刀槍の前に敗北を喫している。(57)小早川隆景の白兵奇襲が奏功したのであるが、これにより平壌城奪還戦で威力を発揮した明軍の大砲は運搬が不便で機動性に欠けるという弱点をさらけ出すことにもなった。そこで朝鮮政府は比較的早い段階から軽量火器である日本式火縄銃の倣製に取り組んだ。九三年六月には日本兵捕虜の中で焔硝を煮取できる者一名を寧辺に、鳥銃を造作できる者一名を産鉄地の某邑に送り、焔硝と鳥銃の製造を伝授させている。(58)この事実は先行研究でも頻繁に触れられてきたが、捕虜の中にそのような技能を持つ者がいたことの意味については言及されてこなかった。

一般の日本軍銃兵が火縄銃や焔硝の製造法を知っていたとは到底考えられず、遠征軍が鉄砲修理工や火薬製造工を引き連れていたものと思われる。蓋し戦国大名間の戦争は概ね一度の戦闘で勝敗が決するが、国家間の戦争は会戦の連続であり、兵站が非常に重要になる。天下一統を果たした秀吉は諸大名を総動員することができたが、その火縄銃は数こそ多いとはいえ有限であり、苛酷な環境で使われ続けると損耗する。そこで日本軍は消耗品である火薬を現地で製造する職人とともに破損した火縄銃を修理する職人を帯同していたものと思われる。そしてその一部が捕虜となり、朝鮮側に利用されたのではないだろうか。

しかし鳥銃の倣製は簡単ではなかった。九三年一二月、備辺司は「各種火器の中で最も戦闘に役立つものは、鳥銃が上であり、三穴銃筒が次である。ただし鳥銃は構造が極めて精密で、精確な工法を解明できなければ、製造が困難である」と上啓し、宣祖は「我が国が製造した鳥銃は皆粗悪で使用できない。今後はこれを改め、倭鳥銃の精巧なものを基準とし、その様式に依って製造すべし」と回答している[59]。当時の鉄砲鍛冶がどのような分業を行っていたのか不明であるが、戦地では機関部の故障は修理できても銃身が破損したら遺棄するしかなかったから、全ての製造工程に通暁した鉄砲職人を帯同する必要はなく、従って修理を担当していた捕虜の技能だけでは日本製と同程度の精巧な火縄銃を製造することは不可能だったのであろう。

朝鮮で火縄銃を製造できないという事情は日本軍でも同様であった。そこで彼らは占領地の開城で「銃筒」の製造を行った。九三年六月に鳥銃と長槍の訓練を朝鮮政府に勧めた経略劉黄裳は「前日開城の倭賊は貴国の人民を拐かして銃筒を造作していたと云う」と伝えている[60]。この「銃筒」が火縄銃より性能が低い朝鮮の旧式火器を指し示しているとすれば、その目的は火力不足を少しでも補うためであったのかもしれない。同年正月の平壌城奪還戦に際し、明軍の三眼銃は城門付近での接近戦で大きな戦果を挙げており[61]、旧式火器も至近距離から発砲すれば高い殺傷能力を有していた。ただし日本軍が銃筒を実戦で使用した事例は確認されておらず、劉黄裳も倭賊の「天朝の鳥銃・長槍は恐るべき代物である」という証言を引用した後、過日開城で銃筒が造作されていたと述べ、貴国が明鳥銃を習得する下地は既に存在すると結論付けていることから、彼が謂う所の「銃筒」とは火縄銃を指しているとも考えられる。同じ頃柳成龍も「往時校書正字李自海が開城府に在りし時、鳥銃を監造したが、其の精巧なること倭銃と異なる無し」と記しており[62]、開城には倭鳥銃と遜色ない火縄銃を製造する能力があったという認識が明軍と朝鮮政府の間で広まっていたのかもしれない。しかしもちろん当時の朝鮮にはそのような技術は確立されておらず、日本軍は開城において朝鮮の匠人を徴発し、火縄銃の部品を造らせたり、修理を手伝わせていたと理解することも可能である。

それはともかく、九四年になると鹵獲した鳥銃が相当数に上り、明軍や朝鮮軍はこれらを用いて銃兵の養成に努めた[63]。同年三月、武科挙における兵種間の点数配分が議論され、領議政柳成龍が「火砲を撃たせるのが善い。槍や刀は使い道がない」と述べたのに対し、左賛成崔滉が「火砲を重視し過ぎているので減らすべし。もし改めなければ（武人は）必ず皆弓矢を棄て学ばなくなるだろう」と危惧したが、宣祖は「弓矢は放棄してもよいが、火砲は天下の神器であり、点数を減らしてはならない」と反論し、柳成龍も「百歩以遠では火砲に勝るものはない」と畳みかけた。しかし宣祖が火砲の欠点として速射ができないことを指摘したため、柳成龍は長距離・短距離兵器の併用を唱え、宣祖も刀槍を廃止しないよう命じた[64]。既に鳥銃は弓矢や刀槍を凌ぐほどの評価を得ていたのである。同月には備辺司が「近頃都監を別設し火砲を訓練させた。当初論者は皆うまくいかないであろうと考えていたが、数箇月後頗る成果を上げ、その中で優秀な者は浙江の名手に引けを取らない」として、訓錬都監による銃兵訓練が大いに進展したことを報告しているが、一方で「交戦の際には鳥銃が最も利器となる。近日都監が用いている鳥銃は倭物を収拾したもので、その数は多くなく、往々にして破損しており、日ごとに損耗している」と、相変わらず鹵獲品を使用していることも伝え、訓練だけでなく製造にも尽力すべしと提言している[65]。同じく司書黄慎も、前線に赴く将軍は皆弓手の帯去を欲し、砲手（銃兵）の帯同を願わないと報告しており[66]、朝鮮軍銃兵は戦力として日本軍銃兵に遠く及ばなかった。

このように朝鮮政府は鳥銃の製造と砲手の養成に努めながら、これを弓矢や白兵と組み合わせる陣立てを確立していった。九四年三月の兵曹の上啓によると、訓錬都監の演習では砲手―射手―殺手の順で兵士を配置している[67]。前線では砲手は足手まといだと忌避されていたが、この体制は基本的に戦後も継承された。

碧蹄館会戦で大敗した提督李如松は戦意を喪失し、経略宋応昌も朝鮮政府の反対を押し切って和議を模索するようになった。その理由は力攻めを続けて徒に戦力を消耗するより、一旦休戦して十分な兵餉を確保することを優先したものと思われる。蓋し明軍は遼東から平壌まで補給線が伸びきっており、日本軍は橋頭堡である釜山を維持し続けていたから、このまま攻撃を続けるのは不安材料が多かったからである。日本軍も事情は同様であった。名護屋―対馬―釜山間の海上補給線は貧弱で、漢城の兵糧米は二箇月分程度しか残っておらず、小西行長も九三年三月に沈惟敬との和平交渉を始めた(68)。明の参戦により勝敗は兵器の優劣ではなく兵站の強弱に左右されるようになり、日本軍は一転して守勢に立たされた。

もちろん日本軍兵站の隘路である海上交通を遮断すれば欺瞞的な和議によって時間稼ぎをする必要もなかったのであろうが、明や朝鮮の水軍は洋上の敵輸送船を発見・捕捉し、これを拿捕・撃沈する能力は持ち合わせていなかった。確かに、嘉靖大倭寇の頃から明や朝鮮の艦船は大砲や火箭によって倭寇を撃退していた。しかし船に重武装を施すと船足は遅くなるから、沿岸に到来した海賊船を火力で追い払うことは可能であったが、これを沖合まで追撃することは困難であった。また宋応昌の上奏によると、明船は火箭・弓矢・三眼銃・仏郎機砲などで応戦するが、虎蹲砲・滅虜砲・大将軍砲は船体を破壊する恐れがあるので緊急時以外は用いないとあり(69)、当時の大型火器は車輪の付いた架台に載せ射撃の反動を吸収する構造になっておらず、火砲の使用には制限が課されていた。事情は朝鮮水軍でも同じだったはずであり、李舜臣が考案したとされる亀船（ただし亀船自体は朝鮮前期より存在し、李舜臣はそれを大幅に改良した）も船体が強固で多数の砲門を備えていることから、相当重かったものと推測される。李舜臣の戦術は多島海で潮流が激しい地勢を利用し、島影に亀船を含む艦船を潜ませ、敵をおびき出した上で、潮目の変化に乗じて襲撃し、至近距離から天字・地字銃筒などを撃つことで、船体が軽いため船足は速いが脆弱な日本水軍を漸減させるものであり、洋上での待ち伏せは行わず、釜山浦の襲撃は九二年九月に試みられたものの成功しなかった(70)。なお宋応昌は李舜臣率いる朝鮮水軍の火力を高く評価し、六―七百歩の距離から敵船を破壊できると見ていたが、柳成龍は李舜臣が敵船に数十歩まで接近して発砲したと述べている(71)。海上でも地上戦と同様、火器の命中率を上げるためには危険を冒して接近し、狙撃するのが効果的であった。

　以上のように、壬辰倭乱は緒戦を除き小銃と大砲との射撃戦であった。日本軍が得意とした比較的近距離からの狙撃戦法は、明軍の長射程重火器により封殺されてしまった。当時の火器は小銃も大砲もともに命中率が低かったため、遠距離射撃では日本軍も明軍も相手に決定的損害を与えることはできなかった。それ故一見時代遅れの兵器の如き弓矢や刀槍が戦闘で活躍する余地も十分あった。火縄銃の優位性が大砲によって相殺されたため、戦争の帰趨は専ら兵站に掛かるようになった。日本側は最後まで釜山浦を守り通したものの、海上輸送力は不十分であり、更に李舜臣水軍が新たな橋頭堡の構築を阻んだため、慶長の役では守勢に立たされた。結局倭乱は秀吉の死によって終息したのである。

三　朝鮮後期の火器

　倭乱終結後、日本では豊臣政権が倒れ徳川幕府が誕生した。国内での覇権争いは大坂夏の陣まで続き、特に徳川方は大砲を重視したと言われているが[72]、主要火器が小銃から大砲へ移行したわけではなかった。明については久芳崇著『東アジアの兵器革命』が、捕虜となった日本軍銃兵を家丁として各武将の麾下に編入し、楊応龍の乱を鎮圧するため動員したことを紹介しているが、同時に明が積極的に導入を推進したのは新型大砲である紅夷砲であり、小銃でも日本式種子島銃ではなくオスマン式嚕密銃であったとも述べられており、倭鳥銃を倣製したわけではなかった。嚕密銃は小銃であるが倭鳥銃より大型で射程距離が長いことから、明軍は相変わらず大型火器中心主義であったことが窺われる。蓋し明も日本も壬辰倭乱を負け戦だと認識しておらず、兵器体系や用兵術の抜本的改革を行う動機がなかったからである。独り朝鮮のみが緒戦で手痛い敗北を舐めており、朝鮮政府は戦後直ちに火器の配備を開始した。

　朝鮮がまず取り組んだのは火薬製造技術の習得であった。火薬の製法はつとに朝鮮前期より知られていたが、その品質は日本軍が持参したものより劣っていたようであり、既述の如く政府は倭乱初期より捕虜や降倭を通して新たな煮硝法を学ばせた。倭乱終息後も明から焔硝を大量輸入する一方、宣祖三六年（一六〇三）に各邑月課煮硝法を制定し、国内生産も奨励している。硫黄は当面日本からの輸入に依存せざるを得なかったが、一七世紀中期には国内硫黄への代替が進み、一六七〇年には輸入が途絶した(73)。

火薬と並行して生産されたのが鳥銃である。鳥銃もまた捕虜や降倭を通して製造法を習得せしめたが、良質鳥銃の倣製は不可能であり、宣祖四〇年（一六〇七）の回答兼刷還使に命じて倭鳥銃を購入させた。朝鮮との貿易再開・拡大を強く望む対馬藩も積極的に鳥銃を献上した。倭鳥銃貿易は仁祖七年（一六二九）まで続いた(74)。

火薬や鳥銃の国産化がなかなか軌道に乗らなかったのは、日本では領主層が火薬職人や鉄砲鍛冶を保護育成したのに対し、朝鮮では政府が各邑月課銃薬丸法を制定し、鳥銃・火薬・鉛丸の充足義務を各邑の守令に負わせたからである。しかし各邑が分定された武器弾薬を自前で製造することなど到底不可能であり、大同法の施行に伴い月課米として徴収され、民間製造業者が防納（請負）していた。しかし月課価は市価の二倍以上であったため、常平庁や諸軍門が防納権を民間業者より奪い差益を壟断することも見られた(75)。防納制が利殖手段に悪用されたため、鳥銃の品質は概して低かった。倭乱終息後三〇年近く経過した仁祖五年に至っても、副提学鄭経世らが「我が国の鳥銃は堅緻なること能わず、破れ易くして中り難し。亦た宜しく統制使及び慶尚左右兵使に分定し、これをして倭銃を措貿せしむべし」と上疏しているように(76)、国産銃は脆弱で命中率も低く、倭鳥銃を輸入せざるを得ない状況が相変わらず続いていた。更に仁祖二六年（一六四八）においても、兵曹判書李時白が「(訓錬)都監の砲手の善く放たざる者は、実に鳥銃の精ならざるに由る。試みに新営の鳥銃を給してこれを放たば、則ち善く中らざる無し。故に軍士は皆新営の鳥銃を得んと欲するのみ」と述べており(77)、漢城の軍門でも粗悪鳥銃を使わざるを得ない状況であった。久芳崇は一六一九年のサルフ会戦において朝鮮軍銃兵が明に派遣されたこと、一六五四年以降の清による羅禅征伐において朝鮮の小銃隊数百名が活躍したことなどを引き合いに出して、朝鮮においても兵器革命が起き、一七世紀の朝鮮は東アジア有数の鉄砲生産・保有国であったと結論付けているが(78)、中核的役割を担ったのは日本から輸入された火縄銃であり、火器製造技術が移転されたとは到底言えない状態であった。

このように各邑月課銃薬丸法は後に貢人へと発展する商工業者による防納制を招来するため弊害が多く、南三道では早くから漢城の三軍門で直接製造して下送する方法が行われていた。また顕宗一五年（一六七四）摠護使金寿恒は、黄海道の各邑月課鳥銃は全羅道の例に倣って訓錬都監で製造配備し、各邑は工価を綿布で納入していると報告しており、⑲黄海道でも同様の措置が採られていた。しかしながら防納制を続けた地域も多かった。粛宗元年（一六七五）検討官柳命賢は、平安道では月課の鳥銃が堅牢でなく、一回か二回の発射で壊れてしまうこともあるが、その理由は守令が平安道監兵営の威圧に怯え、自己の体面を取り繕うため、不良品でも点退（突き返し）せず収納するので、京商が粗悪品によって利益を貪っていると陳情している。⑳観察使や兵馬節度使は員数合わせに奔走し、各邑の守令もそれに同調せざるを得なかったのである。また行副護軍李鏶は、各邑月課の鳥銃・鉛丸は銃口と弾丸の大きさが不揃いであり、まともに発射できないと告発している。㉑更に知事金錫冑も、守禦庁所属の畿左三営が発遣した銃器を点検したところ、各邑に配備された鳥銃は五〇余挺から六〇余挺であるが、皆使い物にならないと述べている。㉒翌粛宗二年には忠清道文義県の退休郷吏朴以華が、地方では鳥銃を鍛造できる者がおらず、各邑月課の鳥銃は常に京中より、火薬は嶺南より高値で購入せざるを得ないため、利益を壟断されていると訴え、鳥銃と焔硝の製造法を各地に広めるよう上疏している。㉓

だが政府は火器防納制の弊害是正に対し真剣に取り組まなかった。粛宗一六年（一六九〇）には国王自ら、近頃諸道から上納される鳥銃の肉厚が薄くなり、容易に破損するとして、上納品がこの程度であるなら地方配備の鳥銃の品質は推して知るべしと警鐘を鳴らし、㉔翌一七年には副提学権瑎が、各邑月課軍器は監営が防納しており弊害があるので、今後は各邑に自備させ、粗悪品は点退させるべしと提言している。㉕一八年には摠戎使張希載が、近年軍門が鳥銃を打造する時、職人が材料を節約したり手間を省略したりするため、造られた鳥銃は甚だ脆薄で、試射の際に破裂するものが多いと上啓しており、㉖一九年には行副護軍李行益も、近年鳥銃は肉厚が薄くなり、三―四発撃つと破裂すると上啓している。㉗このように防納制に依拠した各邑月課銃薬丸法は徒に民害を惹起しただけで、軍備の強化には全く繋がらなかった。朝鮮はまともな鳥銃を造る技術がなかったのではなく、造る体制を構築できなかったと言える。一八世紀になっても小銃の口径と弾丸との不整合問題はたびたび議論されており[88]、品質の改善には至らなかった模様である。

一方政府の防衛政策も鳥銃より大砲を重視していた。朝鮮は倭乱以前より大砲志向が強かったが、明軍の大砲が日本軍の鳥銃を押さえ込んだこと、また丁卯・丙子胡乱で後金・清軍に惨敗したことから、射程距離の長い重火器の優位性を信じ続けた。孝宗・顕宗期には大砲の鋳造事例が確認できないが、前章で見た通り、粛宗期になると一転して大砲が大量に鋳造され、城塞や水軍に配備された。一七世紀には中国でも日本でも仏郎機砲より射程が長く命中率も高い前装式カノン砲である紅夷砲が大砲の首座を占めるようになっていたが、朝鮮では相変わらず仏狼機砲を製造配備し続けた。英祖七年（一七三一）訓錬都監は銅砲五〇門と紅夷砲二門を新造したが、最大射程は前者が二〇〇〇余歩（約二四〇〇m）、後者が一〇余里（約四〇〇〇m）であり、紅夷砲は我が国の新制であると報告しているように[89]、紅夷砲の性能の高さはつとに知られていたが、製造開始は遅れ、また砲数も少なかった。そして何よりその後本格的に製造配備された形跡が見られない。

大砲志向に偏倚していたとはいえ、朝鮮政府は決して鳥銃を軽視していたわけではない。各邑月課銃薬丸法が鳥銃や鉛丸の粗製濫造を惹起していたことは廷臣らにより度々指摘されている。にもかかわらず調達制度の見直しがなされなかったのは、端的に言えば政府が質より量を重視していたためであろうと思われる。すなわち狙撃に主眼を置くなら命中精度の高い鳥銃を製造する必要があるが、単に弾丸を前方に発射するだけなら多少粗悪であっても問題はない。大砲を撃ち合う戦場において滑腔銃による精確な狙撃など所詮不可能であり、むしろ遠距離から多数の弾丸を斉射する方が有効である。政府はそのように考えていたのではないだろうか。もちろん数発撃っただけで破裂する薄劣鳥銃では役に立たないが、ある程度の品質を維持していれば鳥銃の精度にはさほど拘らないという割り切りが各邑月課銃薬丸法の根底にあったと思われる。

当時の武科挙では鳥銃射撃技能も試されていたが、鳥銃を改良して命中精度を高めようとする試みはなされなかった。政府が鳥銃に求めたのは命中精度ではなく射程距離であった。遠距離からアウトレンジで火器を使用する場合、勝敗を分かつのは火砲の門数と射程である。そこで政府は粗製濫造に近い鳥銃の量産体制を敷く一方、射程距離の向上を企図した。その結果生まれたのが千歩銃である。

千歩銃とは最大射程が千歩に達すると称される鳥銃である。粛宗期に朴英俊という者が開発したと言われ、既存の鳥銃よりやや長くて重いが、最大射程は九〇〇余歩に及んだ。[90] 景宗二年（一七二二）には漢城の姜潤文らが諸般の月課米を受領して千歩銃を防納したという記録がある。[91] 英祖五年（一七二九）には尹弼殷が守禦庁にて、より小型で軽量の千歩銃を四挺試作しており、[92] 彼の指導の下、翌年五月までに千歩銃一〇〇挺が製造された。[93] 英祖一三年には毎年三南月課鳥銃米の三分の一を軍器寺に送って千歩銃を製造するようになったが、[94] 英祖三〇年には軍器寺官員徐志修が、千歩銃に適合する火薬と鉛丸が供給されていないと報告し、[95] また英祖三六年には戸曹判書洪鳳漢が、三南に下送した千歩銃は資材を浪費するだけで一挺も使い物にならないと苦言を呈するなど、[96] 千歩銃の評判は芳しくなかったようである。

英祖三八年には領議政洪鳳漢が、千歩銃の購入費用を抑制して共通の弾丸を使用できる行銃を製造し、各邑に配備すべしと提議し、[97] 英祖四六年には右議政金尚喆が清式鳥銃である胡銃は軽量堅牢で射程距離も長いので、諸将と採用を議論していると述べ、行司直具善復も胡銃を推薦した。[98] 具善復は正祖六年（一七八二）に胡銃五〇余挺を製造している。[99] ただ千歩銃も胡銃も量産されたとは言い難く、京軍門・監兵営・各邑が保有する鳥銃の大部分は在来型鳥銃で、なおかつ肉厚の薄い粗悪品であったと思われる。丙子胡乱以後朝鮮では軍事的危機が遠のき、軍事技術の開発や軍備の強化は喫緊の課題ではなくなったことがその背景にあった。

以上のように朝鮮後期における火器政策の特徴は、射程距離が長い仏狼機砲や千歩銃の製造配備と、戦国期日本の比ではないにせよ粗製濫造とも言える鳥銃の大量生産であった。仏狼機砲は時代遅れの大砲であり、千歩銃は実用に疑問符が付されており、大量の鳥銃は数発の射撃で破裂する粗悪品であったので、当時の朝鮮が日本や清国とまともに戦える戦力を有していたとはお世辞にも言えない。ただそれらに通底する戦術思想は、火砲を遠距離から斉射して敵兵力を漸減させる兵器と位置付け、最終的に弓矢や刀槍で殲滅するというものであった。倭乱直後から倭鳥銃と並んで日本の刀槍が積極的に取り入れられたのも、火器の有効性と限界性の両側面を如実に物語っている。洋の東西を問わず、滑腔式銃砲の時代にあっては、弾幕射撃が火器の最適な運用法であり、余程の好条件が揃わない限り、近距離から鉄砲で敵兵を狙撃するようなことはできなかったのである。

おわりに

朝鮮では国初より火薬兵器の開発が進められたが、実用に足る火器が登場したのは西洋式銃砲が東アジアに伝来した一六世紀以後であった。中国や朝鮮では嘉靖大倭寇を鎮圧するため海賊船を撃沈し得る大砲が沿海部に配備され、戦国時代の日本では弓矢の代替兵器として小銃が普及した。壬辰倭乱は日本の火縄銃と明の大砲との戦いであったが、それぞれ利点と欠点を有するものの、命中精度が低く発射間隔が長いという点では共通しており、勝敗を決したのは火器ではなく兵站であった。極論すると武器の質より量が重要だったのであり、倭乱終息後朝鮮は各邑月課銃薬丸法により小銃を大量生産する一方、アウトレンジに適した長射程兵器の製造・開発にも努めた。

技術論から見れば各国の兵器に優劣を付けることも可能であろう。そして小銃に重点を置いて見ると日本の火縄銃が明や朝鮮の銃筒より優れていたと言うこともできるだろう。しかし至近距離で敵兵を狙撃しない限り倭鳥銃の優越性は大幅に減殺されたし、明軍の長射程の大砲は接近戦を困難ならしめるのに十分な威力を有していた。一六世紀を東アジアにおける兵器革命と呼ぶことはあながち間違いとは言えないが、革命を主導したのは日本の火縄銃ではなく火器全般であり、また火器の導入により遠戦志向がより強まったことは確かであるが、弓矢や刀槍が無意味なものになったわけではなかった。倭乱後朝鮮が倭鳥銃と並んで日本刀の輸入に努めたことが何よりの証左である。

倭乱当時、日本軍の火器が小銃に偏倚し、明軍の火器が大砲に偏倚していたのは、それまで両国が戦ってきた戦争形態の相違、すなわち野戦と水上戦の違いに基づくものであった。そしてこの戦争で両者の優劣は決しなかったため、戦後両国の火器政策や用兵術が根本的に見直されることはなかった。火器の形態や品質には差異があったものの、日本および中国、そして倭乱後火器の本格的配備を始めた朝鮮、これらいずれの国でも火器の使用法は遠距離からの銃砲撃による兵力漸減に収斂するようになった。遠距離からの狙撃が技術的に可能となったのは施条銃が登場する一九世紀以降であるが、敵方も同様な兵器を使用すると遠戦での勝敗は決せず、飛行機・戦車・弩級戦艦が登場した第一次世界大戦に至っても、陸上では大砲・機関銃・ライフル・毒ガスなどにより敵兵力を減殺した後、銃剣突撃による塹壕での白兵戦を行っていたのである。そして連合国側の勝利を決定付けたのは兵器自体ではなく、ドイツ経済の疲弊による兵站の崩壊であった。

註

（1）有馬成甫『火砲の起原とその伝流』吉川弘文館、一九六二年、春名徹「アジアにおける銃と砲」荒野泰典・石井正敏・村井章介編『アジアのなかの日本史Ⅵ』東京大学出版会、一九九三年、久芳崇「明末における新式火器の導入と京営」九州大学『東洋史論集』三六号、二〇〇八年（久芳『東アジアの兵器革命』吉川弘文館、二〇一〇年所収。行論では著書を引用する）など。

（2）洞富雄『鉄砲――伝来とその影響』思文閣出版、一九九一年、二七六―二八二頁。

（3）宇田川武久『東アジア兵器交流史の研究』吉川弘文館、一九九三年、三三八頁。

（4）鉄砲伝来については膨大な研究史がある。さしあたり概説については前掲春名論文および佐々木稔編『火縄銃の伝来と技術』吉川弘文館、二〇〇三年を、研究整理については前註（1）久芳、序論を参照。

（5）鈴木眞哉『鉄砲と日本人』洋泉社、一九九七年（補訂版は筑摩書房、二〇〇〇年）。行論では補訂版を底本とする。

（6）たとえば宇田川武久は「壬辰・丁酉の倭乱と李朝の兵器」国立歴史民俗博物館『研究報告』一七集、一九八八年、六頁にて「文禄・慶長の役において火縄銃は日本刀とともに明国と李朝の両軍を圧倒し、遺憾なく威力を発揮した」と述べている。これが史実か否かはさておき、遠戦兵器である鉄砲と白兵である日本刀を同列に扱う言説には違和感を覚える。弓矢や銃筒を用いた戦いから小銃や大砲を撃ち合う戦いへと遠戦化がより進んだ壬辰倭乱において敢えて日本刀が活躍の場を持ち得た歴史的意味について考察せず、単に日本の兵器鍛造技術の高さを称揚するだけでは軍事史として不十分であろう。

(7) 前註(1)有馬、前註(3)宇田川、許善道『朝鮮時代火薬兵器史研究』一潮閣、一九九四年、吉岡新一「文禄・慶長の役における火器についての研究」『朝鮮学報』一〇八輯、一九八三年など。一六世紀東アジアの火器伝播については中島楽章「一五四〇年代の東アジア海域と西欧式火器」中島編『南蛮・紅毛・唐人』思文閣出版、二〇一三年も参照。
(8) 米谷均「一七世紀前期日朝関係における武器輸出」藤田覚編『十七世紀の日本と東アジア』山川出版社、二〇〇〇年。
(9) 申東珪「オランダ人漂流民と朝鮮の西洋式兵器の開発」『史苑』六一巻一号、二〇〇〇年。
(10) 許泰玖著・太田秀春訳「一七世紀の朝鮮における焔硝貿易と火薬製造法発達」黒田慶一編『韓国の倭城と壬辰倭乱』岩田書院、二〇〇四年。
(11) 前註(1)春名、一六三頁。
(12) 『朝鮮太宗実録』巻一八、太宗九年一〇月丙辰。
(13) 前註(1)有馬、二二六―二三二頁。
(14) 『朝鮮太宗実録』巻二六、太宗一三年一二月甲戌。火戯については前註(7)許、二八頁を参照。
(15) 『朝鮮世宗実録』巻三、世宗元年正月丙寅。なお同書、巻五四、世宗一三年一〇月丙午・一二月乙卯の条によると、貴重な焔硝を節約するため、勅使の要求がない限り火戯を披露すべきでないという提案が廷臣よりなされている。
(16) 同右、巻八三、世宗二〇年一一月甲辰
伝旨咸吉道都節制使金宗瑞。火砲之於応敵。其利大矣。倭寇・野人之所畏者在此。然戦則火砲軍為先鋒。故人甚厭之。欲避火砲軍而投他役者多矣。
(17) 同右、巻九七、世宗二四年七月庚辰
咸吉道監錬官啓。火炮放射之法。最是禦賊急務。今本道六鎮各堡軍人等。因愚惑懶惰。全不顧慮。
(18) 同右、巻九三、世宗二三年六月戊辰(前掲許善道、七五頁、註三四八)
伝旨咸吉道都節制使。火砲最禦敵之利器也。……但慮其界所儲軍廩不敷。喂養為難。若火砲別無利益。不可用。則姑欲停之。其悉熟計以聞。
(19) 同右、巻六二、世宗一五年一一月辛卯。
(20) 同右、巻一一八、世宗二九年一一月甲辰、『朝鮮文宗実録』巻三、文宗即位年八月戊寅など。
(21) 同右、巻八、文宗元年六月壬申。
(22) 前註(7)許、一四二―一四七頁。
(23) 『朝鮮成宗実録』巻九四、成宗九年七月乙亥。
(24) 壬辰倭乱の際、明の北兵は蒙古の脅威を受けながら、軍馬を驚かせないため火砲を使用しないと朝鮮側は認識していた。『朝鮮

宣祖実録』巻三五、宣祖二六年二月乙巳
上曰。我国放砲之時。人多驚動。其時人馬。不為驚動耶。［平安道観察使李］元翼曰。北軍以是厭之。馬多驚躍。上曰。中原多被獐子之患。而北軍不習其炮何耶。元翼曰。獐子亦能騎戦云。而不習放炮。未知其意也。

(25)『朝鮮中宗実録』巻八、中宗四年四月丙寅。

(26)同右、巻一〇四、中宗三九年七月庚申。

(27)同右、巻一〇四、中宗三九年九月甲辰。

(28)『朝鮮明宗実録』巻一、明宗即位年一一月丁卯
軍器寺提調啓曰。今日唐人処伝習火砲。放于慕華館。別無猛烈之気。立標四十歩而放之。皆不中。我国之砲。一中防楯而還退。唐人等云。中原用杉木灰。故迅烈。而此以柳木灰。故不至猛発云。且其器械鈍甚。不如我国之砲。

この唐人が何者なのか不明であるが、作られた火砲を慕華館で実演していることから、あるいは勅使に随行した武官であったとも考えられる。火薬に使用する木由来原料は灰ではなく炭なので、唐人は木炭の質が悪かったと強弁しているのであるが、朝鮮側官僚は火砲の精度にも問題があったと分析している。

(29)同右、巻三、明宗元年四月己酉
侍読官尹仁恕曰。済州漂流人。到琉球国刷還。到上国時。見福建道水車之制而伝習之。……且鉄丸火砲。唐人之所作。用之水戦甚便。破敵尤妙。請令軍器寺。詳究制度造作。蔵諸沿辺各官。以備不虞何如。

宇田川は、鉄丸火砲の情報を伝えたのは済州島に漂着した唐人であると断定しているが、刷還された唐人が帰国後、福建省で見た水車や火砲を朝鮮側官僚に伝えるとは考えられない。明清時代の朝鮮と琉球は原則として互いの漂流民を宗主国経由で送還し合っており（ただし日本経由の送還や直接送還もあった）、これは琉球に漂着した済州島民からの聞き取りであろう。前註（3）宇田川、二九五―二九六頁。

(30)同右、巻五、明宗二年四月庚子。

(31)同右、巻一六、明宗九年五月戊午。

(32)同右、巻一七、明宗九年一二月甲申。

(33)同右、巻一七、明宗九年一二月乙酉
備辺司啓曰。柳忠弘以監造銃筒事。往在倭人信長所留之處。信長曰。日本国薩摩州倭人。有自貴国耽羅島逃死而来。詰其山川形勢。欲於明春風順之時。大興兵船。声言作賊於大明。而実有意於貴国耽罷《ママ》島云。

(34)同右、巻一八、明宗一〇年五月甲寅。

(35)なお『朝鮮宣祖修正実録』巻二三、宣祖二二年七月丙午の条に

義智等献孔雀一双・鳥銃数件。命放孔雀于南陽海島。蔵鳥銃于軍器寺。我国之有鳥銃始此。

とあり、朝鮮人が火縄銃を鳥銃と認識するようになったのは一五八九年に対馬の宗義智より贈られた銃を嚆矢とする。もちろんこの事実は信長や平長親の銃が火縄銃でなかったことの証拠にはならない。ただこの期に及んでも政府は鳥銃を軍器寺に収蔵させただけで、倣製の試みが全く見られないことは注目に値する。一方中島はこれらの銃に「薬穴」があることから火縄銃ではないと見ている。前註（7）中島、一三〇頁。

(36)『朝鮮明宗実録』巻一八、明宗一〇年五月己酉

連源曰。古者倭船。以薄板為之。故破之甚易。今則与唐人交通。造船極牢。銃筒終不可破也。且倭之用銃筒極巧。今之禦倭。難於古矣。

(37)同右、巻一八、明宗一〇年六月丁丑。恐らく朝鮮水軍は玄字銃筒のような比較的小型の大砲しか積んでいなかったのであろう。

(38)同右、巻一九、明宗一〇年九月甲辰。

(39)同右、巻二五、明宗一四年六月丙午。

(40)『朝鮮宣祖修正実録』巻二六、宣祖二五年九月丁巳。柳成龍『懲毖録』巻一、左兵使朴晋収復慶州によると、死者三十余人とある。実録の註記には「而後無用之者」と記されているが、実際には九三年二月の幸州山城攻防戦でも震天雷が使われたらしい。北島万次『豊臣秀吉の朝鮮侵略』吉川弘文館、一九九五年、一三一頁。

(41)『朝鮮宣祖実録』巻二九、宣祖二五年八月庚子

［佟］摠兵曰。然。臣路上見南兵来到。皆是歩軍。所持器械。皆便捷。多帯倭銃筒・火砲諸具。其人皆軽鋭。所著巾履。与遼東・北京之人不同。

なお彼が言う倭銃筒とは日本軍が携帯しているような小銃の意である。

(42)同右、巻三九、宣祖二六年六月壬子

上教政院曰。……且賊之全勝。只在於火砲。天兵之震畳。亦在於火砲。我国之所短。亦在於此。

(43)翌年六月には明軍経略劉黄裳が、倭賊は天朝の鳥銃・長鎗を恐るべきものだと言っており、貴国も学ぶべきだと忠告している（同右、巻三九、宣祖二六年六月戊子）が、発言の主旨は鳥銃と長槍の学習要請であり、この証言から明鳥銃が倭鳥銃より優れていたとは断定できない。

(44)『懲毖録』巻一、賊陥尚州。

(45)『朝鮮宣祖修正実録』巻二六、宣祖二五年一〇月丁亥

倭将六人。分陣督戦。銃手数千。常従山上斉放射城内。勢如電雹。呼声動天地。［牧使金］時敏令軍士勿動。俟彼声衰。即放砲鼓譟応之。

(46)『懲毖録』巻一、十九日祖総兵軍攻平壌不利而退。
(47)『朝鮮宣祖実録』巻三三、宣祖二五年一二月己亥。
(48)同右、巻三四、宣祖二六年正月壬戌。
(49)前註（5）鈴木、一七一―一七二・一八一―一八三・二二二頁。
(50)『経略復国要編』巻五、与参軍鄭文彬趙汝梅書
鄙意謂。往後凡遇陣戦。当離倭営四百余歩。我先以大将軍砲挑撃之。彼必以鳥銃抵我。俟其放尽。方以大兵進之。必獲全勝矣。
(51)同右、巻六、与参軍鄭同知趙知県書
我之火器固利。而彼之鳥銃。亦足相当。如初角之時。当先施我火器。佯欲進兵。実且未進。誘其放尽鳥銃。然後一鼓下之無難也。

久芳崇は『経略復国要編』の両史料から明軍の鳥銃が倭鳥銃に対して遜色があったと結論付けている。前註（1）久芳、一八―一九頁。鳥銃の性能比較に限定すれば久芳の結論も誤りではないだろう。しかし明軍の主力兵器は大砲であり、宋が火縄銃の優位性は大砲の適切な使用で十分封殺できると明言していることを無視してはならない。
(52)『朝鮮宣祖実録』巻四五、宣祖二六年閏一一月壬午。ただし風向きによっては煙幕を抜けた途端に敵の銃撃を受けることもあるから、この戦法の有効性はかなり怪しい。
(53)同右、巻三九、宣祖二六年六月戊子、同右、巻四一、宣祖二六年八月癸卯、同右、巻四七、宣祖二七年正月丁亥・辛卯。
(54)同右、巻一〇五、宣祖三一年一〇月甲子。
(55)同右、巻一〇五、宣祖三一年一〇月庚申・壬戌。
(56)同右、巻三九、宣祖二六年六月壬子
至於器械。則禦敵之用。莫要於弓矢。而若其声威震畳。一挙鏖滅。則各様火砲。乃其上也。
(57)『懲毖録』巻二、李提督進兵坡州。久芳は碧蹄館での敗戦により明軍が倭鳥銃への対応を迫られたと述べる（前掲久芳、一九頁）が、この時日本軍は火縄銃を用いていない。明軍の敗因は砲兵と騎兵との進軍速度の差異を無視して拙速攻撃を仕掛けた李如松の傲りと、李を誘い出した小早川の巧みな陽動作戦によるものであった。また柳成龍は「時提督所領。皆北騎。無火器。只持短剣鈍劣。賊用歩兵。刃皆三四尺。精利無比」と記し、日本刀の優秀性にも注目している。
(58)『朝鮮宣祖実録』巻三九、宣祖二六年六月己亥。なお同条では「生擒倭」と記されているが、後には「降倭」と称されている。生け捕りにされた後で帰順したのであろう。
(59)同右、巻四六、宣祖二六年一二月辛亥
備辺司啓曰。……各様火器之中。最要於戦用者。鳥銃為上。三穴銃筒次之。但鳥銃則制造極巧。如不得暁解精工。則難以粧造。

……答曰。依啓。我国所造鳥銃。皆麤造無用。今勿如是。以倭鳥銃之精妙者為準的。一依其様。製造可矣。

(60) 同右、巻三九、宣祖二六年六月戊子

[劉員外] 又曰。倭賊言天朝鳥銃・長鎗。為可畏云。貴国亦可学也。前日開城倭賊。擄貴国人民。造作銃筒云。貴国亦知此妙而学之。則必能矣。

(61) 同右、巻三四、宣祖二六年正月甲子

李提督戦時。倭将亦督戦于西門。天兵進戦。斬殺無数。祖総兵・李寧領我軍。入南門。天兵放三穴鳥銃。倭軍尽斃。只余三四百。尽入松林間。

(62) 『西厓集』巻六、書状、再乞錬兵且倣浙江器械多造火砲諸具以備後用状（癸巳六月）。

(63) 『朝鮮宣祖実録』巻四八、宣祖二七年二月己巳。

(64) 同右、巻四九、宣祖二七年三月丁亥。

(65) 同右、巻四九、宣祖二七年三月己卯。

(66) 同右、巻四九、宣祖二七年三月戊戌。

(67) 同右、巻四九、宣祖二七年三月癸卯。

(68) 前註（40）北島、一四六頁。

(69) 『経略復国要編』巻三、議題水戦陸戦疏（万暦二〇年一一月一五日）

而乃乗機覓便。或用火薬。或用弓矢。或用三眼鎗・快鎗。或用仏郎機。……乃若虎蹲・滅虜・大将軍等砲。非遇急。則不敢軽用。何也。以其気力重大。雖能砕彼船。恐於我船亦不免有傷。

(70) 同右、巻八、報趙張二政府幷石司馬書（万暦二一年五月六日）

且朝鮮火器。如発槓瓜子砲。比中国。製更精利。……火薬発去。可及六七百歩。倭船遇之。未有不砕者。今用此撞。又用火焼。若得尽截上策也。即不然得截其半。亦不失為中策。

(71) 『懲毖録』巻一、全羅水軍節度使李舜臣。

(72) 前註（1）春名、一七一頁。

(73) 前註（10）許、五三三・五四〇頁。

(74) 前註（8）米谷、五一頁。

(75) 詳細な事例研究として、柳承宙「朝鮮後期 貢人에 관한 一研究——三南月課火薬契人의 受価製納実態를 中心으로——」『歴史学報』七一・七八・七九輯、一九七六・七八年を参照。

(76) 『朝鮮仁祖実録』巻一六、仁祖五年五月丙寅

副提学鄭経世・校理金光炫・副校理李潤雨・李省身・修撰権濤等上箚曰。……而我国鳥銃。不能堅緻。易破而難中。亦宜分定於統制使及慶尚左右兵使。使之措留倭銃。

(77)『承政院日記』第一〇三冊、仁祖二六年一〇月一三日
都監砲手之不善放者。実由於鳥銃之不精。試給新営鳥銃而放之。則無不善中。故軍士皆欲得新営鳥銃耳。

(78) 前註（1）久芳、二〇一―二〇二頁。

(79)『承政院日記』第二三九冊、顕宗一五年四月九日。

(80) 同右、第二四七冊、粛宗元年閏五月二六日
検討官柳命賢所啓。臣頃忝関西守令時。閲見官上月課鳥銃。則製造甚不堅牢。或習放一二次。便即潰砕。問于下人。則以為年例所備。必自監兵営勒給。或自本官私捧於京商牟利之輩。一柄之價。多至十疋。挙皆徴捧於民間。此所謂防納鳥銃。為守令者。或惕於両営之威令。係於自己之顔情。雖以所捧鳥銃之不実。而亦不敢点退云。軍国器械。不務堅緻。只為京商輩牟利之資。誠極寒心。

(81) 同右、第二四九冊、粛宗元年一〇月一一日。

(82) 同右、第二四九冊、粛宗元年一一月一八日。

(83) 同右、第二五三冊、粛宗二年四月一六日。

(84) 同右、第三三九冊、粛宗一六年正月三日。

(85)『朝鮮粛宗実録』巻二三、粛宗一七年一二月戊戌。

(86)『承政院日記』第三五〇冊、粛宗一八年一〇月二四日。

(87) 同右、第三五一冊、粛宗一九年二月二六日。

(88) 同右、第六六九冊、英祖四年八月二一日、同右、第一一八四冊、英祖三六年八月八日など。

(89)『朝鮮英祖実録』巻三〇、英祖七年九月辛巳。

(90) 同右、巻八、英祖元年一二月己丑
軍器寺啓言。兵器無過於砲銃。而軍中行用之銃。其力所及。不過百歩。粛廟朝有朴英俊者。造進千歩銃云。故使英俊之子枝蕃。試造二柄。則視行用之銃。稍長稍重。而其力幾至九百余歩。

(91)『承政院日記』第五四五冊、景宗二年九月二五日。

(92) 同右、第六九三冊、英祖五年九月一二日。

(93) 同右、第七〇六冊、英祖六年五月六日。

(94) 同右、第八四四冊、英祖一三年三月一〇日。

(95)　同右、第一一一二冊、英祖三〇年一〇月一二日。
(96)　同右、第一一八四冊、英祖三六年八月二日。
(97)　同右、第一二〇五冊、英祖三八年五月八日。
(98)　同右、第一三一二冊、英祖四六年一二月二一日。
(99)　同右、第一五一五冊、正祖六年八月二日。

第三章　軍用綿布としての青布輸入

はじめに

木綿はインドを原産地とし、漢代には中国に伝わっていたと言われるが、本格的に栽培されるようになるのは宋代頃からである。朝鮮半島には高麗末に元から綿種が伝来したようであり、朝鮮初には綿作が行われていた。朝鮮より綿業の普及が遅れた日本では、室町時代まで朝鮮より綿布を輸入していた。

綿布は絹織物と較べると製造が容易であり、庶民の衣料として馴染み深い。明代中期以降の中国江南では木綿の商品生産が盛んになり、高級綿布は上海を集荷拠点として全国に移出されていたが、江南綿布に対抗する商品を生産し得ない地方では、農民は貨幣支出を抑制するため自ら綿花を種え綿布を製織していた。すなわち近世中国綿業においては、全国市場で取引される高級品と農民が自家生産・自家消費する下級品（粗布）との分化が発生していた[1]。

一方朝鮮では綿布が貢納制に組み込まれ、また現物貨幣として流通したため、政府が綿布の規格を定めていたが、税負担に耐えきれない者がやむを得ず規格を満たさない粗悪布を上納することも多かった。朝鮮政府が貢納制で用いていた標準綿布の規格は長さ三五尺・幅七寸・縦糸数五升（一升＝八〇本）であり、これを五升布と称したが、一六世紀には三升布や四升布など縦糸数を減らした粗悪布も流通していた。このような粗悪布は麤布《そふ》と呼ばれた[2]。ただ注意しなくてはならないのは、三升布の全てが麤布だったわけではなく、縦糸数こそ三升であるが太糸で緻密に織られた厚手の綿布も三升布と称されたことである。これは粗悪布すなわち麤布とは根本的に異なる特殊な商品である。

綿布は庶民的衣料であるため、生糸や絹織物のように国際貿易の主役となることはなかった。しかし江南産綿布が中国全土に販路を有していたのであれば、それは当然朝鮮でも珍重されたのではないかという疑問が浮かぶ。朝鮮の綿業は中国江南より低水準であったので、自給が困難な綿布は中国からの輸入に頼っていた。それが江南産であったか否か明らかではないが、国産品にはない優れた特徴を有していたことは確かであろう。

本章ではこれまで実態がほとんど明らかにされてこなかった中国産輸入綿布について検討する。これらは史料上青布や三升布などと呼ばれることが多い。そこでまず朝鮮側史料に見られる青布・綿布・三升布について厳密な概念規定を行う。続いて青布が中国からの輸入品であり、民間の衣料用ではなく軍服・甲冑・天幕などに使用される軍需品であったことを明らかにする。最後に朝鮮後期における青布の役割の変化について考察する。

一　朝鮮前期の青布と綿布

青布について専論した先行研究は管見の限り存在しないが、小青布という名称の綿布については、寺内威太郎が中朝貿易の一形態である中江開市に関する論文「義州中江開市について」の中で次のように述べている[3]。

清朝側の代価である小青布は縹・紺等に染色された綿布で、中国では庶民の衣服の素材、朝鮮では子女の裳として用いられていたようだが、これを一疋銀三銭五分に換算して朝鮮側の品物と交換した（一二二―一二三頁）。

清朝側の小青布について、中江開市の場合特に記録はないが、同じく小青布を代価の一つとした会寧開市では、洪儀泳が『北関紀事』（正祖七年）の中で、「青布即所謂三升、色有青黒両種、薄劣無用、広可四寸、長不満四五尺、……青布一匹、不直五六十文」と言っている。おそらく中江開市でも決定的な違いはなかったであろう。中江開市では前述のごとく小青布一疋を銀三銭五分に換算していたから、洪儀泳が言うおよそ倍の価格である。要するに朝鮮の品物は安く、小青布は高く換算されていたことになる。そもそも小青布自体さほど価値の高い品物ではなく、『万機要覧』財用編五　中江開市の項には、「小青布麁劣短狭、無所可用、以吾有用之貨、易彼無用之物、雖有互市之名、而其実則空輸也」とある（一三六―一三七頁）。

寺内はまた会寧・慶源開市に関する論文「近世における朝鮮北境と中国」の中でも、[4]

清の交易品（回礼）は羊裘・小青布・鹿皮であったが、朝鮮の品物との交換比率は『定例』（英祖三六年に編纂された『咸鏡道会源開市定例』――引用者）市供贈給例　会市市供摠数・源市市供摠数の項によると以下のようであった。（中略）この交換比率について『定例』通例　交市の項に、「而従前牛・犂・塩之価、以毛青出給者、今為小青布、殆無異白給（無償で与える）」とあり、朝鮮がこの交易を著しく不利な内容と認識していたことがわかる（一三〇頁）。

と述べている。これらによると小青布は開市貿易で中国より輸入された薄手で藍色または紺色の綿布で、その品質は無価値に等しいほど粗悪であったらしい。

開市貿易は政府間協定に基づいて実施される管理貿易であり、朝鮮は宗主国である清朝より弱い立場にあったから、『万機要覧』や『咸鏡道会源開市定例』の記述に基づき小青布が粗悪品であったと解釈することも不可能ではないだろう。しかしそもそも使用価値がなきに等しく、交易相手が損失を被るだけの物貨を売り付けることで、果たして貿易が長続きするのかという素朴な疑問も払拭しきれない。また朝鮮側輸出品である牛・塩・上木・五升布・紙・海産物などの対価を清朝が全て小青布で折価支給していることから、[5]小青布が貨幣に準ずる価値尺度となっていたことが推測されるが、それが粗悪品であったというのは不自然である。よしんば『北関紀事』や『万機要覧』が執筆された一八世紀末から一九世紀初の時代に小青布が「薄劣無用」「麁劣短狭」になっていた、あるいはそのような認識が広まっていたと仮定しても、開市が始まった当初は朝鮮側に一定の需要があったため小青布での決済が取り決められたのではないだろうか。上記の三史料だけで小青布を粗悪品と決めつけることは早計であろう。

ところで、一般に近世中国では「布」とは概ね綿布のことを指すが、朝鮮の場合は麻布のことを指す。綿布も布類の範疇に入るが、綿布に限定する場合は「木」を使用する。従って青布とは字義的には青藍色に染色された布類の意味である。ただ朝鮮では染色技術が未発達で国産布は普通生成りのまま使用されており、また綿布は麻布より上質品を製織することが困難であったことから、実際の青布は中国から輸入された青染綿布のことを示すものと思われる。小青布が青布と同じものであったか、あるいは青布の中で短窄で粗悪なものを小青布と呼んで青布と弁別していたのかは不明であるが、先の『北関紀事』では粗悪な中国産染色布を青布と呼んでいることから、小青布は青布と同じ中国産綿布と考えてよかろう。

実は青布の価値は外見すなわち染色の有無ではなく品質にあった。史料に見られる青布の特徴は次の三点である。第一に、朝鮮では「青布」と「綿布」とを明確に弁別していた。たとえば宣祖二六年（一五九三）一二月、訓錬都監が火砲の演習で三弾的中させた者に綿布および青布を賞給したと報告し[6]、宣祖二七年七月には兵曹が部将や守門将および内禁衛・兼司僕の武官を訓錬都監に送って実技試験を受けさせ、騎射と鳥銃の試射で成績優秀なる者五人に青布・綿布・弓箭のいずれかを賞給するよう上啓しているように[7]、青布は綿布の範疇に含まれるものではなく、綿布とは異なる織物であった。

第二に、「青布」は「藍布」とも呼ばれ、また「三升布」とも称された。たとえば宣祖二七年正月、備辺司が南方で日本軍と力戦した将士を労うため都元帥従事官崔尚重に託して青藍三升布を各人二匹ずつ届けさせており[8]、粛宗一六年（一六九〇）一〇月には御営庁が弓箭・鳥銃の試射で綿布三升すなわち三升布を賞給したと報告しているように[9]、青布・藍布・三升布は微妙な違いがあるにせよ、概ね同じ種類の物品であったと見られる。三升布は本来麤布の代名詞であったが、褒賞として麤布を与えることは不自然であり、この場合の三升布は厚手の軍用布と考えるべきであろう。寺内が引用する『北関紀事』にも「青布とは三升のことである」と記されており、これと符合する。

第三に、以上の四例から窺い知れるように、青布は軍需品として使用されていた。韓国国史編纂委員会が公開している『朝鮮王朝実録』データベースで検索すると、「青布」を含む記事は総計五七件あり、内訳は太祖一件、世宗二件、成宗一件、宣祖（二五―二九年）二五件、宣祖修正一件、仁祖一八件、粛宗一件、英祖四件、正祖二件、高宗二件である。また「藍布」を含む記事は総計二八件あり、内訳は宣祖（二六―二九年）一六件、宣祖（三〇年以降）一一件、仁祖一件である。ちなみに「三升布」を含む記事は総計八件で、明らかに麤布を意味する二件を除くと六件しかなく、うち五件が宣祖二六年から三四年に出現する。青布や藍布あるいは三升布に関する記録が壬辰倭乱と丁卯・丙子胡乱の両時期に集中していることは一目瞭然である。ただ青布は戦時期に限って製造または輸入されていたわけではない。粛宗二二年慶尚道御史朴権が書啓にて、前碧潼郡守柳海は過日の凶作時に監営の銀と木綿を使い米穀を採買して平糴し、代価として銀五四〇両・綿布一同二〇匹・三升布一〇九匹・白紙八塊を得たが、その一部を着服したと報告しているように、[10]三升布すなわち青布は平時において綿布や白紙と同じく現物貨幣として使用されることもあった。

なお青布と似た綿布に青綿布あるいは鴉青綿布・柳青綿布というものがあった。これらはその名前から青色・濃青色・緑青色に染色された綿布を指すものと見られるが、実録に登場する用例は明朝勅使への献上品や女真族首長への下賜品であり、[11]軍需品とは思われない。青綿布の贈給は燕山君一一年（一五〇五）を最後に実録から姿を消すが、明宗九年（一五五四）と宣祖三六年（一六〇三）に青紅綿布を女真族首長へ下賜した事例は見られる。[12]『承政院日記』には装飾関係の史料が三件あるのみで、軍需や外交に関わる事例は見られない。青布は中国から輸入された商品であり、それを明朝勅使に献上するのは不自然さを禁じ得ない。断定はできないが、恐らく国産の上質綿布を紅や青に染色し、最高級の特産物として贈ったものと思われる。

反対に勅使が三升布を朝鮮人に下賜した例は一件存在する。成宗一四年（一四三三）八月、勅使の頭目らが円覚寺に参詣し僧侶より歓待を受けたため、上使は喜んで成宗に謝意を伝え、自ら紗羅および三升綿布を喜捨した。成宗もこれに応じて正布五〇匹を喜捨している。(13)仏教を遠ざけていた朝鮮政府も、外交儀礼として布施を行わざるを得なかったのであろう。紗羅は薄絹、三升綿布は青布であり、正布は国幣の五升麻布である。

総じて朝鮮前期には青布に関する史料が少なく、その大部分は軍需品であった。青布は中国産輸入綿布の総称であり、藍布や三升布とも呼ばれた。一方国産綿布は単に綿布と称され、染色されたものも青綿布・紅綿布などと呼ばれた。青布と綿布の相違点は前者が軍需品、後者が民生品という用途の別であり、恐らく青布は強靱で耐久性に優れていたと思われるが、衣料用としては不向きであり、青布が綿布より上質・高級であるという認識はなかった。

二　壬辰倭乱と青布

青布が俄然注目を浴びるようになるのは宣祖二五年（一五九二）四月に勃発した壬辰倭乱以降である。朝鮮救援に駆けつけた軍務経略宋応昌・軍務提督李如松・遊撃沈惟敬ら率いる明軍は青布を装備しており、また青布を代価として物資の調達を行った。翌二六年三月には、過日義州の行宮で製造した唐服三〇〇余着では不足だとして、万暦帝から下賜された三升布の余剰を用いて新たに軍服四―五〇〇着を縫製させ、朝鮮軍に支給すべしとの宣祖の御命が下され、また明の都司令張三畏が朝鮮の接伴使韓応寅に対し、持参した銀二〇〇両と青藍布で塩を調達したいと申し出ているように、(14)青布は軍用衣料として適しており、また銀と並んで交換価値を有していた。更に前述の如く、宣祖二六年一二月には火砲演習での優秀者に青布を賞給しているし、翌二七年正月には南方戦線で武功を立てた将士に青藍三升布を賞給しているように、将兵への下賜品としても盛んに用いられ、士気の向上に役立てられた。

こうして明軍が大量に青布を持ち込んだため、朝鮮の戦時財政に占める青布の役割は高まった。宣祖二六年一〇月には戦禍により不穏な動きを見せる咸鏡道の女真族を慰撫するため藍布が下賜されており[15]、翌二七年三月には火薬製造や農作を願い出た降倭に青藍布を給付して慰撫するなど[16]、軍事とは直接関係のない支出に青布が使用されている。これは綿作に適した三南地方が日本軍によって占領され荒廃したことで、綿布の貢納が梗塞したためであろうと思われる。青布は庶民の衣料としては適していなかったため、大部分は食糧や生活資料と交換されたものと考えられるから、国内では青布がだぶつき始めた。

一方明の財政は銀建てであり、一六世紀末には財政状況が悪化していたため、日本軍との講和交渉が始まると、明は兵餉として投下した銀の積極的回収に乗り出した。宣祖二八年には明軍司令が朝鮮戸曹に対して藍布一万二〇〇〇余匹を使って大量の銀両を回収するよう求めたのに対し、戸曹判書韓応寅らは到底不可能であると応じている。明側の主張は「貴国の人は常々大量の銀・人蔘・毛皮を持参し鴨緑江上で交易しており、我が国の地方官は三箇月で一千両の税銀を得ているから、銀は朝鮮にあるはずだ」というものであり、朝鮮側の主張は「我が国は銀を産出せず、市場でも銀を行使しておらず、皇帝より下賜された数万両は大部分使い果たした」というものであった[17]。明軍が投下した銀と青布のうち、前者は国際通貨として朝鮮人に受容されたが、後者は庶民にとっては使用価値の乏しい単なる軍用品に過ぎないため、現物貨幣として歓迎されなかった[18]。また銀の多くは鴨緑江を越えて中国に還流したため、明側が主張するほど朝鮮国内に銀は残っていなかった。戦争遂行のための軍資金確保をめぐって、明と朝鮮は水面下で外交的つばぜり合いを行っていたのである。結局藍布による銀の買い上げは実施されたが、市場には銀が出回っていないため、実際には督促方式で銀回収が強行された[19]。更に両国の財政的疲弊と軍事的弱体化に付け込んで、ヌルハチ率いる建州部を筆頭とした女真族が勢力を拡大し始めていた。明は彼らを懐柔するため錦緞や青藍布を支給していたが、朝鮮はこれを銀で買い取った[20]。朝鮮がなけなしの銀を女真族に与えたのは、言うまでもなく彼らを羈縻するためである。豊臣秀吉が始めた戦争は結果的に明と朝鮮のもう一方の敵を利することとなったのである。

宣祖三〇年（一六九七）正月、丁酉再乱とも呼ばれる日本軍の再上陸が始まると、朝鮮は重ねて明に救援を要請し、明は兵餉として銀・青布・花絨（毛織物）を投入した。同年一〇月、戸曹は「（明軍の糧秣担当係の）陳同知（陳登）が銀子・青布・花絨で軍糧を買い付けようとしている。青布や花絨は禦寒の資となるし、市場での交易にも使用可能であるが、銀子は我が国の人が行使に慣れておらず、天朝の設定した（穀物との）交換比が大変高率なので、受け取りを好まれないだろう」と上啓している。[21] 先の銀回収が不調に終わったため、明は予め銀価格を割高に設定して軍糧を買い付けようと試みたらしい。そこで今回も青布による兵餉の現地調達が行われた。同年一二月には欽差管理備倭糧餉戸部郎中董漢儒が宣祖に「青藍布を忠清・全羅両道に送って兵糧を至急調達したい。また銀一万両を林青で青布と交換し、解氷を待って水運したい」と伝えている。[22] 董漢儒は最終的に銀一万五千両を青藍布五万余匹に換えて兵餉を確保しようと企図したようであるが、戸曹はこれだけ大量の青布を一―二道で売り尽くすことは困難だと見ていた。[23] 果たして南道地方で販売してみると青布の売れ行きは悪く、慶尚道では端境期の二月末には青布一匹で米三―四斗しか買えず、観察使尹承勲はしばらく青布を留置し、麦秋後に再発売すべしと状啓している。[24] しかし青布以外に兵餉を調達する術はなく、宣祖三一年一〇月には青布三〇七五九匹・藍布五一七六七匹が義州から海路京江に輸送された。[25]

しかしこの頃、半島南部で雌雄は決しつつあった。一一月に日本軍は露梁津の海戦で明と朝鮮の水軍に大敗し、月末までに朝鮮から撤退した。ただ戦闘の終息が戦争の終了にはならず、講和交渉は難航したため、その後も数万の明軍が朝鮮に駐留し続けることになった。朝鮮は兵餉負担を伴う明軍の駐留を嫌ったが、内外の不穏な情勢を鑑みると段階的な撤兵という選択肢を採らざるを得なかった。宣祖三三年一一月、明軍が完全撤退するまで、朝鮮は軍事経済を維持し続けねばならなかった。たとえば三二年閏四月には咸鏡監司尹承勲が、明軍の管理する青藍布一万余匹を兵糧と交換すべしと密啓しており、八月には戸曹が、漢城の水陸官兵に支給する米が不足したため、青藍布での米穀買い付けを検討し（最終的に実施されず）、三四年正月には都体察使李徳馨の要請を受けた備辺司が、藍布と青布各々二〇〇〇匹を東萊に下送して募兵三〇〇名の軍服を製造するよう上啓するなど、[26] 明軍が持ち込んだ青布は朝鮮市場に持続的に投入され、使用されていた。

その後朝鮮は対馬宗氏を介して徳川政権と戦後交渉を続け、一六〇九年の己酉約条により正式に外交関係が再構築された。平和の到来により軍用布である青布の需要は減少し、史料からも姿を消す。その青布が再度登場するのは仁祖五年（一六二七）正月に勃発した丁卯胡乱であった。ただ軍需品調達に関する記録は、同年七月に備辺司が接伴使元鐸の残した銀子で青布を購入して兵士に支給せよと上啓している案件しか見当たらず[27]、他は皆後金との戦後処理で登場する。たとえば仁祖六年五月、後金の使節が漢城に至り被虜人民の贖還を協議したが、彼らは対価として青布一〇〇匹か牛馬一〇頭を要求した[28]。しかし後金の真の狙いは贖還問題を契機として朝鮮と互市を行うことにあり、詳細な経緯は不明であるものの、既に仁祖六年二月から中江開市が始まっていた[29]。ところが京商は開市に赴こうとしなかったため、政府は紙・胡椒・丹木・青布を開市処に輸送して銀に換え、明将毛文龍が支配する椴島より青布を購入し、その青布を後金への贈答品に充て、三国間貿易で利益が出ることを示して商人を開市に誘導しようと企図した[30]。後金が求めていたのは米穀であったが、青布もまた必要としていたこと、その青布は椴島を経由して明より輸入されていたことがわかる。このように青布は単なる軍需品に留まらず、明・朝鮮・後金の三国間貿易において銀と並ぶ国際商品となっていた。

この状況をより具体的に見ると、仁祖七年二月には後金が銀千余両を出して青布・錦緞・毛皮・紙の購入を申し入れた[31]。仁祖八年五月には後金の武将龍骨大が人蔘を持参して青布一六五〇二桶を買い付けに至り、義州府が青布を準備できていないことを知ると、平安兵使を恫喝して駄馬五四〇匹を提供させ、漢城まで買い付けに赴き、七月一五日に鴨緑江を渡って帰国した[32]。同年九月には明将劉興治が中江に青布を送り、米や粟を強制的に買い付けようとしたことが平安兵使より伝えられた[33]。仁祖九年には明の軍門差官王承恩が漂流民送還のために来朝したが、傍ら青藍布で糧食を買い付けようとした[34]。逆に仁祖一二年には龍骨大が送り込んだ後金の金乭屎らが青布の給付を要求し、朝鮮の勾管所は唐貨である青布が払底したとして、一部を綿布で代替するよう交渉している[35]。後金の擡頭により北東アジアが緊張する中で、国際商品である青布は人蔘・錦緞・毛皮などといった貴重品や兵糧米の調達手段として、貨幣に準ずる役割を果たしていた。

仁祖一四年（一六三六）一二月、国号を後金から清と改めたホンタイジが再度朝鮮を蹂躙する丙子胡乱が勃発した。その三箇月前の九月には監軍の頭目らが青布二五〇〇匹を発売して市民（市廛商人）より銀一二五〇両を確保しようと企図したが、勅使迎接銀の割り付けに苦しむ市民の反発を受けて中止に追い込まれている。[36]青布は交換手段としての機能を部分的に兼ね備えていたとはいえ、銀には到底及ばなかったことが窺われる。そして丙子胡乱以後、対清関係の安定化に伴い、青布の貿易品としての役割は急速に低下した。僅かに仁祖一六年、清が咸鏡道会寧府で開市を求めた際、青布で朝鮮の牛・綿布・米・塩を求めた事例が挙げられる程度である。[37]

仁祖二二年（一六四四）清は山海関を通過して中国本土に侵入し、北京に遷都して新たな中華の主となった。二年後の仁祖二四年、それまで断続的に実施されていた中江開市が定例化し、咸鏡道では慶源開市も開始された。その後朝鮮は隣国と干戈を交えることなく、二〇〇年以上もの間平和な時代が続いた。これに伴い青布は表舞台から姿を消す。

三　朝鮮後期の青布

朝鮮後期に至っても中江開市などを通して中国から青布が輸入され続けた。また軍用布にも引き続き青布が使用された。仁祖二七年には訓錬都監が馬兵の着用する甲冑について、鉄は本局の備蓄を使用し、三升青布は京市での購入が甚だ困難なので兵曹が黄海道で調達するよう上啓している。[38]恐らく鉄製の鎧の表面を強靱な青布で覆ったのであろう。孝宗五年（一六五四）には馬兵の甲衣の製造に際し、特進官李浣が青布の準備不足により木綿（国産綿布）を染色して代用すべしと上啓したのに対し、国王孝宗は、木綿は色付きも悪いし丈夫でもないので平安監司が儲備する青布を用いるべしと回答している。[39]青布が強靱な綿布であり民間の衣料としては適さないこと、中国からの輸入に依存しており平安道や黄海道の官庫に備蓄されていたことなどがこれらの史料より窺われる。仁祖や孝宗が清に敵愾心を抱いていたこと、その一方で清の羅禅征伐に援軍を求められていたことから、当時騎馬兵の軍装には細心の注意が払われていたものと思われる。

ところが顕宗期に入ると状況は大きく変化する。早くも顕宗二年（一六六一）副護軍柳赫然が、孝宗朝では三升布で軍服を製造していたが、今では皆錦衣を着ているると訴えているように、平和の到来に伴って将兵の装束も華美となり、実戦向きの青布は敬遠されるようになった。顕宗一一年には「青布は軍兵の必需品だが、近頃は白絲の方が巨利を得られるため、青布の輸入が途絶した」との報告も寄せられている。[41] 粛宗元年（一六七五）には兵曹判書金錫冑が、七番禁軍の雨具は乙未・丙申年間（一六五五・五六）に製造して以来二〇年が過ぎ、完全なものは一つとして存在しないとして、管餉庫や雇馬庫が備蓄する青布一五〇〇匹を用いて新製すべしと訴え、裁可されている。[42] また粛宗八年には行礼曹判書呂聖斉が通信使船の帆を蓆から三升布に転換せよと訴えたが、莫大な経費を要するため見送られている。[43] 通信使が木綿製帆布を求めたのは見栄えを良くして体面を繕うために過ぎず、粛宗三七年に至り漸く実現を見た。[44] このように青布の用途は軍服から天幕や帆布へと移行していった。なお弓箭・鳥銃の試射で好成績を挙げた者への褒美として三升布を下賜する事例は前に述べた粛宗一六年を最後に官撰資料から姿を消す。そしてこの頃から青布は三升布と称されるようになった。

だが一八世紀に入り日本からの銀輸入が次第に減少すると、朝廷は軍隊における奢侈風潮を禁圧するようになる。特に英祖は高級絹織物である紋緞の輸入制限に熱心に取り組んだ。英祖七年（一七三一）使行貿易の制限を訴えた知事尹淳は、軍門が軍服や旗幟の製造を口実として多量の銀を持ち出すと指摘し、摠戎庁や守禦庁の大旗幟は十年来使用していないから必要に応じて買い足せばよいし、軍兵の衣服は中江開市で買い付けるべしと上啓した。[45] 使行貿易の輸入品は白絲や絹織物であり、中江開市の輸入品は青布であることから、尹淳は軍用布を錦緞から三升布へ再転換させることを企図したものと考えられる。英祖九年には慶興府使鄭淵が、北関六鎮では旗幟が老朽化したため新製しようとしたが、当地には錦緞がないので三升布を用いたと報告しているように、[46] 旗指物には錦緞を使用することが通例であったらしい。しかし英祖二三年には領議政金在魯が錦旗を三升布旗に転換すべしと提言し、英祖も燕貿制限の観点からこれに同意しているように、錦緞から三升布への代替化は時代の趨勢であった。[47]

軍服については、英祖一五年に親騎衛の戦衣を三升布で製造していることが確認され、[48]また英祖二二年三月には検討官趙明鼎が、錦緞の軍服は必ずしも実用的でなく、三升布で製造しても問題ないと述べているように、[49]ここでも錦緞から三升布への回帰が指向されている。なお同年六月には兵曹判書金若魯が、禁衛三番・兼司僕二番・羽林衛二番の甲冑修理に必要な三升布は使行貿易を通して輸入したと報告しており、[50]武具には三升布が一貫して使用され続けた模様である。

ところで小青布とも呼ばれる三升布は本来中江開市を通して毎年一定量が輸入されるはずであったが、この頃には事情が変化していた。英祖二四年（一七四八）一〇月一七日付の領議政金在魯の上啓には「聞くところによると今回の義州中江開市では唐帽子五〇余隻を購入したが、理由は帽子価格が安かったからだと言う。これは未曾有の事である。蓋し開市の商品には自ずから定例があり、牛隻・綿布・海帯（昆布）・海蔘（なまこ）・白紙などの物産を提供した後、小青布に折価して受領し、一つ一つ帳簿を作成して備辺司に報告するのであり、帽子の売買などこれまで一例もなかった」とあり、[51]朝鮮産品の対価は以前は銀に換算して小青布で支給されていたが、付加価値の高い帽子などの中国物産に置き換えられ始めていた。寺内が指摘するように、一九世紀前期に編纂された『万機要覧』によると、小青布の折価額は一匹につき銀三銭五分であり、粛宗二七年頃には銀で折価支給されていたようであるが、その後小青布での折価支給に転換されたらしい。[52]しかしこの頃既に小青布での折価支給方式は崩れ始め、代わって帽子などが輸入されるようになった模様である。[53]実際に使用される三升布は一七世紀末頃から使行貿易や柵門後市を通して輸入されたものと見られる。[54]この影響を受けて、英祖二八年には義州府尹南泰耆が、後開市と呼ばれる開市後に行われていた皮物の私貿易を廃止したことにより、義州の商業は凋落し、今では将校は錦緞の軍服はおろか三升の軍服さえ着用できなくなったと訴えている。[55]ここで言う後開市とは中江後市もしくは柵門後市のことを指すものと思われるが、その制限により三升布の輸入が減少し、軍服製造にも支障を来すに至ったようである。

中江開市における三升布での折価支給が英祖二四年頃から揺らぎ始めた背景には中朝両国の事情があったものと思われる。まず朝鮮側について見れば、長期にわたる平和の持続により軍用布の需要が低下し、替わって民生品である帽子の需要が増大した。片や一八世紀中葉に倭銀の輸入が途絶し、使行貿易の資金確保が困難になりつつあったため、英祖三四年（一七五八）政府は官帽法を施行し、訳官に帽子を輸入させ、その販売を漢城の青布廛に独占させることで利益を確保し、それを公用銀に充てた。政府資金を用いて訳官に帽子を貸与せず、商人の自己資金で帽子を輸入する税帽法に転換された。[56]注目すべきは帽子の独占販売権が他ならぬ青布廛に与えられていることである。青布廛は文字通り青布を扱う市廛であるが、英祖三三年正月には三升布輸入の減少により経営が困難になったと訴えており、[57]同年一二月には「三升布は彼の国（清国）より輸入されるが、近年次第に減少し、品質も甚だ麤劣になったため、今では（官府は）専ら大青布を用いているが、戸曹は定式通り小青布価格で支払い、廛人は大青布を納入するので、常に赤字を強いられている」と訴えているように、[58]三升布需要の減少に伴い青布廛の経営が悪化していた。政府は青布廛を救済するため、利益の出る帽子の販売権を与えて損失を補塡させたものと見られる。

次に中国側の事情を見ると、前の青布廛の訴えに見られたように、この頃の青布（三升布）は品質が粗悪になっていたが、にもかかわらず青布の輸入価格は下がらなかった。英祖三四年正月、左議政金尚魯は、過日戸曹判書李宗白が経筵にて「近来青布は物種貴く而して折直廉し」「大小青布は既に国中より産するに非ざる者なり。而して年年燕貿し、以て浩多の需用に備う。此其の勢い艱且つ窘なるを知る可し。況んや聞くならく、青布は近きは価踊り利無きに因り、燕行貿来の路、漸く絶少に至ると云うと」「大内の所用は事体に関わり有れば臣敢えて軽議せざるも、而るに此より外の者は、一切我国土産の綿布を以て青に染めて以て之を用うれば、則ち豈に大いに燕貿の青布に勝ること有らざる乎。紋緞は尚且つ之を禁ず。青布は小物也。何ぞ之を禁ずること難き乎」などと発言したことを踏まえ、青布は中国での買い付けが困難となり、朝鮮での売値も下落しているので、この際宮闕で使用するものを除き、国産綿布を青染して代用すべしと提案した。[59]それでは何故品質低下と価格高騰が並行して起こったのであろうか。

朝鮮で青布や三升布と呼ばれた綿布を中国側史料から同定することは困難であるが、堅牢緻密で軍需品として使用されたものとして河南省孟県の官機布が想起される。孟県の官機布は明代に盛んに製織されたもので、遠くは陝西や甘粛といった長城付近の対モンゴル最前線へ移出され、軍隊の天幕に好んで用いられたが、衣料用としては不向きであり、北辺の緊張が弛んだ清代になると官機布生産は衰退した。これに代わって北方市場を席巻したのは薄手で広幅の標布であり、上海一帯で生産された(60)。このような現象は全国各地で起きていたはずであり、一八世紀の中国では厚手の軍用綿布は需要の減少に伴い品薄となり、価格の高止まりと粗悪化が進んでいたものと思われる。

金尚魯の提言は即座に裁可され、軍門による青布の輸入が禁止された(61)。ただ翌年二月、甲冑は三升布以外では製造できないとの訴えが上がったので、英祖はこれを例外として認めた(62)。なお尚衣院による宮闕用の三升布は輸入が継続されたが、正祖六年（一七八二）には燕貿三升布三〇〇余匹の染め上がりが劣悪であったため、訳官が処罰されるという事件が発生しており(63)、純祖八年（一八〇八）には前年燕貿で買い付けた白絲と三升布の品質が劣悪であったため、受領を拒否されている(64)。これらの史料から三升布の品質低下には歯止めが掛からなかったことが窺われる。『万機要覧』や『北関紀事』『咸鏡道会源開市定例』が一様に青布を粗悪品と断定しているのは、まさにこのような状況を背景としていたのである。

おわりに

かつて朝鮮が中国から輸入した綿布は青布・藍布・三升布などと呼ばれた。一八世紀末から一九世紀初に編纂された官撰資料は青布を粗悪品と記しており、先行研究はこれを無批判に踏襲してきたが、実際には青布は太糸で織られた厚手の綿布の総称であり、民間の日用衣料としては適さないものの、軍服や天幕・甲冑などの軍装として重用された。

朝鮮王朝を通して青布が最も活躍したのは壬辰倭乱の時であり、援軍を送った明は青布を大量にもたらし、軍布としてのみならず兵餉の買い付けにも使用した。一方で明は銀も朝鮮に持ち込んだが、戦闘が一段落すると青布による銀の回収に乗り出し、朝鮮政府との間で軋轢を生んだ。日本との講和が成立した後には、北辺で後金が擡頭し、中江開市を通して青布や食糧などの交易を要求した。

顕宗期以降、清との緊張関係が緩和に向かうと青布の需要は減少し、内地の軍人は次第に錦緞を着用するようになった。この傾向は倭銀流入の減少に危機感を抱いた英祖により奢侈禁止令の一環として抑制され、青布への回帰が指向された。しかし中江開市で輸入される青布は帽子など他の中国物産に代置され始め、使行貿易で輸入される青布も価格高騰と品質低下に悩まされていた。その背景として中国で厚手の軍用綿布の製織が衰退したことが考えられる。結局朝鮮は軍用布の大部分を国産綿布に置き換え、また官帽法によって青布廛の経営を補塡し、通訳官の公用銀を確保した。以上が本章の結論である。

今日でもズックと呼ばれる低番手糸で織られた厚手の平織り綿布が帆布・テント・カバン・靴などに使用されている。青布とはそのような綿布であった。ただ生地が厚いだけでは必ずしも禦寒性に優れているとは言えない。中国や朝鮮の北辺では冬場に強い季節風が吹くため、保温性以上に禦風性が求められた。中国では綿布をローラーで碾圧して織糸間の空隙を埋めるとともに、艶出し効果も生んだ。このような綿布の加工は踹布と呼ばれ、清代蘇州には踹布業が栄えた(65)。一方朝鮮では次章で詳述するように狗衣や衲衣あるいは紙衣などが防寒着として使用され、咸鏡北道へは王朝末期まで紙衣が定期的に供給され続けた。生産力の圧倒的格差が両国における北辺軍需衣料の差異として現れたのである。

註

(1) 拙書『清代の市場構造と経済政策』名古屋大学出版会、二〇〇二年。

（2）拙書『大清帝国と朝鮮経済』九州大学出版会、二〇一四年、第十章「現物貨幣の消滅」。なお同書では宋在璇「一六世紀 綿布의 貨幣機能」『辺太燮博士華甲紀年史学論叢』三英社、一九八五年の記載に基づき、綿作の普及に伴い政府規格綿布を「正布」と呼ぶようになったという前提の基で考察を進めたが、史料上正布は王朝末まで規格麻布の意味であった。本書において前書の誤謬を訂正する。特に前書二二四頁に引用した弘文館副校理李聃命の上啓や戸曹判書呉始寿の議論は正布を規格麻布と解釈しており、再検討する必要がある。

（3）寺内威太郎「義州中江開市について」『駿台史学』六六号、一九八六年。なお寺内が青布を中国産の濃紺色綿布で婦女子の裳に使用されたものと判断したのは、鮎貝房之進「市廛攷（四）」『朝鮮』三三五号、一九四三年（鮎貝『雑攷姓氏攷及族制攷・市廛攷』国書刊行会、一九七三年所収）に拠る。しかし鮎貝が観察した二〇世紀初の青布と清初の青布とは同じものであるのか、史料に基づき再考を要する。

（4）寺内威太郎「近世における朝鮮北境と中国――咸鏡道の国境交易を中心に」『朝鮮史研究会論文集』三六号、一九九八年。

（5）『龍湾誌』巻上、開市。前註（3）寺内、一二一―一二二頁。寺内は五升布を麻布と理解するが、必ずしも麻布であるとする根拠は示されておらず、上木が上質綿布を意味することから、ここで言う五升布とは標準規格の綿布とも理解できる。

（6）『朝鮮宣祖実録』巻四六、宣祖二六年一二月壬戌。

（7）同右、巻五三、宣祖二七年七月辛巳。

（8）同右、巻四七、宣祖二七年正月庚子。

（9）『承政院日記』第三四三冊、粛宗一六年一〇月二四日。

（10）同右、第三六四冊、粛宗二二年四月一四日。

（11）前者については、『朝鮮世祖実録』巻一六、世祖五年四月己未、後者については、同右、巻一六、世祖五年五月丁亥などの事例がある。この時勅使へは鴉青綿布を、首長には紅綿布と青綿布を贈っている。また『朝鮮世宗実録』巻八五、世宗二一年六月癸巳の条によると、世宗は帰順した女真族首長に八升麻布・八升苧布・七升青木綿布・七升紅木綿布を下賜している。

（12）『朝鮮明宗実録』巻一六、明宗九年五月戊午、『朝鮮宣祖実録』巻一六四、宣祖三六年七月丙寅。

（13）『朝鮮成宗実録』巻一五七、成宗一四年八月甲子。

（14）『朝鮮宣祖実録』巻三六、宣祖二六年三月癸酉・戊寅。また同書、巻五三、宣祖二七年七月甲申の条には青布により軍餉が代給された事例が見られる。

（15）同右、巻四三、宣祖二六年一〇月庚戌。

（16）同右、巻四九、宣祖二七年三月己亥。

（17）同右、巻六九、宣祖二八年一一月丙申。

(18) ただ趙応禄『竹渓日記』巻二、丙申（万暦二四年・宣祖二九年）上、五月一五日に
府啓。全州府尹朴慶新。罔念私交之為非義。敢与董忠。私相遺問。已為可駭。而至於受其青布。以換給済馬為約。以致華人之賤悪請罷。

とあり、青布は最前線では相変わらず軍需物資調達手段として機能していた。
(19)『朝鮮宣祖実録』巻六九、宣祖二八年一一月丙申・戊戌。
(20) 同右、巻七〇、宣祖二八年一二月癸卯。
(21) 同右、巻九三、宣祖三〇年一〇月庚午。
(22) 同右、巻九五、宣祖三〇年一二月丁酉。
(23) 同右、巻九七、宣祖三一年二月己未。
(24) 同右、巻九八、宣祖三一年三月壬子。
(25) 同右、巻一〇五、宣祖三一年一〇月乙亥。
(26) 同右、巻一一二、宣祖三二年閏四月己卯、同右、巻一一六、宣祖三二年八月甲辰、同右、巻一一七、宣祖三二年九月丁未、同右、巻一三三、宣祖三四年正月庚戌。
(27)『朝鮮仁祖実録』巻一六、仁祖五年七月庚午。
(28) 呉淵『野言記略』巻二、戊辰年（崇禎元年）五月
胡差仲男・朴景龍到京。将議贖還被虜人民。而徴価青布百疋。或牛馬十頭。
(29) 柳完相「朝鮮時代의 中江開市에 대한 一考――특히 仁祖時代를 中心으로――」『現代史学의 諸問題――南溪曺佐鎬博士華甲紀念論叢』一潮閣、一九七七年、二九四―二九五頁。
(30)『朝鮮仁祖実録』巻一八、仁祖六年二月丙申。前註(29)柳、二九八頁。
(31) 同右、巻二〇、仁祖七年二月癸丑。
(32)『野言記略』巻二、庚午年（崇禎三年）五月
龍胡以蔘価青布一万六千五百二桶輸運事出来。義州又以過期不給。恐嚇率兵到安州。招兵使要見。徴索刷馬五百四十匹。将欲上京。兵使以本州夫馬載去。青布時未回来。五百夫馬。辦出無路云。則龍胡曰。不如一決。起身抜釼。将欲加。
同右、崇禎三年七月
龍胡等蔘価青布木綿等物。計数準捧。十五日渡江入去。
(33)『工曹兼春秋日記』庚午九月二二日
平安兵使書目。劉将尚留江上。送青布於義州大小米抑買事。

(34)『朝鮮仁祖実録』巻二五、仁祖九年九月庚辰。
(35)『備辺司謄録』第四冊、仁祖一二年四月七日。
(36)『承政院日記』第五三冊、仁祖一四年九月一三日。
(37)鄭泰斉『史草』巻上、崇禎一一年正月辛巳、同右、巻下、五月丙寅。前註（4）寺内。
(38)『朝鮮仁祖実録』巻五〇、仁祖二七年三月己卯。
(39)『承政院日記』第一三〇冊、孝宗五年三月二五日。
(40)同右、第一六六冊、顕宗二年正月一一日。
(41)同右、第二二一冊、顕宗一一年一〇月八日。
(42)同右、第二四七冊、粛宗元年閏五月二六日。
(43)『備辺司謄録』第三六冊、粛宗八年二月一七日。
(44)『承政院日記』第四五八冊、粛宗三七年正月二五日。
(45)同右、第七三四冊、英祖七年一一月一二日。
(46)同右、第七六一冊、英祖九年六月一七日。
(47)『朝鮮英祖実録』巻六六、英祖二三年一二月丙寅。
(48)『承政院日記』第八八五冊、英祖一五年二月一〇日。
(49)同右、第九九九冊、英祖二二年三月二九日。
(50)同右、第一〇〇五冊、英祖二二年六月二八日。
(51)同右、第一〇三五冊、英祖二四年一〇月一七日。なお帽子とは羊毛製の防寒具であり、一冬を過ぎれば棄てられる消耗品であった。李哲成『朝鮮後期 対清貿易史 研究』国学資料院、二〇〇〇年、第二章。
(52)前註（3）寺内、一二四頁。
(53)張存武はこの事例を粛宗二七年に廃止された中江後市の残存と見なす。張存武『清韓宗藩貿易：一六三七～一八九四』中央研究院近代史研究所、一九七八年、一七〇頁。
(54)『承政院日記』第三四〇冊、粛宗一六年二月一七日の条に、右参賛閔宗道の発言として「龍湾之人。貿得多士麻・南草等物。入去牛庄。換得三升唐綿而帰。以為生理」とある。ただ『通文館志』巻三、事大上、瀋陽交付分納によると燕行使の経路は康熙丁巳（粛宗三年）より牛家庄経由から瀋陽経由に変更されており、また多士麻（昆布）や南草（煙草）は中江開市での朝鮮側輸出品である。故に義州―牛荘間貿易が実際に行われていたのか、それとも閔宗道の錯覚によるものなのか不明であるが、三升布が私貿易によって輸入されていたことは確かであろう。後述するように一八世紀中葉には三升布は燕貿によって調達されている。

(55)同右、第一〇八〇冊、英祖二八年三月二一日。
(56)寺内威太郎「柵門後市と湾商」『清朝と東アジア』山川出版社、一九九二年、三八九―三九〇頁。
(57)『承政院日記』第一一四〇冊、英祖三三年正月五日。なお大青布は品質を維持している青布、小青布は品質が粗悪化した青布の呼称であり、大きさの違いではないものと思われる。
(58)同右、第一一五一冊、英祖三三年一二月二一日。
(59)同右、第一一五二冊、英祖三四年正月一三日。
(60)民国『孟県志』巻八、社会、工業、棉織業
孟地梭布。昔年行銷頗広。遠至陝甘一帯。行軍帳棚。多喜用孟布。以其緻密。而能隔雨。惟不甚精巧。

葉夢珠『閲世編』巻七、食貨五
棉花布。吾邑所産。已有三等。……上闊尖細者。曰標布。出於三林塘者為最精。周浦次之。邑城為下。俱走秦・晋・京辺諸路。

明清交替と北方綿布市場の変化については前註（1）拙書『清代の市場構造と経済政策』第十章「清代華北の市場構造」を参照。

また孟布については北村敬直「清初における河南省孟県の綿布について」小野和子編『明清時代の政治と社会』京都大学人文科学研究所、一九八三年も参照。
(61)『承政院日記』第一一五二冊、英祖三四年正月一三日。
(62)同右、第一一六五冊、英祖三五年二月四日、『朝鮮英祖実録』巻九三、英祖三五年二月乙卯。
(63)『承政院日記』第一五〇八冊、正祖六年四月二二日。
(64)同右、第一九四四冊、純祖八年四月二六日。
(65)宮崎市定「明清時代の蘇州と軽工業の発達」『東方学』二輯、一九五一年（『宮崎市定全集』一三巻、岩波書店、一九九二年所収）、寺田隆信「蘇・松地方に於ける都市の棉業商人について」『史林』四一巻六号、一九五八年、横山英「清代における踹布業の経営形態（下）」『東洋史研究』一九巻四号、一九六一年。

第四章　北辺戍卒への衣料支給

はじめに

建国以来、朝鮮は北辺で女真族と対峙しており、一七世紀前期、彼らが後金そして清を建国し中国に本拠を移した後も国境防衛に神経を尖らせていた。明朝と朝鮮とは鴨緑江と豆満江を結ぶ線を事実上の国境としており、明清交替後も国境線に変化はなかったが、朝鮮政府は女真族（満洲族）の南進に備え、平安道と咸鏡道に重点的に兵力を配置して防備を固めていた。ところが北辺の気候は寒冷であり、農民でさえ積極的にこの地へ移り住む者はいなかった。加えて衛戍の軍卒は厳冬期でも鎮堡で立哨しなくてはならず、彼らの辛苦は耐え難いものであったと推測される。政府もそれらの事情は承知しており、彼らに防寒着・防寒具を支給していた。

防寒具の中で最適なものは毛皮や毛織物である。しかし虎・豹・貂・獺・狐・狸・獐・鹿などの毛皮は贈答用として用いられる貴重品であり、また羊毛は朝鮮では生産できなかった。一八世紀後期には使行の公用銀を確保するため官帽法や税帽法が施行され、中国産の羊毛製帽子の輸入権を使行員役に与えたり、柵門後市を通して輸入される帽子に課税したりしていたが、これらも士大夫層が消費する奢侈品であり、また一冬を過ぎれば捨てられる消耗品であった(1)。従って北辺の戍卒に毛皮や毛織物が支給されることはなかった。

毛製品に次いで禦寒性の高い衣料は綿衣である。前章で述べたように、清代江南ではローラーで碾圧して織り目の隙間を埋めた綿布を華北に移出し、華北ではその表地と裏地との間に中入れ綿を詰めた綿入れが庶民の間で着用されていた。また中国産の厚手の綿布は朝鮮では青布と呼ばれ、中江開市を通して輸入され、主として軍用に充当された。綿布は朝鮮国内でも広く生産され、現物貨幣の役割をも果たす代表的な商品であった。
ところが官撰資料には北辺の戍卒に綿衣を支給したという記録がほとんど見当たらない。彼らに与えられたのは紙衣・狗皮衣・衲衣と呼ばれる衣料であった。これらの一部に木綿が使用されていた可能性はあるが、少なくとも中国の綿入れとは異なる防寒着であったことは確かなようである。本章では従来全く顧みてこられなかった北辺での衣料支給問題について些か考察を加える。

一　衣料支給の開始

朝鮮は鴨緑江と豆満江を中国との国境とし、その南側を版図としていたが、明代には両江を跨いで女真族が盤踞していた。そこで世宗は咸鏡道に北関六鎮を、平安道に閭延・茂昌・虞芮・慈城四郡を設置して国境側から女真族居住地を囲い込み、両地の内地化を企てた。特に咸鏡北道へは内地から富戸を選抜して強制移住させ、開発を強行したが、彼らが相継いで逃亡したことにより、世宗歿後には積極的な移住政策は実施されなかった(2)。平安道の四郡は革罷されて廃四郡となり、北関は主として軍人が居住する辺境と化した。

では世宗は北辺の戍卒にどのような衣料を支給したのであろうか。実録によると、世宗六年（一四二四）には漢陽や各道の科挙で発生した大量の落幅紙すなわち反故を軍器監に送り、紙甲を製造しているとの記事が見える(3)。この紙甲は後代の紙衣を指すものと思われるが、北辺に送られたとは明記されていない。一方世宗二〇年には咸吉(咸鏡)・平安両道に毛狗衣を五五〇着ずつ送り、沿辺各城鎮の戍卒が着用する毛衣としたとの記述があり(4)、狗皮衣が支給されたことは確認できる。狗皮衣は毛狗衣とも呼ばれているように、犬の毛皮を用いた粗末な防寒着であったものと思われる。世宗期にはこの二事例の他、北辺への衣料支給についての史料が残されていない。

衣料支給が本格化するのは実録による限り成宗期からである。成宗四年（一四七三）五月には平安道と永安北道

（北関）の煙台斥候すなわち烽火台の戍卒に衲衣を支給したとの記事があり[5]、六年にも平安道都事安琛が、煙台軍には国家が毎年毛裘と衲衣を下賜していると述べている[6]。成宗一〇年には平安道の軍士に賜与する衲衣を粗製した諸司の提調（長官）と官吏を尋問している[7]。更に成宗二二年四月には左副承旨李誼の「北地は厳寒にもかかわらず木綿がなく、襦衣を着る者は少なく、皆甲衣を着用しており、富者でさえ狗皮を衣料としている。願わくば済用監（宮中で使用する衣料などの諸物品を管理する部署）・司贍寺（楮貨印刷や奴婢の貢布を担当した部署）に貯蔵されている鼠が囓った木綿および典設司（宮中で使用する帳幕の供設を担当した部署）の破件遮日帳（破れた日よけの帳）で方衣を造り北道驍勇軍士で衣服のない者に下賜されんことを」と上啓して裁可され、五月には永安道の軍士へ衲衣一万着を支給したが、六月には永安道へ五千着、平安道へ三千着を送るよう改められた[8]。翌二三年には右承旨曺偉が、永安道は寒冷で木綿を産しないため、済用監の陳腐布物（古くなった布）で衲衣を製造し永安道の煙台戍卒に支給すべしと提言し、裁可されている[9]。翌二四年には特進官呂自新と領事尹弼商が、永安道と平安道の煙台軍に衲衣を下賜するよう上啓したため、成宗は、両界の烽燧は六人一組で立哨しているが、今後は六人につき一着ではなく各人衲衣一着を支給するよう命じた[10]。

注目されるのは支給衣料が衲衣と呼ばれていることと、支給対象が烽火台の戍卒であることである。衲衣とは朝鮮王朝では下層身分に位置付けられた僧侶が着用する粗末な衣料の意であるが、ここでは明らかに防寒着を指している。ただ紙衣や狗皮衣との関係は不明である。後代の史料にも衲衣は紙衣や狗皮衣と併記されていることから、紙衣や狗皮衣の総称とは考え難く、恐らく表地と裏地の間に何らかの断熱材を詰めた中入れを指すものであろう。生地の素材も詳らかでないが、済用監などに長期備蓄され傷んだ布匹が使用される事例も見られることから、粗悪な綿布が使用された可能性が高い。烽火台の戍卒を対象に支給されたのは、気温が著しく低下する夜間も立哨しなくてはならないからであろう。なお紙衣は木綿伝来以前の中国や日本でも使用されたことがあり、体内の暖気を閉じ込める保温機能はほとんどなかったが、寒風による体温低下を防ぐ禦風機能は優れていたようである。このような粗末な防寒着も烽燧軍の全ての兵士に支給されたわけではなく、立哨する戍卒が交替で羽織ったようである。そして何より、必ずしも毎年定期的に衲衣が支給されていたのではなく、廷臣の進言に従って国王が下賜する場合が多かった。

　成宗の跡を継いだ燕山君は暴君として知られ、宮廷での浪費に明け暮れし、北辺に注意を払うことはなかったようであり、記録が残っていない。衲衣が再び実録に登場するのは反正で燕山君を廃位させた中宗期からである。中宗四年（一五〇九）知事金応箕は「成宗は辺境の衛戍は艱苦であるため、両界の軍官が毎年輪番で立哨すべきであり、烟台の戍卒には典設司の破件遮日帳を用いて衲衣を造り下賜せよとの教旨を下されたが、今なお輪番交替も衲衣下賜も行われていない」と述べ、早急に衲衣を製造して支給すべしと訴えた[11]。重要な点は、曺偉の「済用監陳腐布物」と言い、李誼や金応箕の「典設司破件遮日帳」と言い、要するに宮中で不用となった廃布を用いて衲衣を製造することが当然視されていることである。衲衣は軍の必需品とは見なされておらず、烽火台で立哨する可哀想な戍卒に施される国王の慈悲に過ぎなかった。

　ただし中宗期にはわざわざ宮中の襤褸布を掻き集めるまでもなく、燕山君期の苛斂誅求を発端として二升布や三升布などの麤布《そふ》が貨幣として大量に流通していた[12]。そこで中宗一〇年六月には楮貨を発行して麤布を回収し、これを用いて両界の防戍軍の衲衣を造るべしという意見が廷臣より出され、七月には京中各司の綿布一〇万一〇七五匹が衲衣製造に回された[13]。生地が廃布から麤布に代わっても、衲衣が粗末な防寒着であることには変わりはなかった。ただ麤布の流通量は膨大であったため、支給される衲衣の数量も自ずと増加した。翌一一年四月からは烽燧軍だけでなく一般の兵士にも衲衣の支給が始まった[14]。だが五月には右参賛南袞が、平時における衲衣の濫給を抑制せよと上啓し、領議政鄭光弼も、高嶺などでは人民は皆狗皮を着用しているので、両界の最貧困層にも衲衣を支給すべしと同調するなど[15]、支給には厳しい制限が加えられた。当時軍役は常民に科派されていたが、衣料や防寒具は自弁であり[16]、貧戸にとっては重い負担であっただろう。

　ところが麤布を用いた北辺軍士への衲衣造給は中宗一〇・一一年に限られ、その後しばらく中断する。理由は不明であるが、恐らく当初予想されたほど楮貨による麤布の回収が進まなかったからであろう。中宗一〇年には楮貨行用節目が策定されたが、翌一一年には早くも諸臣より楮貨が民間に受け入れられないことが報告されている[17]。次に衣料支給が議論されるのは中宗一七年のことである。同年正月、咸鏡南道節度使禹孟善は「本道は木綿を産せず、軍民は皆麻や狗皮で衣服を作っており、厳冬期には壮士勇夫といえども気力喪失し、会敵しても武勇を奮えないのは誠に憂慮すべきである。そこで試験場の落幅紙を用いて紙衣を造り、貧窮している軍士に配給しては如何か」と上疏した[18]。翌一八年九月には特進官李自堅が、属公（没収）した悪布を済用監に移して衲衣を縫製し、三年に一回両界の戍卒に頒給すべしと提案し、中宗も衲衣の下賜は祖宗以来の伝統だとして、戸曹に命じて造給を指示した[19]。以後、中宗二三年・二八年・三四年・三七年・三八年・明宗二年と数年おきに衣料支給が廷議に上げられている。以上のことから、両界戍卒への衲衣下賜は中宗一〇年から始まり、数年ごとに実施されたことが知られる。

だが衲衣は必ずしも両界の軍士に歓迎されたわけではなかったらしい。明宗二年（一五四七）司憲府は「戍辺の軍卒に衲衣を造給するのは実に美政であるが、受け取った軍人は一人も着用する者がなく、切り裂いて単衣にしたり胡人に売ったりする。衲衣は当初落幅紙や綿布を裏地として製造しており、戦場で使いやすく、禦風性にも優れている」と上啓しており[20]、古紙を裏張りした衲衣は着心地が悪かったせいか、兵士は衲衣をほぐして木綿の単衣としたり、女真族に売ったりしていた。その一方、北関六鎮の庶民は冬場でも一着の狗皮衣しか着ておらず、寒中の苦役により凍死する者が多いとの報告もなされており[21]、北辺の軍民が必要の度合いに応じて等しく衲衣を下賜されていたわけではなかった。明宗一八年には一六年ぶりに衲衣・紙衣・狗皮衣が北関六鎮に送付されたが[22]、二一年に支給された衲衣は麤劣で到底禦寒に堪えない代物であることが戸曹より上啓されている[23]。同年一〇月には咸鏡道衲衣敬差官鄭澈が六鎮の惨状について「大官のいる巨鎮であっても敵を射ることができる者は幾許もなく、操弓壮健と言われる者も多くは疲労困憊しており、駆使することはできない。飢寒困苦の様は一目瞭然であり、甚だしきは単衣が破れて皮膚が露出しており、生活状態を問うと、糠を貯えて糧とし草を煮て味噌としているそうだ」と状啓しており[24]、北辺は防寒着どころか日常の衣食にも事欠く有様であった。総じて数年おきに若干の衲衣を支給したところで、辺民の困窮と戍卒の弱体化は到底挽回できるものではなかった。

衲衣が戍卒や辺民に恵沢を施していない事実に直面した明宗は、中宗ほど衲衣造給に取り組まなくなり、次の宣祖も同様であった。衲衣が実録に再登場するのは壬辰倭乱が始まった宣祖二五年（一五九二）であり、先鋒兵士に対して造給されている。[25] 紙衣が実録に再登場するのは壬辰倭乱が始まった…北辺に対しては、宣祖二八年兵曹判書李徳馨が「平日衲衣・軍器などの物は咸鏡北道に下送し、軍士に支給している。今回も前例に依って下送すべし」と述べ、備辺司が「北道の人心を慰める事は必要不可欠であるが、ただ財力が枯渇しており、衲衣は捻出の方途がなく、武器庫の兵器も数が少ないため、送付が困難である」と応えているように、[26] 戦乱期の厳しい財政状況の下、女真族防遏のため北辺への兵器と防寒着の下送は細々と続けられた模様である。

それにしても徴発した兵卒に武器や軍服すら満足に支給できないようでは、到底辺防の役には立たなかったであろう。彼らに期待されていたのは水際での侵攻阻止ではなく、烽火を上げて敵軍の動静をいち早く平壌や漢陽へ知らせることであった。このような縦深防衛戦略は女真族が各部間で抗争を繰り返し、勢力を結集していない時期には有効であった。しかし彼らが一致団結して侵攻すると平壌のような内地の要衝でさえ邀撃が不可能になり、丁卯胡乱では江華島で、丙子胡乱では南漢山城で後金・清軍と対峙するに至った。

二　衣料支給の変化

壬辰倭乱は朝鮮に甚大な被害をもたらしたが、明朝も国力を疲弊させ、その間隙を衝いてヌルハチが女真各部を統合し、次第に勢力を強化しつつあった。朝鮮政府は倭乱の最中からこの動静を察知し、守備兵の士気を高めるため防寒着の送付を再開した。ここで新たに登場したのが中国製の厚手の綿布である青布である。宣祖二九年には同知中枢府事盧稷が、倭乱以後土兵への禄俸と衲衣の支給は途絶えたので、備辺司が儲備する青布を咸鏡北道兵馬節度使に下送し、武芸に秀でた兵士に賞給すれば、彼らは国恩に感激するであろうと上啓した。[27] 三一年には備辺司が、平時は衲衣・紙衣・狗皮衣を賞給しているが、現状では効果がないので、銀数十両を用いて綿花や三升布を輸入して数十着の衣服を製造し、軍功を立てた兵士に賞給すべしと進言し、裁可された[28]。前者は北辺での軍事訓練、後者は日本軍との戦闘と状況は異なるが、衲衣に代わって青布や三升布が賞給されたことが知られる。朝鮮産三升布は麤布に属するが、中国産三升布は太糸で織られた厚手の綿布であり、軍布として重用された。明軍遊撃陳寅も韓紙を厚く縫い込んだ三升布は防弾効果があるとして、宣祖に紙衣の提供を求めたほどである[29]。

しかしこれらは戦時中の恩賞に過ぎない。平時における衣料の支給は相変わらず衲衣・紙衣・狗皮衣であった。それでも明宗初から倭乱勃発まで史料上姿を消していた防寒衣料が不定期的であれ再び支給されるようになったのは一歩前進であった。宣祖三八年二月には、倭乱後両界士兵への衲衣や狗皮衣の造給が困難になったため、兵曹と戸曹より合わせて綿布三〇同、軍器寺より弓箭若干を捻出し、武術試験の褒美とせよとの命が下されており[30]、同年一〇月には備辺司が、前日咸鏡道へ落幅紙二千張と狗皮を下送し、衣料に最も困窮している戍卒へ配給したと報告している[31]。衲衣は貧者への救恤品となり、褒賞品には綿布が下賜されるようになったことも、時代の変化を表している。

ただ狗皮衣のような粗末な衣料は次第に歓迎され難くなっていた。北関六鎮では狗皮衣一着を塩八斗に換え、これを女真族居住地に持ち込み、塩一斗を粟八斗に換えるという行為も見られた[32]。生活資料に事欠く貧戸が防寒着より食糧をまず確保しようとするのは当然であるが、総じて綿衣より紙衣が劣り、その下に衲衣や狗皮衣が位置付けられていたことは確かなようである。両界への紙衣・衲衣・狗皮衣の造給は光海君四年（一六一二）・九年・仁祖元年（一六二三）・三年・六年・七年と継続されたが[33]、衲衣と狗皮衣については仁祖七年を最後に官撰資料から姿を消す。

衲衣・狗皮衣の消滅と入れ替わりに登場するのが襦衣と呼ばれる木綿製の下着である。襦衣は明朝使節に献上されたり、女真族や日本人あるいは官吏や軍士に下賜されたりしていたが、北辺戍卒に対しては成宗九年（一四七八）永安北道と平安道の斥候兵にそれぞれ襦衣三〇〇着・二五〇着を支給したこと、中宗二三年（一五二八）衲衣に加えて襦衣を辺民に支給することが提議されたことを例外として[34]、一六世紀までは造給の対象とされてこなかった。蓋し襦衣は軍士の自弁と見なされていたからである。ところが光海君三年（一六一一）になると西北道（平安・咸鏡両道）の戍卒に衲衣と襦衣が支給され[35]、仁祖三年・五年・六年にも平安道の戍卒に紙衣と襦衣が分給された[36]。翌七年には咸鏡道の軍士にも狗皮衣・衲衣・紙衣が支給され[37]、管見の限りこれが衲衣・狗皮衣下賜の最終事例である。

仁祖五年（一六二七）には丁卯胡乱が勃発しており、この前後に北辺とりわけ平安道に防寒着や下着が集中的に送付されたのは、対後金防衛の強化が目的であったことは言を俟たない。しかし喉元を過ぎれば熱さは忘れられるものである。仁祖一二年九月には備辺司が、冬が迫り両界への襦衣入送を急がねばならないが、年例の襦紙衣は未だ送られていないと上啓しているように[38]、襦衣や紙衣は毎年支給されるようになったようであるが、実際には遵守されていなかった。果たして仁祖一四年の丙子胡乱では清軍は易々と西路を南下し、仁祖は江華に播遷する余裕さえなく、三田渡にてホンタイジに降伏した。

丙子胡乱後、政府はようやく北辺軍民の禦寒対策に本格的に取り組むようになった。仁祖一九年・二〇年・二三年には相継いで西北への襦衣・紙衣の入送を行っているが、対象は戍卒に限定されていた[39]。しかし孝宗三年（一六五二）には特進官鄭世規が、北路には木綿がないので、商賈が持ち込む衣服を買えない貧戸は犬を飼い、冬場には繁殖用の雌犬数頭を残して肉を食し、皮で衣服を造るが、女子の身体を被うこともままならず、わが子を棄てる者さえいると上啓し、落幅紙を入送して紙衣の資とせよと具申して裁可された[40]。孝宗五年には各衙門から綿布一〇〇同を捻出させ咸鏡道へ入送した[41]。孝宗七年には咸鏡道観察使閔応協が、六鎮の状況は南関（咸鏡南道）とは異なり木綿を産しないため、朝廷は毎年襦紙衣を分給しているが、許多の窮民に遍く行き渡らせることは難しいので、木綿を追加支給すべしと馳啓し、裁可された[42]。顕宗四年（一六六三）には北路の麻が不作であったため、朝廷は領中枢府事李景奭の建言に従い、年例の綿布・綿花を増量支給しており[43]、顕宗六年七月には備辺司が、咸鏡道に年例支給する去核（種子を除去した）綿花一三二二斤八両と全羅道の襦紙衣用綿布二四同一五疋を発送したと報告している[44]。これらの諸事例から丙子胡乱以後、西路や北関への衣料支給が毎年定期的に実施されるようになったこと、孝宗・顕宗期より支給対象が戍卒から貧民に拡大し、木綿も配給されるようになったことが確認できる。

　粛宗期に至っても木綿の支給は継続された。粛宗一八年（一六九二）咸鏡道観察使李蓍晩は、朝廷が毎年咸鏡南道の三水・甲山および四堡一柵の土卒や貧戸の衣料資源として給付している綿布や綿花は咸鏡監営にて仕立てて、八〇〇着を造っているので、綿衣は三年経てば二三〇〇余の貧戸に遍く行き渡らせることができるが、綿布には若干の余剰がでるものの、綿花は若干不足するので、綿布一疋につき綿花三斤に換給して入送すべしと馳啓している(45)。粛宗一〇年には南九万の建議により咸鏡道で親騎衛が設置されており(46)、粛宗初に至っても清帝国への警戒感から北辺防衛政策は熱心に取り組まれていた。朝鮮前期とは異なり一般庶民にまで比較的高価な綿衣が造給されるようになった背景には、粛宗一一年に窮民が清国領に越境して人蔘を偸採し、清朝官憲と衝突して相手側に死者を出すという三道溝事件があることは間違いないであろう(47)。多額の賠償金と屈辱的外交を強いられた政府は、辺民の越境を厳重に取り締まると同時に、彼らの生活維持にも相当の配慮をしなくてはならないと痛感したものと思われる。二年後の粛宗二〇年までには三水・甲山に加え平安道江辺地域にも襦衣・紙衣が入送されるようになったことも、同じ動機によるものと見られる(48)。粛宗二九年にも兵曹判書李濡が、生活困難と蔘路途絶を理由に、三水・甲山の士兵に対し毎戸一疋の綿布を支給するよう上啓しており(49)、辺民の救恤は外交上の観点から疎かにできなかった。

　北辺への衣料支給政策は王朝末期まで継続実施されるが、僅かな綿布や襦衣・紙衣の入送が現地の衣料事情を大きく変えることはなかった。それどころか英祖期以降には対清緊張の緩和に伴い、支給対象が再び戍卒に限定されるようになった。庶民の衣料については、景宗三年（一七二三）に承旨呉命恒が、北道は土地が痩せ、居民の食事は雑穀に過ぎず、衣類も冬は狗皮、夏は麤葛であると述べており(50)、英祖五年（一七二九）にも特進官李森が、北兵営は絶塞に位置し、疲弊が特に甚だしく、元来木綿の産地ではないので、村人は皆狗皮衣を着ていると述べている(51)。また英祖一六年、備辺司から北辺に紙衣を下送したとの報告を受けた英祖が「紙衣で暖まることができるのか」と下問したのに対し、領議政金在魯は「ただ風を防げるだけである」と答え、英祖が更に「三水・甲山は我が国でありながら綿子がないと言うのはまことか」と問うと、在魯は「三水・甲山に居る者でも富人は綿に換えて着ている」と応じている。[52] 綿花を産しない北関や三甲では、庶民は富裕層を除いて相変わらず麻布や狗皮衣を着ざるを得ず、保温機能のない紙衣は烽火台などに駐屯する戍卒の防寒着に用いられる程度に過ぎなかった。ただ翌一七年には北道人民への紙衣下送が前年に一〇〇着、同年に一五〇着追加され、烽燧軍や把守軍（国境警備兵）へも毎年三一三着から四七七着へと定額が増やされている。[53]

一方木綿の支給については、英祖期には特段議論がなされた形跡こそ見当たらないものの、決して中断されてしまったわけではなく、正祖一二年（一七八八）には国王正祖の下問に対し刑曹判書李秉模が、禁軍から巡営を通して咸鏡道六鎮と三水・甲山へ綿布三七同・去核綿花二〇三七斤・紙衣七二二着を、平安道江辺七邑へ襦衣三八五着・紙衣四〇〇着を、それぞれ分給したと答えているように、[54] 国境地帯には下送され続けていたことが確認される。この年から史料上、毎年綿布・綿花・襦衣・紙衣の下送が備辺司より報告されるようになるが、年ごとに数量の増減こそあるものの、支給物や支給対象に変化は見られない。丙子胡乱後の北辺への木綿・襦紙衣下送政策は一貫して続けられたものと思われる。

一九世紀に至っても下送政策は継続された。ただ備辺司からの報告は数量も文面も画一化し、実態が把握し難くなる。これは正祖後期からの下送政策が常態化したためであると思われる。支給品は襦紙衣に限定され、綿布や去核綿花は史料から姿を消すが、これは政策の後退によるものなのか、それとも綿花・綿布が「襦衣」の範疇に収斂されたのかよく解らない。

唯一の変化は、高宗期に現物支給から銅銭折給への転換が試みられたことである。高宗八年（一八七一）領議政金炳学は、平安道と咸鏡北道に下送される襦衣・紙衣を管税庁から代銭支給すべしと提言し、允許された。[55] しかし高宗一一年には財政難を理由に現物下送に戻された。[56] だが一九世紀末には北辺にも商品経済が浸透しており、遠路はるばる現物を輸送することの必要性は乏しくなっていた。そこで高宗三一年（一八九四）議政府は辛未年すなわち高宗八年の例に倣い再度代銭給付するよう提案し、兵営から銭を支給することが決定された。[57] ただ財政難による支給遅延は絶えなかったらしく、一八九八年には碧潼郡守が烽燧戍卒の不満を義州府観察使に報告している。[58] 日清戦争の結果、朝鮮は日本帝国の影響下に組み敷かれ、前近代的な烽火台は既に意味をなさなくなっていたが、その守備兵に満足な衣料を支給することさえままならぬ状態で王朝は滅亡したのである。

おわりに

朝鮮王朝は鴨緑江と豆満江を北部国境とし、北辺の邑鎮に烽燧軍を配置して、対岸の動静を監視させていた。彼らの使命は外敵を水際で食い止めることではなく、烽火を上げていち早く侵攻を朝廷に伝えることであった。酷寒の地での衛戍は厳しかったが、兵士は衣料ばかりか武器の一部さえ自弁させられていた。そこで北辺戍卒を慰撫するため、成宗期より狗皮衣や衲衣の支給が開始された。中宗期からは禦風性に優れた紙衣の支給も始まった。ただ朝鮮前期には防寒着の支給は恒常的には行われず、数量も戍卒全員に行き渡るほど多くはなかった。

衣料支給政策が大きく転換したのは、北辺の女真族が後金国・清帝国を樹立し、二度にわたって朝鮮に侵攻した丁卯・丙子胡乱以降である。朝鮮はそれまでの部族集団とは比較にならない大帝国と対峙することになり、対清防衛は勿論のこと、自国民の犯越をも防遏しなくてはならなくなった。そこで衣料支給政策も強化され、狗皮衣や衲衣に代わって襦衣が本格的に配給されるようになり、綿花や綿布が下賜されることもあった。また支給対象も戍卒だけでなく邑鎮の貧民に拡大された。ただ北関における庶民の衣料は相変わらず狗皮衣であり、僅かな防寒着の下送により現地の衣料事情が改善するには至らなかった。

中国や日本では消滅した紙衣が一九世紀末まで北辺で使用されていたことは驚嘆に値する。朝鮮では反故は洗草して再利用されていた。紙衣の原料に科場から出る落幅紙が使用されたのは、それ自体が既に再生紙であり、もはや洗草ができないほどの劣悪品であったからであろう。そのような不要品を用いた粗末な防寒着しか支給されないほど朝鮮の辺境監視兵は劣弱であったと言える。商品経済の発達した内地と未発達な北辺とでは兵卒の待遇に天と地ほどの格差があった。

註

(1) 李哲成『朝鮮後期 対清貿易史 研究』国学資料院、二〇〇〇年、第二章。
(2) 拙書『大清帝国と朝鮮経済』九州大学出版会、二〇一四年、第四章「北辺充実政策の展開」。
(3)『朝鮮世宗実録』巻二四、世宗六年五月己亥。
(4) 同右、巻八〇、世宗二〇年正月丁酉。
(5)『朝鮮成宗実録』巻三〇、成宗四年五月乙巳。
(6) 同右、巻五一、成宗六年正月丁卯。
(7) 同右、巻一一二、成宗一〇年一二月庚申。
(8) 同右、巻二五二、成宗二二年四月癸酉、同右、巻二五三、成宗二二年五月戊寅、同右、巻二五四、成宗二二年六月戊午。
(9) 同右、巻二六九、成宗二三年九月壬辰。
(10) 同右、巻二七六、成宗二四年四月丁未・癸亥。
(11)『朝鮮中宗実録』巻一〇、中宗四年一二月壬子。
(12) 前註（2）拙書、第十章「現物貨幣の消滅」。
(13)『朝鮮中宗実録』巻二二、中宗一〇年六月壬申・庚辰、七月甲午。
(14) 同右、巻二四、中宗一一年四月辛未。
(15) 同右、巻二五、中宗一一年五月戊子。
(16) 弓箭など武器の一部も自弁であった。同右、巻二四、中宗一一年四月甲戌の条に
兵曹啓曰。弓及箭竹与衲衣等。一時入送。弓子分給軍士有武才而窮不能自備者。使刻名於弓。一一置簿。受者身死或除軍。則伝給于戸内充立者為当。不然則恐或私相転売於彼人矣。伝曰。両界軍士数多。而所送之数則少。其分別多小処之。

とあり、弓箭は武芸に秀で自弁不能な軍士に貸与され、当人が死亡あるいは除隊した後は、後任者に引き継がせていた。
(17) 同右、巻二二、中宗一〇年七月甲午、同右、巻二六、中宗一一年一〇月戊辰。
(18) 同右、巻四三、中宗一七年正月壬戌。
(19) 同右、巻四九、中宗一八年九月辛未・壬申。
(20)『朝鮮明宗実録』巻六、明宗二年八月辛巳。
(21) 同右、巻二六、明宗一五年一二月己未。

(22)同右、巻二九、明宗一八年八月癸丑。
(23)同右、巻三三、明宗二一年八月丁卯。
(24)同右、巻三三、明宗二一年一〇月辛巳。
(25)『朝鮮宣祖実録』巻三一、宣祖二五年一〇月己丑。
(26)同右、巻六八、宣祖二八年一〇月丙辰・己未。
(27)同右、巻七三、宣祖二九年三月壬辰。
(28)同右、巻一〇六、宣祖三一年一一月丁酉。
(29)同右、巻九六、宣祖三一年正月丙午。日本軍の火縄銃は最大射程が数百メートル程度であったから、効果を発揮する場合もあったのであろう。
(30)同右、巻一八四、宣祖三八年二月辛未。
(31)同右、巻一九二、宣祖三八年一〇月乙巳。
(32)同右、巻一三七、宣祖三四年五月甲子、同右、巻一六三、宣祖三六年六月己丑。
(33)『光海君日記（中草本）』巻二〇、光海君四年九月甲寅、同右、巻四二、光海君九年一一月壬申、『朝鮮仁祖実録』巻二、仁祖元年五月己未、同右、巻一九、仁祖六年一〇月庚寅、『承政院日記』第九冊、仁祖三年一〇月四日、同右、第二五冊、仁祖七年三月一八日。
(34)『朝鮮成宗実録』巻九五、成宗九年八月辛丑・甲寅、『朝鮮中宗実録』巻六三、中宗二三年一〇月庚申。
(35)『光海君日記（中草本）』巻一七、光海君三年一二月庚午。
(36)『承政院日記』第九冊、仁祖三年一〇月四日、『朝鮮仁祖実録』巻一七、仁祖五年九月壬申、同右、巻一九、仁祖六年一〇月庚寅。
(37)『承政院日記』第二五冊、仁祖七年三月一八日。
(38)『備辺司謄録』第四冊、仁祖一二年九月二五日。
(39)同右、第六冊、仁祖一九年九月一六日、同右、第七冊、仁祖二〇年九月七日、同右、第九冊、仁祖二三年一〇月一六日。
(40)同右、第一五冊、孝宗三年正月一二日。
(41)同右、第一七冊、孝宗五年九月二七日。
(42)『朝鮮孝宗実録』巻一七、孝宗七年一一月丙午。
(43)『備辺司謄録』第二三冊、顕宗四年九月八日。
(44)同右、第二五冊、顕宗六年七月二七日。

(45) 同右、第四六冊、粛宗一八年三月二五日。
(46) 前註（2）拙書、第四章「北辺充実政策の展開」。
(47) 同右、第一章「近世鴨緑江流域の開発と国境管理」。李蓍晩が六鎮ではなく三水・甲山での恤民を訴えたのも、三道溝事件の犯人がこの付近から越境したためであろう。
(48)『承政院日記』第三五八冊、粛宗二〇年閏五月二四日
南九万曰。曾前廟堂。以三甲之民。失蔘利之後。寒苦尤甚。故年例入送襦紙衣之外。又以平安道江辺所送襦紙衣。加送三甲。而江辺所送。則請令以平安道所在備局所管木。推移計送事定奪。

ここで南九万は三水・甲山への衣料支給が人蔘資源の枯渇による住民の窮困化に対処するものであったことを明言している。
(49) 同右、第四一二冊、粛宗二九年五月二〇日。
(50) 同右、第五五三冊、景宗三年四月一九日。
(51) 同右、第六八四冊、英祖五年五月六日。
(52) 同右、第九二四冊、英祖一六年一一月二三日。
(53) 同右、第九三九冊、英祖一七年一二月二五日。
(54) 同右、第一六四六冊、正祖一二年九月二九日。
(55)『朝鮮高宗実録』巻八、高宗八年正月庚戌・二月庚午。
(56) 同右、巻一一、高宗一一年二月辛丑。
(57)『各司謄録』近代編「公文編案」八、開国五〇三年一〇月九日
節啓下教府啓辞。関西・関北先後運襦紙衣。即烽戍将卒禦寒之具。而自京製頒。為其該処綿貴而然也。今則土産既広。商貨亦通。依辛未已行之例。幷以該道京上納中。代銭酌定。分送各邑。而按撫営・平安兵営。亦為主管。俾祛遠輸晩［挽］時之弊事。分付両道道帥臣何如。答曰。允。
(58) 同右、五六、建陽元年二月二四日
本府管内碧潼郡守尹鎮佑에質稟書를接準。온즉「本郡各鎮烽把将卒等에襦紙衣頒給。은自是已例온。至於昨冬。와辛未年例를依。여代銭으로分給。라政府関飭을因。야兵営関文이到付。온지于今一年에尚不出給。와烽戍卒에称寃이有。옵기該掌의게査問。

第Ⅱ部　商業の発達と財政

第五章　都庫の成長

はじめに

朝鮮後期は倭銀や常平通宝の広汎な流通に象徴されるように、商品経済が飛躍的に発達した時代であった。この時代には漢城を中心として市廛（朝鮮前期から存在する官許商人）に加え、乱廛（非官許商人）・貢物主人（貢人＝官物納入業者）・旅客主人（旅館業兼倉庫業者）・中都児（仲買商）など様々な形態の商人が登場し、また京商・松商・萊商・湾商など国際貿易にも参画する地域別商人集団も出現した。本章において考察の対象とされる都庫とは、全国各地からもたらされる物産を大量に買い集め、最大消費地である漢城の市廛あるいは乱廛に販売する卸売り商人のことである。

都庫は都賈とも称され、稀に都雇や都執とも記される。都庫と都賈は音通（トゴ、도고）し、買い占め商人あるいは買い占め行為を意味する。本書では行論の便宜上、庫と賈の字義の違いを考慮して、都庫を商人・商店、都賈を商行為と書き分け弁別するが、史料上においては厳格に区別されていない。ただ都賈より都庫の方が使用例が古く、「都庫を設ける」などの表現がなされるように、当初は物貨を集積する倉庫を意味していたものと思われるので、著者による上記の使い分けもあながち恣意的なものとは言えないだろう。

さて朝鮮後期商業史は主として戦後の大韓民国で精力的な史料発掘と分析が行われてきた。その成果については先学の学説整理に委ね(1)、ここでは都庫に関する先行研究のみ取り上げたい。都庫に触れた研究は膨大に存在するが、韓国では一九六〇年代までは、安秉珆が「買占業者としての『都賈』はかなり古くまで遡ることができる。けだし商品流通の存在するところでは、『富商』『大賈』『都賈』などは不可避的存在であるからである」と述べているように(2)、ある時期から急激に成長する歴史的存在としての都庫は等閑に付され、検討の対象となっていなかった。また劉元東は、特権的商人である市廛に対立する新興商業勢力として乱廛に注目し、その一形態として都庫を挙げているが、都庫の実態に踏み込んだ分析は行っていない(3)。一方姜万吉は、国役負担と引き替えに政府から独占権を付与された市廛による「官商都賈」と経済的実力を背景とした乱廛による「私商都賈」との対立図式で都庫を描出している(4)。乱廛の私商都賈については、金泳鎬が先買・買占・産地支配の三形態に分けて分析しているが(5)、それらは初期独占の深度の相違によるものと見なされており、市場支配が強まるにつれて社会的分業が如何なる変貌を遂げたのかについては踏み込んで論じていない。そして一九七〇年代以後は、姜万吉の提示した官商と私商が対立したという構図が韓国の商業史研究において支配的見解となり、旅客主人や中都児あるいは富商大賈が新興私商勢力として擡頭し、都賈活動を通して市廛の市場独占権を蚕食し、新たな流通構造を構築していった過程が丹念に検証されていった(6)。

　他方日本では姜万吉の研究に対し、河原林静美が官商都賈と私商都賈との二分論を批判し、実際には市廛（官商）も私商もその都賈行為において際立った違いが存在しないと論駁した(7)。また乱廛と国家権力との密接な関係性に注目した須川英徳は、乱廛による都賈行為の背景に宮房・官司・軍門などの権力機関による新たな特権授与と収奪の関係を見出した（須川書、七四―七五頁）。総じて先行研究は韓日を問わず買い占め行為である都賈に関心を集中させており、都庫を商人の一類型として捉えるという視点が欠如していると言える。韓国では都賈行為者として旅客主人や中都児が注目されている。

　ところで須川は「都賈（もしくは都庫）という語は、大規模に品物を買い集める（あるいは集積する）という意味がもともとの語義である。したがって、官司に物品を納入する貢人の場合に、『都庫貢人』と称されたり、納入された物品の代価は『都庫定式』により支給される、という用例があり、都庫という語自体には非難のニュアンスはない」と指摘する（須川書、五九頁）。語義自体の理解としては正鵠を射ているが、用例として引用されているのは建築や造船に用いる木材を納入する貢人に関する史料であり、彼らは他業種とは異なり比較的早期から内都庫・外都庫を設置して官用材を独占的に収買することが公認されていて、『外都庫官議』『外都庫旧節目』『外都庫節目』など関連する官撰資料も残されている。内外都庫は国家から買い占め行為を黙認された特権商人であった(8)。このような一部の例外的事例を除くと、英祖期以降頻繁に登場する都庫あるいは都賈の語は物価操縦と結び付けて非難の意味で用いられることが圧倒的に多く、都賈という買い占め行為で物価が上昇したというのは一八世紀後半における支配層の共通認識であったこともまた厳然たる事実である。

しかし都賈行為によって物価が不当に吊り上げられたという貢市人らの訴えは果たして真実なのであろうか。第一に、一八世紀後半は常平通宝が大量に市場へ散布された時代であり、長期的に緩やかな物価上昇が起きていたとしても不思議ではない。またたとえば凶作などに起因する短期的な米価騰貴であれば、それは独り都庫だけのせいではなく、農民・地主・商人など現物を握る全ての者の囤積居奇（買い占めと売り惜しみ）に起因することは、中国史などを参照すれば自明である。

第二に、大規模に物貨を買い集める行為は確かに独占価格の形成に繋がる可能性があるが、それは安秉珆が言うように商品流通における当然の帰結なのであろうか。商品市場が定期市段階に止まっている場合、売り手と買い手は斡旋・仲介業者（中国では牙行・牙人・牙儈などと、朝鮮では駔儈・主人などと呼ばれる。須川書、一三〇頁では駔儈を馬喰と解釈しているが、管見の限り馬匹売買に限定した用例は確認できない）を通じて自由に取引することができるから、牙行や駔儈が不正を働かない限り価格の操縦はできない。ところが一八世紀の漢城のように大規模な市場が形成され、流通過程で社会的分業が発生すると、物貨を集荷しこれを小売業者に卸す仲買問屋が発生する。彼らはより大量の物資を仕入れる目的で、時には物資運搬の要衝で客商を待ち伏せして勒買（強制的買い付け）を行うことさえある。

中国の経済的先進地である江南地方においては、「無頼」による「把持行市」と称される牙行の勒買行為が社会問題化したのは明末清初すなわち一六世紀末から一七世紀の時期であり、その背景には社会的分業の展開に対応した地方衙門の商人に対する当官（舗戸の役）賦課の強化があった(9)。中国の地方衙門に相当する収奪主体が朝鮮漢城の財政官庁（戸曹・宣恵庁・賑恤庁など）や権力機関と総称される宮房・衙門・軍門なのであろう。その点を剔出した須川の研究は卓見であると言えるが、では都庫が如何なる社会的分業の発展によって形成されたのかという点については言及がなされていない。

一九世紀に入ると都庫は漢城から地方へと拡散するが、須川はそれを「十九世紀においては、首都を中心とする商業では単純な買い占めと価格釣り上げを内容とする都庫行為は影をひそめ、むしろ地方の邑・場市などに都庫行為が拡散していったことが読み取れるのである。そのような現象が発生した理由を漢城について述べれば、十九世紀に入ってからの首都商業は、単純な買い占めが困難なほどに商圏が拡大し、商品去来額が増大していたからと考えられる」（須川書、九四―九五頁）と捉え、漢城商業の量的拡大が都庫問題を発展的に解消したと理解している。

一八世紀末より権力機関が新たな財源としたのは地方浦口における独占的斡旋・仲介権である主人権であった。須川は李炳天の先行研究を引用し、「漢城周辺においては十七世紀半ばから、地方浦口においては十八世紀末から、それぞれ客主が発生しており、京江においては主に船商との専属契約の集積により、地方浦口においては官衙・宮房が既存の浦口商人を追認もしくは否定して新たに客主権を設定することにより、客主権が成立していった」（須川書、一二四―一二五頁）と述べる。

土地税や人頭税に財政の基盤を置いていた明清や李朝が急速に発達する商業に対し法定的な収取制度を構築することができず、地方衙門や権力機関が個別的・非法定的徴収を行っていたという理解は誤りではないだろう。しかしその原因を中央政府の怠慢や宮房・官衙あるいは地方衙門による恣意的な収奪に帰すことはできない。東アジアにおける税制は「原額主義」に基づいており、新たな財源が発生したからといって、正規財政が直ちに新税を科派することは悪政と見なされていた。逆に税収が見込めなくなった部門でも容易に税が廃止されることはなく、新財源から補塡することで帳尻を合わせていた。中国の『賦役全書』を見れば一目瞭然であるように、税の名目と実態は時代が下るにつれ乖離するのが常であり、新たに発生した商業的剰余に対する徴収は非法定的ではあるが恣意的とは言えない。

本章の課題は都庫を買い占め・売り惜しみで独占利潤を貪る商人と捉えるのではなく、流通過程の再編成という文脈から理解することである。従ってつとに河原林が指摘したように、官商都賈と私商都賈との対立という図式から一八世紀商業を把握する見方は採らず、むしろ明末清初の中国江南における牙行の成長を参考にして、都庫に仲買問屋としての性質を見出すことを企図している。そしてそれに付随して都庫や客主による独占が決して商業の発展を阻害するものではなく、発展の結果に過ぎなかったことを論じる。最後に朝鮮の新興商人層が辛亥通共以後も特定の宮房・官衙に投属して納税と引き替えに保護を受けたのに対し、中国では各衙門による特定商人の囲い込みが行われなかったという重要な相違点を、両国の行財政制度の違いから考察する。

一　貢人と都庫

朝鮮後期の漢城では正規の商業従事者は貢人と市廛に限定されており、併せて貢市人と呼ばれた。貢人は大同法の施行によって登場した政府公認の貢物調達業者である。大同法とはそれまで各邑に賦課されていた貢物を米や布など貨幣機能を有する商品（現物貨幣）によって代納させ、宣恵庁が大同米・布を代価として貢人に必需物資を購入させる制度であり、その目的は私的な防納（貢物代納）から民戸を保護するとともに、各種の税源を地税に一元化して宣恵庁で集中管理させることにあった。一方市廛は国初より漢城に居住する商人であるが、大同法の施行に伴い国役と称される物品調達や役務提供を義務付けられるようになり、その代償として禁乱廛権と称される独占的売買権が設定されるようになった（須川書、二〇頁）。これに反し、市廛が平市署の市案に登録された物種以外の商品を売買したり、市廛以外の商人が市廛の物種を売買すること（およびその行為者）は乱廛と称され、取り締まりの対象となった。ただし貢人・市廛・乱廛の別を問わず、流通体系における社会的分業は未発達であった。須川によると「商品流通組織自体は未分化であり、行商・船商が自ら産地におもむいて商品を買い入れ、消費地へと運んで販売した。商人が自己商品の運送を行っていたのである。そのため専業的運送業者の分化や為替送金業者の出現を見ることはなかった」（須川書、三二〇―三二一頁）らしい。ただしこれまで商品流通の上流に位置する行商・船商と下流に位置する漢城の貢人・市廛・乱廛との関係には注意が払われてこなかった。須川を含む先行研究は市廛や乱廛あるいは船商や旅客主人といった商人層と宮房・官衙など権力機関との対抗と癒着に注目して議論してきたのである。従って上流の買付業者（中国では客商と総称される）と下流の小売業者（中国では坐賈と総称される）とが如何なる方法で取引を行っていたのかは依然として未解明な点が多い。

ところで明末清初以降の華中南主要都市では、当初定期市における斡旋・仲介業者であった牙行が、自己資本によって商品を買い入れ、これを坐賈に卸売りする仲買問屋に成長していた。朝鮮の漢城で仲買問屋に特化した商人を特定することは容易ではないが、仲買問屋が形成される過程で生じた「白拉」「把持行市」に似た現象は散見される。中国でこれを行ったのは「無頼」と総称される者たちであったが、朝鮮でも「遊手無頼の輩」が要路に待ち伏せして廉価で勒買する行為が見られた（須川書、三四頁。典拠は正祖一五年正月二五日付の蔡済恭の上啓）。彼らは乱廛と称されていたが、そのような買い占め行為は都買と呼ばれ、またその行為者は都庫と言われた。

都庫は漢城で自然発生した買い占め商人であるため、その起源を特定することは困難である。ただ粛宗一八年（一六九二）五月一七日付、礼曹判書柳命賢の上啓に、辛酉年（一六八一）貢人の経営が破綻し尽く逃散したため、廟堂は戸曹銀一万三千両を貸し出して元利の返済に充てさせるとともに、都庫の規を創出し、貢物価米の半分を貢人に支給し、もう半分は官家より都庫に納めて、料紙を買い付けさせたと見えることから[10]、その原義は政府出資の貢物買い付け機関であったようである[11]。粛宗二〇年にも兵曹判書尹趾善が「昔年長興庫が蕩尽し収拾不能となったので、清城府院君金錫冑と驪陽府院君閔維重が長興庫を主管し、都庫と名付けて官員に業務を委ね、以て国役に応じさせた。都庫は紙廛・茵席廛・柳［鍮］器廛に対し銀六二九〇余両の債務を負った」と上啓しており[12]、市廛から物品を買い付ける機関であったことを裏付けている。

下って英祖三年には李重協が戸曹の上啓として「甲申年（一七〇四）故判書閔鎮厚が養賢庫の貢物欠乏を打開するため、司贍寺を革罷して本曹に業務を移管し、少数の貢人に命じて都庫を作らせ、国役を負担させた」と述べているように[13]、都庫は貢人とは別建ての貢物調達機関であったことが窺えるが、実際の業務は貢人に委ねられたようである。翌年には洪景輔も戸曹の上啓として「近来貢人が奢侈に溺れ、万余石もの価米を浪費に充てるので、応納物種が全く措備できなくなったため、都庫を設置し、宣恵庁の貢物代価は全て都庫に入れるようになった」と述べており[14]、都庫の役割は貢人の責任を代替するものであった。英祖一八年（一七四二）にも工曹判書金始炯が「三月一六日、偶然の失火により鴨島草場の都庫の家舎が全焼し、積置されていた草製品が灰燼に帰した」として、曾て白木廛が失火により国役を免除された事例に倣い、今回も貢人の応役を免除せよと請願している事例があり[15]、本来都庫とは貢人が設けた官物収蔵庫を意味していたことを裏付ける。これらの史料から明らかなように、都庫とは本来買い占めや売り惜しみとは無関係な、貢人の貢物納付を支援または代替する機関であった。とはいえ都庫に戸曹の銀や宣恵庁の大同米布が大量に投入されたこと、都庫を運営するのは貢人であったことから、彼らが貢物を都買（まとめ買い）し、それが結果的に物価の操縦に繋がったことは容易に想像できる。

ただ貢人の経営が行き詰まったのは洪景輔が言うような浪費のせいではなかった。李重協の上啓の直後、司諫院正言趙明翼は「近年以来国用は倍増しており、元貢の他に追加上納がある。しかし宣恵庁や戸曹は随時代価を支給せず、依頼の喫緊なるや否やに依って支払いを加減する。未だ半額（支払い）の規則が公布されていないのに、事目に違反し、親疎に依って支払いを延ばす。且つ官司が貢人を私的に使役することは朝廷の禁令に明らかであるのに、最近では遵守されず、貢納困難化の一端となっていることが多々ある。曾ては良質の貢物であれば高額を提示して買おうとしても買えなかったのに、今では半額で売ろうとしても買い手が付かない」と述べている[16]。すなわち財政の逼迫、官吏の収奪、市場競争力の低下などの諸要因により貢人が没落したのである。

都庫の意味が買い占め・売り惜しみによる物価操縦に変容したのは一七四〇年代からである。その主体となったのは市廛や富民すなわち官商都賈や私商都賈であった。ただ貢人が物価操縦と全く無関係であったわけではない。

英祖三七年（一七六一）五月には右議政洪鳳漢が、漢城内の貢人と江上の米商が米を買い占めていると述べ、同年六月には行副司直洪麟漢が、宣恵庁近所の人や貢人輩が米を都執積置するので価格が日ごとに高騰していると述べている。(17) 翌英祖三八年にも漢城府判尹具允明が、漢城の米貴は都下の貢人と江上の貿商による囤積居奇が原因であると指摘している。(18) このように貢人も機会さえあれば買い占めによる大儲けを企図することもあったようである。ただ貢物代納業者という貢人の性格から考えた場合、彼らが時として一攫千金を狙うことはあっても、流通過程を再編成する動機はなかったものと思われる。それは市廛も同様であって、彼らは政府から与えられた専売権を活用し、所謂「権力機関」からの収奪を極小化することで独占利潤を確保していたからである。だが商品流通が一定程度以上に膨脹し、漢城内での小売業だけでは十分な利益が得られなくなると、彼らは進んで仲買業に手を拡げた。それが一七四〇年代以降の都庫である。そこで次に市廛と都庫について考察を進める。

二　市廛と都庫

朝鮮前期漢城の市廛は商税を賦課されていたが、市場に対する独占権は授与されていなかった。ところが一七世紀前期に財政事情が悪化したため、六矣廛を中心とする有力市廛に対し禁乱廛権と引き替えに国役が科派され始め、やがて各市廛に拡大していった。市廛側も新興商人との競争に勝ち抜くため、市場独占権を必要としていた。これが姜万吉以来の通説的見解である。(19) 従って市廛すなわち官商が禁乱廛権を槓杆として都賈を行うのは当然のことと考えられてきた。そして一七四〇年代から活動が顕著になる都庫は禁乱廛権の桎梏を突き破って成長した乱廛による「私商都賈」であると見なされてきた。

ところで先行研究でも指摘されているように、市廛の物種独占権に例外を設けたのは他ならぬ朝鮮政府であった。すなわち孝宗元年（一六五〇）正月訓錬都監は、最近都監の砲手（銃兵）が奉足価布を売る時、米商は乱廛であると誣告し、法司の吏が軍布を属公（没収）すると訴え、同年閏一一月にも都監の軍兵が奉足価布を発売する時、刑曹の禁卒が乱廛と称して強奪したり贖木を徴収したりすると訴え、「今後軍兵市廛勿禁」という回答を引き出している[20]。訓錬都監の砲手は給料を綿布で支給されていたが、市廛や刑曹の下吏はその販売を乱廛と見なしたのである。当時砲手には良質の綿布が支給されており、彼らはそれを常木（通常の綿布）と交換して食糧や生活必需品を購入していたが、恐らくその過程で奉足価布を都売し巨利を貪る行為が発生したのであろう。しかし政府は兵士を保護するため、かかる商行為を乱廛から切り離したのである。

訓錬都監軍士による乱廛は粛宗元年（一六七五）閏五月にも問題化し、大司憲尹鑴は従前都監の軍士五〇名が坐市販売を許されたため、市廛民が被害を受けているとして、軍士による乱廛を禁止せよと上啓した[21]。しかし翌二年一〇月には工曹判書柳赫然が「訓錬都監の軍兵らは料布により生計を立てるべきものであるが、父母や妻子のある者は給付された料布だけでは生活が困難で、工役により資生する者、あるいは転販により資生する者がいる。過日軍兵の商行為は朝廷が定式によって禁断したが、彼らの手持ちの物は発売禁止の対象外とされたのは然るべき理由があったからである」「氈笠や網巾は皆砲手が製造し、発売して資生するものである。最近網巾廛人が上言して、戸曹が砲手を禁断し市廛人に利益を独占させるべしと上啓するに至ったが、これは甚だ不都合である」と反論している[22]。兵卒による乱廛は料布から笠や網巾（馬毛製のヘアバンド）など「手持ちの物」と呼ばれる特定の家内手工業製品にまで拡大されようとしていた。粛宗三年には戸曹判書呉始寿が砲手の乱廛も市廛と同様国役を負担させるべしと提案し、訓錬院も納税に応じることにより仁祖朝以来の慣行が守られると判断したことで、両者の歩み寄りが模索された[23]。しかしその後しばらく軍士の乱廛に関わる平市署と軍門との確執は続いた[24]。

ただ軍士の乱廛は営内で発生する廃物を利用した手内職品販売の域を出ず、都賈を行う経済力はなかった。都賈を始めたのは他ならぬ市廛であった。英祖一六年（一七四〇）大司成沈聖希の上疏によると「当初の収税規則は、鮮魚と乾魚は課税対象に含まれず、塩魚のみ商船から徴税していたが、己酉年（一七二九）に廃止された。何故なら典僕輩が弊害を為したためである。ところが魚物廛人が隙に乗じ突如として塩魚もまた魚廛の貨利であると訴えるようになり、水陸行商および京江主人は皆彼らの掌握下に入った。彼らは都庫と称したり義契と称したりして、ほとんど丘に登って市場を壟断するのと同じであり、取り残しはない。その欲が満たされなければ妄りに乱廛と称して官に訴え、重罪を負わせるに至る。商旅は利を失い、怨声は路に連なり、京江の居民は廃業に至っている」とあり[25]、魚物廛が都庫・義契と称して水陸行商や京江主人を傘下に収め、江上の居民を排除して利益を独占していた。

一方、英祖五年（一七二九）趙翼命が伝えた漢城府の上啓には「今沿江の居民厳時らの訴状によると、漁商船が京江に停泊すると内外魚物廛人らが群を成して到来し、売値を交渉せず廉価で抑買する。少しでも価格を論じると、乱廛と称するぞと脅し、私的に殴打するだけでなく、捕らえて法司に突き出し、罰金刑を科することで、生計が成り立たないようにさせる。魚商らは痛み骨髄に入っているが、強弱の差が懸絶しており、未だ改善には及んでいないとある」と見える[26]。魚物廛民は漢城府内外での独占販売権こそ認められていたが、商品の独占購買権は保有していなかった[27]。そこで彼らは法司（刑曹下吏）と結託し、乱廛を脅し文句として魚商から勒買したり値段交渉を拒否したりし始めたのである。こうした市廛の圧迫に屈した商人の一部が都庫や義契に吸収されていったものと思われる。

他の物種についても調べて見よう。英祖二〇年（一七四四）四月、領議政金在魯は「平市署の報告および塩廛市民の訴状によると、塩廛都庫の暴虐が顕著になったため、塩船をはじめ魚船・醢（塩辛）船・柴船・木物船は皆内需司や諸官司に投属して保護を得るようになった」と上啓し、備辺司副提調洪象漢も「塩廛だけでなく十数年来諸廛には皆都庫があり、本廛の市人は漢城内で無頼の輩を糾合して江上に送り、都庫を設置して、外方より商船が来泊すると品物を低価勒買するようになった」と述べ、右議政趙顕命も「都庫が出来してから柴束の如き微細な物種も江民は任意に売買することができなくなった」と語っている[28]。また英祖一七年、趙栄国は備辺司の上啓として「只今市廛の痼弊で京外民人が強い不満を示すのは、ひとえに都庫が市価を操縦し専利を強奪することであり、その弊害は極まりない。また京兆（漢城府）に命じて厳禁痛断すべきである。中でも最も弊害の深刻な三江柴木廛・塩醢廛の類は首謀者を捜し出し、刑曹に移送して厳罰に処すべきである」と唱えている[29]。更に英祖二二年には掌令金翰運が「最近聞くところでは麻浦の富民三〇―四〇人が大家に集まって廛号を作り、各種の魚醢物種を一所に積置し、名付けて都庫と言う。価格を操作して発売し、食品を高騰させている。且つ京外を問わず醢商が麻浦に来泊すると、収税と称して、白蝦であれば毎船十分の一の税を勒索し、その他の塩辛も甕数の多寡に応じて毎船一〇余両を収税する」と述べている。[30] ちなみに『各廛記事』によると、癸丑年（一七九三）外廛は、麻浦の船主人（江上魚商主人とも称されている）呉世万・李東石・車天載・林蕃・李世興・李次万・姜世柱らが三江無頼の輩七〇余名を率いて江上に魚廛を私設し、各処の魚商の物貨を都執して、これを都庫と呼んでいると刑曹に提訴している。[31]

ここで注目されるのは非難の対象となっているのが市廛ではなく都庫だということである。都庫は市廛が麻浦などの浦口に設置した倉庫であり、市廛が派遣した無頼の輩によって運営され、江上商人や船商より商品を低価で勒買していた。一方、魚醢の事例では、麻浦の「富民」が団結して乱廛を結成し、無頼の輩を率いて都庫を運営していた。ここでは都庫が買い占め行為ではなく買い占め機関であること、その設置主体は概ね市廛であるが、乱廛の都庫もあれば前節で見たように貢人の都庫もあったこと、以上二点を押さえておこう。

それでは漢城での専売権を保障されている市廛が何故浦口において都庫の設置に乗り出したのであろうか。従来船商が浦口に来泊すると、江上の居民が価格を交渉して貨物を買い取り、それを漢城の市廛に売り捌いていたものと見られる。しかし浦口における物貨集散量が増大すると、市廛は江上居民を排除し、暴力的手段も辞さずに商品を大量買い付けするようになった。市廛が仲買業に進出するようになったのである。一方江上の富民層も私設の市廛すなわち乱廛を結成し、都庫を開設して仲買業を営むようになった。英祖二〇年八月には李春躋が儀賓府の上啓として、従来京江塩商船人は塩廛（都庫）の苛酷な徴税を逃れるため内需司に投属していたが、市廛の訴えにより革罷されたため、今度は儀賓府に来て、若干の税銭と引き替えに公家の保護を願い出たと報告している。[32] この事件は須川により一般商人が納税を通じて権力的背景を獲得していく過程と捉えられてきたが（須川書、五九―六一頁）、視点を変えれば塩商や船人が塩廛都庫の勒索を回避するため、やむを得ず公権力の保護を求めたとも読み取れる。

仮に都庫を物種専売権の延長上に措定される集荷独占権と解釈すると、何故一七四〇年代頃から都庫が頻出するようになるのかが説明できなくなる。しかし都庫を一種の仲買問屋と見なすと、この時期の商業発展が流通過程の再編成をもたらしたことが整合的に理解できるのである。漢城で消費される大量の物貨はその多くが麻浦などの浦口や楼院など陸上交通の要衝を経由して流入していた。ここに都庫という仲買問屋が発生し、城内の市廛に商品を卸売りし始めたものと思われる。確かに彼らは時として暴力的手段をも辞さずに船商から無理やり物貨を抑買していた。しかし明末中国で仲買問屋が勃興した時も、「無頼」による「白拉」「白頼」や「把持行市」といった貨物の強奪や私税の徴収は見られた。流通過程の寡占的掌握は暴力行使をも厭わない程魅力的であったからである。逆に流通過程が再編成されると末端の小売商に過ぎない市廛は仕入れ価格の決定権を都庫に握られてしまう。彼らが江上に都庫を開設したのは取扱商品の安定的確保を企図するものであり、江上の富民も仲買業による利益を得ようと目論んだのであろう。

都庫の禁止が朝廷で議論されるのは英祖二九年（一七五三）漢城府右尹李瑨の発議を嚆矢とする。同年四月五日、彼は「大抵魚物廛には内外両廛があるが、外廛は江上で折価勒買し、その利を独占している。もし他人が勝手に売買を行えば、乱廛として捉納する。故に船人は元手を失って帰り、物価はこれにより騰貴し、その弊害は堪え難い。臣はその中の佐飯（塩魚）・塩・醢の三廛を廃止しようと欲するが、霊城君（朴文秀）の考えは廃止に反対である」と述べ、京江の三廛、特に外魚物廛の廉価での勒買行為が深刻化していると主張した[33]。外魚物廛は一七世紀に城門外において結成された新興の市廛であるが（須川書、四六頁）、李瑨は彼らが江上で都賈を行っているとして、塩・醢両廛と併せて京江における市廛の都庫を禁止しようと図ったのである。四月二二日、李瑨は袖の中から節目を取り出して読み上げ、「曾て裁可を受けた漢城府の節目によると、四分の三は廛人（内廛）に売買を委ね、四分の一は船人の（外廛への）自由販売を許し、禁乱廛権を行使してはならないとした。このように節目が制定されたにもかかわらず、只今廛人は四分の一についても、許可を受けた公事であり節目により委託されたものと見なし、禁乱廛権不行使の条文も遵行せず、四分の一さえも船人の自由販売を許さない。ここから推し量って見ても、もし市廛を革罷しなければ、乱廛（取り締まり）の弊を除く途はないことは明らかである」と主張したが、朴文秀は「各路の船人が物資を積載して来ると、所謂江主人なる者がいて接待籠絡し、船人をして彼らの物貨を自由に売らせまいとする。こうして江人は価格を引き下げて買い付け、利益を横取りする。廛人の弊は誠に李㻐の発言通りであるが、江人の弊もまたこのように多いのである」として、江上市廛だけでなく江主人も売買を壟断していると反論している(34)。

これらの議論から、市廛は原則として漢城内での物種専売権を行使するに過ぎなかったが、この頃既に浦口での買い付けにも触手を伸ばしていたことが読み取れる。漢城府もまた内廛が設けた江上市廛に船来貨物の四分の三を上限とした独占的集荷権を付与していたらしい。一方朴文秀は市廛の弊害を認めつつも、彼らを擁護する意図によるものか、むしろ責任を江上の仲買人に押し付けようとしている。両者の主張を重ね合わせると、一八世紀中葉の京江浦口では江上市廛と江主人が共に都買を行い、商品仕入れの主導権をめぐって熾烈な戦いを繰り広げていたことが窺われる。

議論はここで決着せず、七月九日には李㻐が再度沿江市廛の革罷を強く求めたのに対し、霊城君朴文秀は「李㻐が（沿江市廛を）革罷せよと言うのは堂々たる正論だが、三江魚廛および塩廛・卵醢廛の都合五廛は皆三百年来の市廛であり、もし（沿江市廛を）革罷しようと欲するなら、これら五廛は皆廃止すべきであるが、これは誠に困難である。今もしその廛を革罷せず、乱廛（取り締まり）の弊を革罷するなら、好都合である」と反論し、行左参賛申晩も「李㻐は江廛を革罷した後、乱廛都庫の弊を除去すべしと言い、朴文秀は老舗の市廛は革罷が難しいので、これを革罷せず弊害を救済するのが良いと言うが、臣の意見は霊城と同じである。洪鳳漢と左相・右相の意見も皆そうだ」として朴文秀に同調した。行副司直洪鳳漢は「宰臣（李㻐）の発言は正論ではあるが、今たとえこれを革罷しても、しばらくすると必ず復活するだろう。もし（江上市廛を）革罷せずその弊害だけを除く方途が有るなら、必ずしも革罷しなくてよい。臣が聞くところでは、銅雀江の人は先に銭を出して魚物廛に納め、魚物廛人は銭を受け取った後は取り締まりを行わず、任意の売買を許すので、迷惑を被ることはないと言う。他江でもこの例に倣って執行すれば良いだろう。しかし（彼らは）既に均役庁へ納税しているのに、更に魚物廛にも銭を納めさせるのは困難だ」と述べた。この間朴文秀は一貫して革罷に反対し、李堧も主張を曲げなかったので、廷議は中断された。[35] 七月一九日に再開された議論では、国王英祖が市廛を革罷せず都庫の弊のみを除去すべきだとする朴文秀の主張に与し、その方法について下問したが、朴文秀はまず西門外の都庫を禁止すればその他の都庫も容易になくなるであろうと述べるに止まった。[36]

英祖二九年の議論を通して理解されるのは、第一に、李堧だけでなく英祖や諸臣も江上市廛による都賈の弊害を十分認識していたこと、第二に、それにもかかわらず李堧を除く全ての為政者は市廛の革罷が財政上不可能であると考えていたこと、第三に、江上の居民も江主人として都賈を行っており、市廛側が禁乱廛権を行使して江主人を弾圧することもあれば、銅雀江の事例のように江主人が市廛に税銭を納めることで共存し合うこともあったことである。従ってよしんば李堧の提案が裁可されたとしても、江上における都賈行為は終息しなかったものと思われる。市廛が都賈の主役であったことは確かであるが、市廛を革罷したところで江主人が代わりに都賈を行うに過ぎず、各種の商人層が物貨集荷の主導権をめぐって激しい争奪戦を展開している中で、彼が想定したような船商と江上居民との真に自由で公正な取引は実現しなかったであろう。

結果的に江上の市廛問題は放置されてしまい、市廛による勒買の弊はますます激しくなっていった。英祖三〇年八月には右参賛洪鳳漢が、廛人が（市価の）半値で魚塩を勒買するため、船商が失業するに至っていると報告し、（閔維重が作成した）甲子節目では船商が市廛に納税すれば任意売買を許すべしと定められたが、廛人はこれを不利だとして遵行せず、弊害が一層激しくなったとした上で、江弊除去の要道は魚塩廛の革罷に勝るものはないが、老舗の市廛を倉卒に廃止できない現状を鑑みて、何らかの便法を講ずるのが適切であると建言している。[37] しかし彼も具体的方策については言及していない。一方英祖三一年正月には行兵曹判書洪象漢が「松坡の居民が京外の中都児や乱廛と結託して三南・北道・嶺東の商賈を同地に誘引し、各廛の物種を村中に積置し毎日販売しており、京人で乱廛を業とする者は禁卒の取り締まりを恐れて松坡で品物を仕入れるため、京市は次第に利益を失っている」と上啓しており、[38] 松坡では江主人が仲買における支配権を確立し、漢城市内の市廛を脅かしていた。

その後も都庫の弊害はしばしば廷議の俎上に上った。たとえば英祖三六年（一七六〇）四月には領議政金尚魯が、都庫の禁令が近頃弛緩し、特に弊害の顕著な江上では居民や船商が悲鳴を上げていると上啓し、八月には各廛都庫の弊が最近深刻化していると述べており、また一一月には右議政閔百祥が市廛都庫の弊を厳禁せよと訴えているが如く、[39] 多くの場合市廛に非難の矛先が向けられた。ただ、翌年五月には右議政洪鳳漢が漢城内の貢人と江上の米商が囤積居奇を行っていると述べ、六月には行副司直洪麟漢も貢人が貢価米を都執積置したことで米価騰貴を招来したと上啓しているように、[40] 貢人もまた米問屋として都庫を運営していたらしい。

ここで注意すべきは、都庫の弊とは単に囤積居奇による物価の高騰だけでなく、麻浦や松坡など漢城付近の集散地における問屋間の物貨争奪戦でもあったことである。後者の場合、市廛都庫が禁乱廛権を濫用して江主人や船商・江上居民を圧迫する場合が多かった。そこで英祖四四年（一七六八）左議政韓翼蓍は、六矣廛以外の市廛を革罷し、任意売買を許可すべしと提案し、領議政金致仁も都庫の類は大小を問わず厳禁せよと主張し、裁可された。この事実は既に須川英徳によって辛亥通共の先行事例として紹介されている（須川書、三八―三九頁）が、乱廛の弛禁と都庫の禁止が併せて提議されていることは重要である。須川はこれを韓翼蓍が持ち出した乱廛問題を金致仁が都庫問題に拡大したものと捉えているが、本書の分析視角に即して理解すれば、両者とも都庫の革罷を目的としており、ただ韓翼蓍が市廛による禁乱廛権を槓杆とした都庫行為に焦点を合わせたに過ぎないことになる。金致仁だけでなく韓翼蓍もまた都庫すなわち仲買問屋を排除することで陸商・船商と江上居民との「自由」な交易が復活できると信じていたのである。

結局韓翼蓍の提案は市廛の抵抗に遭い、失敗に帰した。その後市廛を中心とした都庫はますます増大する。英祖四七年には韓翼蓍が、近来城中の市廛は大小を問わず「都家」すなわち都庫を設け、中都会（中都児）を組織して仕入れ価格を引き下げさせ、「小小の廛」すなわち小売人には自己の廛以外からの買い付けを許さないと報告した。[41] 刑曹判書沈鏞も、折草（煙草）廛人らが要路で物貨を抑執（勒買）し、都城門の内外各処に集積して価格を操縦する一方、廛民であっても自由な仕入れを許さないので、富者は益々豊かになるが郷外商賈の不満は限界に達していると上啓している。[42] 英祖五〇年には魚物廛が、中都会が楼院にて魚物を買い占めており、我々も郊外での出貿を許して欲しいと願い出ている。[43] 当初市廛が郊外に派遣していた中都会がやがて問屋として独立し、魚物廛と競合するに至った模様である。翌五一年には刑曹左郎李潤明が、近頃各廛の都庫は外方から流入する物貨を途中で買い占め、他処への販売を防遏するので、物価が高騰していると報じている。[44]

これらの事例から乱廛問題の核心は市廛の物種専売権ではなく、仲買問屋として成長を遂げた都庫にどう対処するかという点にあったことが窺い知れる。問題を複雑にしていたのは、都庫開設者の多くが市廛であり、彼らが禁乱廛権を振りかざして陸商・船商による自由な卸売りを抑制したり、小売人による自由な仕入れ先の選択を禁止したりしていたことである。それ故政府は都庫の歴史的役割を積極的に評価できず、市廛の特権である禁乱廛権と都庫とを併せて禁止する方針を採った。その到達点が正祖一五年（一七九一）蔡済恭が主導した辛亥通共である。

辛亥通共については先行研究が詳しく論じているので、ここではその詳細な経緯を省略するが、蔡済恭の上疏の要旨は、近年設立された零細市廛が禁乱廛権を行使して商品を都買するため物価が高騰したので、六矣廛を除き通共和売を許すことで都買の弊害を断とうとするものであった（須川書、三五頁）。通説では彼らの都買行為は市廛が持つ強力な特権性の象徴と理解されてきたが、須川は逆に零細市廛の資金力不足と流通網掌握の未熟さの表れであると解釈した（須川書、四二頁）。しかし両者とも市廛を漢城市内の小売り商と捉え、都買を小売り品の買い占め行為と理解している点では共通している。だが本章の行論で縷々言及したように、一八世紀後期の都買は漢城周辺の物貨集散地で発生していた仲買商による商品の集荷・集積行為であった。

それと関連して注目すべきは、物貨集散地に開設された都庫に携わる者が多岐に渡っていたことである。英祖五一年領議政金尚喆は、奸細の徒が魚物や薬材を都買していると上啓している。[45] 正祖二年（一七七八）漢城府主簿李宜耆は、近来都庫の弊すなわち富民が銭財を拠出して低価格で各廛の商品を買い占め、高価格で廛人に卸す行為が深刻になっていると述べている。[46] 正祖五年には内魚物廛市民が、七牌・梨峴の中都児が楼院の都庫崔景允・李聖

(星)老・厳次起らと結託して漢城に流入する魚物を買い占め、都庫に積置して乱廛に販売すると平市署に呈訴している。(47)正祖六年には李在学が備辺司の上啓として、楼院の店幕が中都児や松坡(の商人)と結託し魚物を都執しているので取り締まって欲しいという魚物廛民の請願を伝達しているが、(48)楼院の二百余戸は魚廛民が都執を行っていると刑曹に対抗提訴している。(49)正祖一二年には京居の布廛と内外魚物廛市民が、富商巨賈が楼院にて場市や店幕を私設し、北商と結託して都賈を行っていると告発している。(50)正祖一四年には行副司直愼基慶が、東村の旅客主人が楼院・興仁門・恵化門で東北魚商から魚物を勒買していると上疏している。(51)魚物だけでなく米も都賈の対象となっていた。正祖三年正月には侍読官金憙と検討官南鶴聞が京城内外や五江の富商による米穀の買い占めを、同年一一月には検討官朴天行が貢人による均役庁庫米の買い取りを、正祖六年には持平李羽晋が駔儈による宣恵庁平糶米の買い占めと諸路への転売あるいは囤積居奇を上啓している。(52)このように都賈を行う者は貢人・市廛の他、富民と総称される者、中都児・店幕・旅客主人・駔儈と呼ばれる仲買人・宿屋・周旋業者など様々な業種に及んでおり、互いに商品仕入れの主導権をめぐってしのぎを削っていた。辛亥通共は彼らの都庫を禁止する政策であった。

従って都庫の禁止については通共政策の実施当初より効果を疑問視する声が存在した。正祖一五年六月には領敦寧府事洪楽性が、都庫は誠に民間の痼弊ではあるが、禁止しても止まないであろうと主張しており、(53)翌一六年二月には右議政朴宗岳が、通共後物価は翔貴し、都庫は以前一―二人に過ぎなかったものが幾十―幾百人に増えていると述べている。(54)同年一一月には麻浦米廛市民が、昨年春より門外米廛が彼らの「咽喉の地」に中都児を多設して利益を奪っていると訴えている。(55)正祖二二年には右議政沈煥之が、通共後物価は高騰し、廛民は凋落し、雑廛・都賈の弊も現れたと語っている。(56)

ただ一九世紀に入ると漢城周辺での都庫の弊に関する議論は下火になる。一方で新たに開城商人などによる地方集散地での都庫が出現した。純祖一一年(一八一一)三月の貢市人詢瘼では布廛民が、昨年松商金啓賢が元山にて孫仁叔・金允鑑と結託し、北来の布商から商品を都執して散売したと告発している。(57)純祖一七年には右議政南公轍が、松都を中心に富商による木綿都賈の弊が蔓延していると述べている。(58)純祖二七年正月の貢市人詢瘼でも涼台廛市民が、松都や京畿道南部の安城で松商が都賈を行い価格を操縦していると訴えている。(59) しかしながら松商による都賈行為を記した史料もここに挙げた数例程度であり、都庫が地方にも拡散したことは読み取れるが、特定商人が地方物産の集荷独占を行うようになったとは到底言い難い。都庫の弊を訴える言説が史料上から次第に姿を消していった主因は、通共政策が成果を発揮し始めたからではなく、京江で旅客主人が物種別・地域別の集荷独占権を確立し、地方浦口でも主人権が発生し始めたからであると思われる。(60)

三　権力と都庫

一七四〇年代から急増する都庫は、単に囤積居奇によって利鞘を稼ぐ商人でなく、浦口や街道にあって、時として暴力行為をも辞さず船商や陸商から商品を買い占める仲買問屋であった。彼らの集荷行為は零細な物貨を漢城に売りに来る陸商・船商にとっても、従来陸商・船商から特定物種を買い取ってきた市廛にとっても脅威であったが、市廛もまた中都児を集荷地に派遣して都庫を開設していた。一八世紀後半の漢城周辺では商品市場の拡大・発展に伴って産地売込商と漢城小売商との間に立ち物貨を卸売りする新たな商業形態が様々な軋轢を伴いながら成長し、流通過程を再編成していったものと考えられる。一九世紀になって都庫に関する記録が減少するのは商品取引額が増大したからではなく、自然発生した都庫が先行研究の所謂「権力機関」によって旅客主人として収斂されていったからだと思われる。

本章の目的は都庫を社会的分業の帰結という観点から描き出すことであり、公権力と商業との関わりに注目した須川らの先行研究と対峙するものでは決してない。ただ既に指摘したように一六世紀末以降の中国江南でも牙行による勒買問題が発生しており、雍正四年（一七二六）の牙行制度改革で終息した。この改革は州県が牙行や舗戸に与える営業独占権の見返りとして恣意的に当官（舗戸の役）と呼ばれる徭役を賦課することを禁止する一方、牙行の営業許可証である牙帖の頒給権を布政使に帰属させ、牙帖数を厳しく制限した。ただ当官は州県の必要経費でもあり、これを廃止することは不可能であるため、牙行から牙税およびその付加税である陋規を徴収し、これを財源に充てさせた。このように明清中国における官府と牙行・舗戸との関係は、朝鮮後期における宮房・官司・軍門など所謂「権力機関」と貢人・市廛・都庫との関係に似ている。

にもかかわらず中国の商業がその後も順調に発展するのに対し、須川は「李朝国家の商業統制手段は、国家的物資収取体制の必要性、すなわち具体的な使用価値物の調達を目的に漢城中心に編成されたものであり、本来は身分的・世襲的性格を有する商人団体である市廛や貢人契を通じて、そこに属する商人を掌握する以外の手段を持たなかった。したがって、国家的物資収取体制を母体としつつも、すでにそこから脱却の度合を高めて自立的に発展しつつあった全国的商品流通網——場市網の発達、漢城への船運業の成長、各地浦口における客主の成立——に対して、体系的掌握手段を有さなかった。このような不備に乗じて各権力機関による商業課税は、拡大していったのであり、国家権力と全国的商業の接点は一部市廛商や貢人などを除き、収税に対する可否の議論のみへと極小化していった。しかも収税権は恣意的に設定されたので、朝鮮商業における合理的な資本蓄積機会や計算可能性の発達をいちじるしく阻害した」（須川書、三二―三三頁）と、否定的結論を導き出している。観察者によって史料の評価に相違が生じるのはやむを得ないにしても、このような極端な差異は無視できない。ではその原因は何処にあるのだろうか。

第一に、先行研究によると乱廛を行った者は軍門の兵士や宮房・勢家・衙門の奴子・吏胥など権力を背景としていた。また新興商人層も権力機関に納税し、見返りに保護を受けていた。中国でも地方衙門による牙行や舗戸からの物資収取体制が当官（舗戸の役）として確立していたが、商人層は地方衙門に投属して庇護を受けようとはしていない。その理由の一つとして彼らが会館・公所などと呼ばれる同業組合を組織していたことが考えられる。中国の商人は個別に公権力と癒着するより組合を結成して官府と負担交渉する途を選択していた。現在残されている当官関連の碑刻史料は、商人集団が当官の額数を知県と約束して石碑に刻んだものである。

第二に、中国の官僚機構は上下関係が明確に定められており、州県など末端の地方衙門は商人から徴収した当官や陋規の一部を地方行政経費として使用し、残りを府や直隷州など上級の監督官庁に規礼（付け届け）という形態で饋送（上納）し、これらは更に道台・布按両司・督撫へと饋送され、最終的に京官まで送達されていた[61]。このような陋規需索・規礼饋送体系が確立されていたため、それぞれの権力機関が個別に商人を囲い込むことは起きなかった。従ってある商人が自己居住地の知県の統治に不満を抱き、知府に陋規を納めて庇護を願い出たとしても、知府はこれを受け付けないであろう。蓋し知府は知県から定期的に規礼を受け取っているからである。これに対し朝鮮では、行政機関である衙門ばかりか軍門・宮房・勢家までもが個別に権力を行使しており、上級機関への饋送体制は確立されていなかった。朝鮮の末端行政単位である州・府・郡・県は格式の差こそあれ並立しており、また観察使も各邑の守令を直接統轄しておらず、守令は各々漢城に京邸を設けて京主人を置き、中央政府との連絡や税貢の納付を行わせていた（ただし監営・兵営にも営主人・兵営主人を置き、必需品の貢納を代行させていた。京主人については第七章で詳述する）。そして京主人は都賈も行っていた[62]。明清中国の場合、州県から送られた銭糧は各省に設置された布政司庫に納入され、布政使がその出納すなわち起運（京師や他省への転送）と存留（当該司庫での保管）を担当していたが、朝鮮の観察使にそのような機能や権限はなかった。

簡潔に言うと、朝鮮の権力機関は座して下級機関からの規礼饋送を待つことができず、自ら商人を囲い込んで私税を徴収しなければならなかった。またそのような行為が容認されている以上、権力機関はできるだけ多くの商人を取り込み、利益の極大化を図ろうと努力した。都庫や旅客主人など一八世紀後期より成長し始めた仲買商もまた同業者との厳しい競争を勝ち抜くため、より強力な権力機関の庇護を得ることで優位に立とうとしたのである。商業の発展が生み出す新たな剰余の収取を中国は陋規・規礼によって体系的に行い、朝鮮は「無名雑税」によって個別的・恣意的に行った。それ故中国では商人が結束して、地方権力に対しある程度公平で規則的な収取を行うよう交渉することができたが、朝鮮では個々の商人と個々の権力機関が競い合いながら、それぞれ商業特権と商業的剰余収取を拡大しようとしたのである。両者を分けたのは支配機構が系列化されているか否かであり、乱廛あるいは都庫や旅客主人は決して新特権的商人ではなかった。

おわりに

一七四〇年代より漢城周辺で急成長した都庫は地方から陸商や船商によって運ばれて来る物貨を要路や江上にて買い集め、これを市廛に卸す仲買商であった。彼らは時として暴力的手段に訴えることもあり、為政者からは囤積居奇によって物価を操縦していると指弾されたが、都庫禁止令が奏効しなかったのは、商品市場の発達により、市廛は漢城内での物種専売権だけに頼って利益を確保し、以て国役に応じることが困難になりつつあったからである。従って都庫の設置者は要路や江上の富民だけでなく、市廛が無頼の輩あるいは中都児を派遣して都庫を運営させることも多かった。また貢人や店幕・旅客主人・駔儈による都庫も見られた。都庫の担い手の変遷については次章で詳しく検証する。

客商（郷商）が農山漁村で生産された物貨を駔儈を介して定期市にて収買し、これを都市の市廛に売り込んでいた時期にあっては、数量や卸値は交易の都度、産地や市場の趨勢を反映して偶然的に決定され、市廛が商品を恒常的に確保し利益を安定的に獲得することは容易ではなかった。都庫の登場は客商（郷商）と市廛との間に入り、流通過程を再編することで商品の安定供給を容易にした。しかしその見返りとして市廛は大損も大儲けもできなくなった。一九世紀になると都庫は下火になり、公権力の認可を受けた旅客主人（客主）が仲買商として浮上するが、これは権力機関が都庫に対し納税と引き替えに主人権を付与し、小売商である市廛や乱廛に代わって仲買商を利藪の中心に据えようとしたものと考えられる。都庫が私充牙行であるとすれば旅客主人は官許牙行であると言えるだろう。

註

(1) さしあたり須川英徳『李朝商業政策史研究』東京大学出版会、一九九四年（以下、須川書と略記）、序章「李朝後期商業への本書の視角」および第一章「乱廛に見る十八世紀商業界の矛盾」、金東哲『朝鮮後期 貢人研究』韓国研究院、一九九三年（吉田光男訳『朝鮮近世の御用商人―貢人の研究』法政大学出版局、二〇〇一年）を参照。また概説としては朝鮮史研究会編『朝鮮史研究入門』名古屋大学出版会、二〇一一年、第五章第三節第三項「財政制度と経済システム」が簡潔で便利である。

(2) 安秉玿「商品経済の発展と私商――一八世紀を中心として――」『朝鮮史研究会論文集』五集、一九六八年、一八頁（安『朝鮮近代経済史研究』日本評論社、一九七五年所収、一四四頁）。

(3) 劉元東『李朝後期 商工業史 研究』韓国研究院、一九六八年、第五編「十八世紀後半期에 있어서의 封建商業의 崩壊過程――乱廛을 中心으로――」、同「一九世紀初期의 封建商業의 崩壊過程――初期独占의 崩壊를 中心으로――」『歴史学報』四八輯、一九七〇年、同「李朝後期 経済成長過程 研究――一八・九世紀 商工業을 中心으로――」『経済史学』一号、一九七五年。

(4) 姜万吉『朝鮮後期 商業資本의 発達』高麗大学校出版部、一九七三年、第五章「都賈商業과 反都賈」一六八―一六九頁。

(5) 金泳鎬「朝鮮後期에 있어서의 都市商業의 새로운 展開――乱廛을 中心으로――」『韓国史研究』二輯、一九六八年、三五―三八頁。

(6) 高東煥「一八세기 서울에서의 魚物流通構造」『韓国史論』二八輯、一九九二年、李旭「一八세기말 서울 商業界의 변화와 政府의 対策」『歴史学報』一四二輯、一九九四年、卞光錫『朝鮮後期 市廛商人 研究』혜안、二〇〇一年、第六章「통공 이후 都賈商業의 발달과 市廛商権의 동향」など。

(7) 河原林静美「十八・九世紀における廛人と私商について」『朝鮮史研究会論文集』一二集、一九七五年、一―二頁。

(8) 外都庫については、前註（1）金、第三章「外都庫貢契の成立と組織」を参照。同書、七八頁には「内都庫・外都庫貢人は朝鮮時代後期の商人組織の名称に『都庫（都賈）』を使用する唯一の例である」と記されている。また『承政院日記』にも粛宗末から英祖初にかけて「船材都庫人」という表記が出現する。

(9) 拙書『明清時代の商人と国家』研文出版、二〇〇二年、第六章「明末清初江南の牙行と国家」。以下、明清商業史に関する記述は同書に基づく。なお同書に記したように、明清史において当官（舗戸の役）を最初に発掘したのは佐藤学である。

(10) 『承政院日記』第三四八冊、粛宗一八年五月一七日。

(11) 前註（4）姜、一五六頁も『備辺司謄録』所載の同文を引いて「都庫は本来大同法実施以後の貢物調達を円滑に行うために作られた機関であり、それはまた貢納品を預買・積置しておく倉庫の役割も兼ねていたものである」と述べている。

(12)『承政院日記』第三六〇冊、粛宗二〇年七月一三日。

(13)同右、第六三三冊、英祖三年二月一八日。なお司贍寺は粛宗三一年（一七〇五）吏曹判書李頤命の建言により革罷された。

(14)同右、第六七三冊、英祖四年一〇月一八日
洪景輔。以戸曹言啓曰。……而近来貢人輩。侈靡成習。万余石所受之価。尽帰浪費之資。応納之物種。全不措備。許多遺在。……故為設都庫。宣恵庁所給貢物之価。都入一庫。

(15)同右、第九四四冊、英祖一八年五月二日。

(16)同右、第六三三冊、英祖三年二月三〇日
正言趙明翼疏曰。……近年以来。国用倍蓰。元貢之外。亦有加納之事。而恵庁・地部。未即随時給価。亦不趁即出給。随其属托之緊歇而為之。未布参半之規。違越事目。従其親疎而行之。且官司之私役貢人。明有朝家之禁令。而近不遵奉。以致難保之端。不一而足。曾以好貢物。称之重価願買而不得者。今其半価而欲売。猶無願者。

(17)同右、第一一九三冊、英祖三七年五月一四日、同右、第一一九四冊、英祖三七年六月一一日。

(18)同右、第一二〇九冊、英祖三八年八月二七日。

(19)前註（4）姜、一七〇頁。

(20)『承政院日記』第一一一冊、孝宗元年正月一〇日、同右、第一一七冊、孝宗元年閏一一月一二日。

(21)同右、第二四七冊、粛宗元年閏五月一〇日。

(22)同右、第二五六冊、粛宗二年一〇月二四日
［工曹判書柳赫然］又所啓。訓錬都監軍兵等。既有料布之自可資生。而其中有父母妻子之類。所給料布。勢難支過。或有工役資生者。或有転販資生者矣。向日軍兵之市業者。自朝家定式禁断。而渠等手持之物。則使之勿禁発売者。意非偶然。……又所啓。氈笠・網巾。皆自砲手等所出。而発売資生者也。近来網巾廛人等。至於上言。戸曹覆啓。砲手則禁断。市人則使之専利。殊甚未便。

なお須川は「手持之物」を「手に携げ《ママ》る小荷物」と推測している（須川書、八五頁）が、ここでは明らかに笠や網巾などを指している。氈笠は『承政院日記』第二五七冊、粛宗二年一一月六日付の特進官李正英の上啓に「戦笠」とあり、軍人が被る笠の意かと思われる。

(23)同右、第二六〇冊、粛宗三年五月一九日・六月二三日。

(24)同右、第二七七冊、粛宗六年七月一二日、同右、第三〇四冊、粛宗一〇年六月二三日、同右、第三五八冊、粛宗二〇年閏五月三日、同右、第五二二冊、粛宗四六年四月五日。

(25)同右、第九一六冊、英祖一六年七月八日

大司成沈聖希疏曰。……蓋当初収税之規。生鮮乾魚。不居税中。只以沈塩魚。収税於商船。而己酉革罷。蓋由於典僕輩作弊之故。而魚物廛人。乗時闖発。以為沈魚亦是魚廛之貨利。水陸行商及京江主人。皆入於渠輩掌握。或称都庫。或称義契。殆同登壟者之罔利。靡有遺漏。不満其欲。則輒以乱廛告官。而至被重罪。商旅失利。怨声載路。京江居民。亦至廃業。

(26) 同右、第六九四冊、英祖五年九月一九日
趙翼命。以漢城府言啓曰。……今者沿江居民厳時等呈状。以為漁商船到泊京江。則内外魚物廛人等。成群出来。不計市直。廉価抑買。少或論価。脅称乱廛。非但私自欧［殴］打。又復捉去法司。治罪懲［徴］贖。使不得聊生。魚商輩痛入骨髄。而強弱不敵。未及変通矣。

(27) 高東煥は内外魚物廛人には集荷独占権が授与されており、一八世紀にはその方式が「若干卸下。開封発売」→「什一付利和買。分数納税」→「全船打発」→「付利和買。買取転売」へと変遷したと主張する。前註（6）高、一七三―一七五頁。しかしこれらは非市廛民の都買活動から市廛の利益を一定量保護するための例外的措置に過ぎず、政府がかかる規定を設けなくてはならないほど両者の商品買い付け競争は熾烈であったものと考えられる。

(28)『承政院日記』第九七一冊、英祖二〇年四月二五日。

(29) 同右、第九三六冊、英祖一七年九月二〇日。

(30) 同右、第一〇〇九冊、英祖二二年一〇月二五日。

(31)『各廛記事』地「外廛以麻浦船主人等設市事屢呈秋曹京兆故本廛相訟厳治事」（癸丑二月）。もちろん被告らは都庫の開設を否定している。

(32)『承政院日記』第九七六冊、英祖二〇年八月五日。また同右、第一〇二三冊、英祖二三年一一月三日には「甲子年。京江塩商輩。欲免都庫之操縦。投属内司。自願納税。……塩廛都庫厳飭之後。猶夫作弊。則不可不痛懲」とあり、塩廛が都庫を営んでいたことが確認できる。

(33) 同右、第一〇九三冊、英祖二九年四月五日
［李琠］対曰。……大抵魚物廛。有内外両廛。而外廛在於江上。折価勒買。自専其利。而人或私相売買。則捉以乱廛。故船人失本而帰。物価由此而貴。其弊難支矣。臣欲罷其中佐飯・塩・醢等三廛。而霊城之意則不以為然矣。

(34) 同右、第一〇九三冊、英祖二九年四月二二日
琠自袖中出節目以読曰。此即領府事豊原君。為時任時。陳達筵中。使京兆啓下節目者也。四分之三。廛人次知買売。四分之一。船人任自和売。而不得為乱廛事。如是節目啓下。而即今廛人四分一。則以為啓下公事。而依節目次知。乱廛禁条則不為遵行。竝与其四分一而使船人不得為和売。推此以観。廛若不罷。則乱廛之弊。無路可革者。亦可験矣。文秀曰。……各路船人。載物以来。則所謂有江主人。引接籠絡。使船人不得為渠擅渠物。而江人低仰［抑］定価買売。横奪其利。廛人之弊。誠如李琠之言。

而江人之弊。亦如是多矣。

なお『各廛記事』天「塩魚和買後元数中毎両頭減一戔以補国役矣因船人輩称寃永為革罷乱廛厳禁事」（乾隆一九年二月）によると、この節目は甲子年に制定されたとある。また同書、地「外廛称以桶藿分半事争詰故呈訴本署得捷帰正事」（乙亥九月）および「外廛以全船打発非理之意誣訴刑曹故呈本署捉問外廛則又以為西海塩魚叚内三外一東南海塩魚及貢物受価則幷分半云故等状厳斥事」（癸亥一一月）によると、癸亥・甲子・丙寅年（一六八三・八四・八六）驪陽府院君（閔維重）により魚物取扱比率が内廛三・外廛一の割合で定式化されたとある。更に同書、地「刑曹堂上以都庫事執頉内外廛取招事」（乾隆一六年一一月）にも、魚物の四分の一は外廛に購入権があったと記されている。内外魚物廛の分数分執紛争については前註（6）高、一六三―一六五頁を参照。

(35) 同右、第一〇九六冊、英祖二九年七月九日

瑡曰。臣意則前已尽達。江廛断然罷之宜矣。文秀曰。李瑡所謂罷之者。堂堂之論。而三江魚廛及塩廛・卵醢廛。合為五廛。而皆是三百年流来之廛也。如欲罷之。則此五廛。皆当並罷。豈不難乎。今若勿罷其廛。而罷其乱廛之弊。則好矣。晩曰。李瑡則以為。罷廛然後。可去乱廛都庫之弊云。朴文秀則以為。久廛罷之亦難。勿罷而救其弊端為好云。臣意則与霊城無異。而洪鳳漢及左右相意。亦皆如此矣。……鳳漢曰。宰臣之言雖是矣。而今雖罷之。非久必復出。若有勿罷而除其弊之道。則不必罷矣。臣聞銅雀江人。則先為折銭。納于魚物廛。魚物廛人。既捧銭之後。則不為管摂。許其任為買売。故無受困之事云。使他江亦依此例為之則似好。而既納税於均庁。又使折銭於魚物廛亦難矣。文秀曰。王政無偏。各廛皆有此弊。而独罷江廛。則豈不称寃乎。瑡曰。臣意則断然罷之為宜。而諸議既如此。置之好矣。

(36) 同右、第一〇九六冊、英祖二九年七月一九日。

(37) 同右、第一一一〇冊、英祖三〇年八月二四日。

(38) 同右、第一一一五冊、英祖三一年正月一三日

行兵曹判書洪象漢曰。……至於松坡居民輩。締結京外中都児輩乱廛之類。誘引三南及北道・嶺東商賈。皆聚会於此。而京人之以乱売為業。畏禁吏者。亦往於此。名雖一月六場。而実則積置各廛物種於村中。日日買売。以致京市之歳漸失利。若不罷此場。則京市無以為業。

(39) 同右、第一一八〇冊、英祖三六年四月二〇日、同右、第一一八四冊、英祖三六年八月三日、同右、第一一八七冊、英祖三六年一一月九日。

(40) 同右、第一一九三冊、英祖三七年五月一四日、同右、第一一九四冊、英祖三七年六月一一日。

(41) 同右、第一三一六冊、英祖四七年四月二三日

翼謩曰。聖教及於市廛。臣有区区所懐。敢此仰達矣。近来城中。百物翔貴。蓋近来無論大小廛。皆有都家。欲貴則貴。欲賤則

賤。便成中都会。勒定廉価。至於小小之廛。定廛外不容他人売買。便是専利。其弊莫甚。

(42) 同右、第一三一八冊、英祖四七年六月二三日。
(43) 同右、第一三五〇冊、英祖五〇年四月二九日。
(44) 同右、第一三六〇冊、英祖五一年二月七日。
(45) 同右、第一三七二冊、英祖五一年一二月二九日。
(46) 同右、第一四三一冊、正祖二年一一月二三日。
(47) 『各廛記事』地「梨峴七牌中都児処永勿出売事呈訴京兆矣外廛不応至於相訟事」（乾隆四六年四月）。なお同書、人「楼院金得春処治文案顚末有圻営抱川謄給」（乾隆四〇年四月）および「両処乱廛人逐散事」（乾隆四六年正月）によれば、崔景允らは楼院居住の中都児であると記されている。
(48) 『承政院日記』第一五一五冊、正祖六年八月七日。
(49) 同右、第一五一七冊、正祖六年九月二七日。
(50) 『各廛記事』天「楼院店民輩要在東北路都執物種恣意乱売故呈状圻営行会楊州官果有此習則頭民捉囚報営刑配之意謄付通衢後自楊州官謄給事」（戊申五月）。
(51) 『承政院日記』第一六八二冊、正祖一四年一〇月二一日。
(52) 同右、第一四三三冊、正祖三年正月九日、同右、第一四五三冊、正祖三年一一月二一日、同右、第一五一〇冊、正祖六年五月二六日。
(53) 同右、第一六九一冊、正祖一五年六月二九日。
(54) 同右、第一七〇〇冊、正祖一六年二月三〇日。
(55) 同右、第一七一一冊、正祖一六年一一月二〇日。
(56) 同右、第一八〇〇冊、正祖二二年一一月一七日。
(57) 同右、第一九九五冊、純祖一一年三月二〇日。
(58) 同右、第二〇八九冊、純祖一七年一一月一〇日。
(59) 同右、第二二一一冊、純祖二七年正月一四日。
(60) 李炳天「朝鮮後期 商品流通과 旅客主人」『経済史学』六号、一九八三年、高東煥「一八・一九세기 外方浦口의 商品流通 발달」『韓国史論』一三輯、一九八五年。
(61) 拙書『清代財政史研究』汲古書院、二〇〇二年。
(62) 前註（1）金、第五章「京主人の都賈活動」。

第六章　旅客主人と中都児

はじめに

前章で見た通り、朝鮮では概ね一七四〇年代頃から首都漢城を中心として都賈活動が活発化した。都庫を開設した者は漢城の市廛や松坡・楼院などの富民を始め、乱廛・貢人・店幕・中都児・旅客主人など多種多様であった。前章では都賈の歴史的意義について考察したが、都賈行為の主体は都庫と総称し、史料に登場する各種営業形態について個々に検討することは控えた。そこで本章では非市廛系都庫（私商都賈）の代表的存在である旅客主人と中都児について検討する。

韓国では商品貨幣経済の進展により私商都賈が叢生したという文脈から都庫を捉えるため、旅客主人や中都児に関する先行研究は多数存在する。まず旅客主人について。李炳天は一八・一九世紀における全国的商品流通の形成により、客商が販運した商品を斡旋・仲介し、更には宿泊・運送・保管・金融などの付帯業務も兼営する主人が生まれ、やがて旅客に対する仲介権が主人権として確立し、終には外方各邑を分割し専管地域において独占的仲介権を行使する専管地域主人制へと発展したと捉えた[1]。続いて高東煥も初期の外方浦口主人は船商に対する周旋業務の代価として口文を収捧していたが、やがて彼らは宮房や衙門など「権力機関」への服属を通して口文収捧権を掌握し、浦口における排他的徴税権者として成長することにより、正常な商品経済の発展を歪曲させたと見なした[2]。一方李栄昊は浦口収税を諸類型に区別して分析し、京江の旅客主人は宮房・衙門・地方官の支配下に置かれた外方浦口の旅客主人より遙かに強力な経済的権利を有していたと述べた。[3] 更に高東煥は京江における旅客主人の形成期を一七世紀中葉とみなし、当初は寝食の提供などに過ぎなかったものが次第に仲介業に手を伸ばし、やがては基址（営業区域）内での排他的流通独占権へと発展したこと、旅客主人が船商に資金を提供したり船商が勢家の収奪を避けるため旅客主人に「自己放売」したりすることを通して両者の間に主従関係が成立したこと、一八世紀後半以後旅客主人は都買商人となり、船商→旅客主人→市廛という既存の流通体系を排除して船商→旅客主人→中都児→行商という新たな私商流通体系を創造したことを明らかにした。[4]

次に中都児について。林仁栄は魚物流通における中都児の役割について、当初は市廛から商品を仕入れ漢城市内の消費者に散売する小売商であったものが、やがて松坡・楼院など禁乱廛権の及ばない城外集荷拠点に販売所と倉庫を併せた店舗を構え、都庫が買い占めた商品を梨峴・七牌の小売商へ卸す中継都売商へと発展したと捉えた。[5] 中都児が旅客主人（都庫）と行商との間で仲買業務を営む存在であったことは高東煥の研究にも継承されている。

この他李旭は辛亥通共により市廛の市場支配が後退する一方、旅客主人と中都児が新興の「私商都賈」として発展したことを論じ、[6] 金東哲は一七八二年景慕宮底に旅客主人が創設されたが、彼らは中都児との熾烈な競合関係に立たされた事実を発掘した。[7]

これら許多の先行研究を総合すると、旅客主人は船商の接待と商品の周旋業務を営む中国の邸店（旅館兼倉庫業者）のような存在であり、やがて権力機関と結託して浦口での収税権まで掌握したのに対し、中都児は市廛の下で卸売業や小売業を営む零細商人であったものが、商品経済の発展により仲買業者すなわち都庫へと成長を遂げたことになるであろう。彼らは相互に熾烈な競争を展開することもあったが、中都児と較べると旅客主人の方が資金力で卓越していたため、旅客主人が市廛相手の仲買商として、中都児が行商相手の仲買商として棲み分けがなされていたと見ることもできる。

ところで、前章で述べた通り一八世紀中葉江上にて都賈活動を行っていたのは主として市廛であった。一方旅客主人や中都児は市廛の流通体系に組み込まれていたが、やがて彼らの一部は仲買業へ進出し、市廛とも対立するようになった。本章では前章での考察を踏まえつつ、なおかつ豊富な先行研究を参照して、旅客主人と中都児がそれぞれ何時頃から都賈活動に進出したかについて時系列的に検討する。なお本章でも官撰資料を用いるが、国家の商業政策から商人の発展を検証するものではないので、原則として西暦表記を用いる。

一　初期の旅客主人

旅客主人も中都児も現存する史料を通してその淵源を辿ることは不可能である。ただ官撰資料には一七世紀頃から旅客主人が登場する。当初彼らは江主人・京江主人と呼ばれ、漢城近郊の漢江沿いに居を構えて船主に宿所や飲食を提供し、倉庫業や荷役業を兼営していたようである。

一六三八年色吏趙振龍は延安府の丙子年（一六三六）砲保価布二一同四二疋を船運したが、初めは江主人の家に接置したと証言し、後に前言を翻して京主人の家に接置したと証言した(8)。色吏は下吏の一種であり、趙振龍は延安府の税布輸送を担当していたらしい。一方京主人もまた下吏の一種であり、地方から漢城に上送されてきた貢物を政府に納付することを業務の一つとしていた。しかし防納私主人が税貢納付を代行することもしばしば見られた（京主人と防納私主人については次章で詳述する）。従って趙振龍が最初に供述した江主人とは沿江の防納私主人であった可能性が高い。また一六五七年には鄭維城が、漕船到着後京江主人が直ちに漕米を収捧しないため、官吏や船人による抜き取りが跡を絶たないと訴えている(9)。翌年には洪処大が、江主人が船人を脅迫して漕米の即時収容を拒み、米百余石を横奪したと報告している(10)。これらの事例から江主人あるいは京江主人は船運されてきた税貢を政府に納付する業務を担っていたことが窺い知れる。一六六〇年には趙胤錫が、望遠亭・蚕頭・西江・黒石里・麻浦・龍山各浦の有司管領・右水営・江主人に漢江を往来する不審船を摘発させよと提言しているように(11)、江主人は民間人であるが官吏と協同して公務を担うこともあった。総じて一七世紀の江主人は京主人と同様、税貢の荷役や捧上、更には沿江の治安維持業務までも分掌する下吏に近い存在であった。

一方彼らは民間船隻を相手に船人の接待と積荷の保管も行っていた。一六六九年には許積が「且つ外方船隻の上来する者は、皆主人有り。江上の人、此を以て生涯と為す」と述べているように(12)、江主人は既に邸店としての営業を開始していたことが知られる。江上の人、此を以て生涯と為す」と述べているように、江主人は既に邸店としての営業を開始していたことが知られる。彼らは単なる宿屋・荷役業者・倉庫業者ではなく、商品の委託販売や仲買によって利益を得ていたものと思われる。一七〇七年にも塩魚船が項山・燕尾亭・三江の港に到着すると、廛人が駆けつける前に諸宮家・各衙門の権勢を笠に着た主人が勝手に商品の荷卸しをするとして市廛がこれを告発しているように(13)、江主人は遅くとも一八世紀初頭には市廛を出し抜いて周旋業または仲買業に直接参入し始めるようになり、市廛との軋轢を発生させていたようである。

とはいえ、この頃の初期旅客主人は未だ市廛に対抗できるまでの実力を培っておらず、たとえ権力機関に寄託したとしても、漢城府などの弾圧により思うがままの都買活動は持続困難であったものと思われる。『承政院日記』から一八世紀前半の旅客主人に関する史料を拾い出すと、一七三五・三六年には松都富商・旅客主人・漢城薬契・倭学訳官が徒党を組んで人蔘を潜売した事件(14)、一七三七年には旅客主人宅に宿泊していた郷客の御営軍士朴有得が誤って小銃を暴発させた事件(15)、一七四七年には江民輩が船主人と自称して漕船を囲い込み、防納を強要した事件(16)などが見つかるが、いずれも市廛と比肩し対抗し得るまでには至っていない。ただ一七四七年の事例が示す通り、実際の船主人であれば漕船の積載米を荷卸しすることが可能であった。恐らく初期旅客主人は京主人と同様郷民に宿所を提供しながら、漕運船との繋がりを槓杆にして仲介・仲買業者へと成長する足場を築こうと模索していたのであろう。ただし船主人あるいは江主人は漕船の船人に酒食と宿所を提供し代価（煙価）を受け取るだけで(17)、積荷の販売に関与することは本来できなかった。総じて英祖期すなわち一八世紀中後期まで、旅客主人は継続的な都買活動を行っていなかった。

二　中都児の登場

既述の通り、漢城で都庫が登場するのは概ね一七四〇年代頃からであった。都庫は仲買商であり、相当の商品仕入れ資金を擁する富民であったと思われる。この中には市廛も含まれていた。しかし繰り返し強調するが、都賈は違法行為ではないものの、商品買い占めの結果として物価を騰貴させると認識されており、禁乱廛権を槓杆として取り締まりを受けることもあった。都賈活動が弾圧を受ける場合、その対象となるのは資金を提供する黒幕ではなく手下であり、彼らは当初「無頼の輩」「無頼」などと呼ばれた。無頼とは中国でも朝鮮でも「ごろつき」「悪党」の意であり、権力者にとって彼らは社会秩序を攪乱させる不逞の輩であった。

無頼はいつの時代にも存在したが、彼らが商品流通に関与するのは常平通宝の頒布後であった。一六八二年には尹敬教が、銅銭通行以後乱廛の弊が日ごとに深刻になり、無頼の徒が至る所で集団を組み、街路を塞いで各廛の物貨を私的に販売するようになったと上啓している[18]。一七二二年には李世徳が、経理庁・賑恤庁・各軍門の官僚が所属機関の米穀銭布を駔儈無頼輩に貸与し忠清・全羅道で販売させていると告発しており、二四年には尹就商が、無頼輩の乱廛奪利の弊を厳禁するよう上疏しており、また二六年には李観命が、工曹が無頼を別将に任命し船税を管掌させるため、舟運が阻害されていると報告している[19]。翌二七年には無頼が私的に契を作り外塩廛と称して毎石一銭を徴税する事件が発生し、霊城君李櫶は、江廛は商税を勒収し易いので無頼駔儈の徒が集まり弊害を為したと述べている[20]。しかしこれら乱売や徴税、または官僚と結託した官物流用などの行為は都庫とは無関係である。

前章で見たように、無頼が都庫として初めて登場するのは英祖二〇年（一七四四）四月備辺司副提調洪象漢の「塩廛だけでなく十数年来諸廛には皆都庫があり、本廛の市人は漢城内で無頼の輩を糾合して江上に送り、都庫を設置して、外方より商船が来泊すると品物を低価勒買するようになった」との報告を嚆矢とする。前年の四月、外魚廛市民は「全船打発は元来一時に代価を支払うことはなく、船商が空しく滞泊しなくてはならない弊害が開封発売より十倍ひどいと言うが、これは誰を欺くものか。父母を欺くようなものではないか。従前開封発売の時、㕑人との取引では代価を即日支給していたが、残りの魚物については閑雑中都児が適時に代価を受け渡しせず、長い時間が掛かった。全船打発すると過剰な値引きで買い叩くことができなくなり、市価に従い割引され、相互が売買証文を作成すると直ちに代価が支払われるので、留滞の弊害がない」として、中都児を介さず船商の魚物を全て市㕑に仕入れさせるよう訴えた(21)。

開封発売とは「船舶に積載された魚物中の一定量を市価より安く魚物㕑に渡し、残りは魚物船商が一般に販売」するという方式であり、より具体的に言うと「船舶に積載された魚物を一つ一つ開封して魚物中の若干を卸下して魚物㕑が市価の半額で購買し、残りは船商が任意に中都児輩らに販売」するものであった。そして「この時若干荷卸しされた魚物は内・外魚物㕑が三対一の比率で分配独占した。残りの魚物は船商らが旅客主人の仲介を経て中都児に渡り、この魚物は中都児によって七牌や梨峴等地で販売され、この時外魚物㕑は中都児らに対して収税した」のである(22)。この頃魚物取引は市㕑が独占的に魚物を購買する全船打発方式に変更されていたが、これでは決済に時間が掛かって船商の逗留期間が長くなり、市㕑が足許を見て魚物を安く買い叩くため、中都児へも卸売りできる開封発売方式への復帰を願う声が高まったのであろう。これに対して外㕑はむしろ開封発売が行われていた時に中都児の支払いが遅延したと反論したのである。

しかしながら政府は全船打発の維持も開封発売の復活も選択せず、一七四四年に「甲子節目」を頒給して、什一付利和買方式を採用した。これは塩魚船が運んできた魚物中一割を内外魚物㕑が市価で買い取り、残り九割は船商が任意に発売するというものであった。この措置は船主人や旅客主人など京江主人層には朗報であったが、魚物㕑にとっては内外㕑ともに痛手だったようであり、彼らは江辺に都庫を設置して魚物を独占することもあった(23)。先の洪象漢の上啓の背景には商品買い付けをめぐる市㕑と江辺商人との主導権争いがあったものと見られる。

中都児とは主に市㕑の商品を仕入れて行商に卸したり自ら販売したりする零細商人であるが、この頃から一部の中都児が市㕑の支配を離れ、客商より物種を直接仕入れる仲買商として自立し始めた模様である。そして什一付利和買により非市廛系中都児と市廛との対立は深まった。一七四五年には漢江の結氷後中都児が浦口の商船から塩魚を仕入れ京中に持ち込んで任意に販売する際には廛人に税銭を納付するのが決まりであり、これに違反する者は乱廛律に照らして懲治するとの命令が下されている。[24]翌四六年には昨今無頼の輩が徒党を組み、東郊の楼院の酒幕や南郊の銅雀の埠頭で南北の向京魚商から魚物を勒買して七牌に持ち込み、城中の中都児を呼び寄せて乱廛を行わせていると市廛が告発している。[25]一七四九年には右議政金若魯が、近来洛外の無頼遊手の輩があちこちで徒党を組み、物貨を持って入京しようとする外方民人を中途で遮って勒買したり、菜鶏柴草に至るまで皆仲介して所有者の自由販売を阻害するので、彼らは中都児・候林賊と呼ばれていると述べている。[26]最初の事例に見られる中都児は江辺の仲買商であるが、第二事例の中都児は無頼が七牌に開設した都庫の下で小売業に従事しており、第三事例に至っては勒買を行う無頼そのものが中都児と呼ばれている。都庫は市廛の集荷独占権を侵害する存在であったが、中都児は単独で仲買を行う場合もあったものの、多くは無頼と結託して仲買業や斡旋仲介業の一翼を担っていたものと見られる。

その一方で彼らは市廛、特に外魚物廛との関係も絶やさなかった。一七五一年には内廛が、南大門外の中都児が私的に都庫を開設し利益を壟断していると告発したが、外廛は彼らが都庫ではなく税を負担させていると反論している。[27]一七五三年正月には戸曹判書趙栄国が、南大門外の廛人すなわち外廛が船人の商品を勒買していると述べたのに対し、英祖はこれを中都会の仕業だと断じている。[28]そして一七五四年には什一付利和買が全船打発に戻され、市廛（特に四分の三の購買権を握る内廛）の集荷独占権が復活した。[29]恐らく京江主人や中都児の都庫を抑制することを目的とした措置であろう。一七五九年には外廛が城内で零細な魚物小売業に従事している中都児を捉まえ、七牌にて営業するよう強要したとして、内廛により告発されている。[30]

そもそも中都児は市廛の下で仲買業や小売業を営んでおり、市廛は彼らに課税していた。ところが魚物については外廛が都庫を開設して内廛と対立したため、勢い外廛に隷属する中都児が都賈行為者として非難されるに至ったのである。一七五九年の内廛の告発も、中都児がその意に反して外廛により七牌での販売を強制されたのか、それとも実際には中都児が積極的に外廛と手を組んだのか疑わしい。市廛にとって物種の集荷独占権を奪われることは大きな痛手であり、中都児の都庫化を阻止しようとしたのであるが、市廛（就中外魚物廛）もまた都庫を設けており、中都児をその配下に組み込んでいた。常々非難の対象となる無頼の都庫も勢家など何らかの権力的背景を恃んで活動していたものと推測される。

一八世紀後半に入ると無頼は都庫関係史料にほとんど登場しなくなる。確かに一七五七年には内魚廛が、無頼閑雑の輩が乱廛を行っており、広州松坡の客幕、楊州楼院の客幕、南門外七牌・梨峴・屛門の乱廛は皆豪奴悍僕の所業であると訴えており[31]、一七七九年には李秉模が、大口魚貢人が無頼閑雑の輩に商品を横取りされ困窮していると上啓しているし[32]、一七八八年には銅雀の船人李順建らが塩魚を無頼の輩に潜売したとして摘発されているなど[33]、相変わらず無頼は流通過程で違法行為を働いていた。しかしこれらはいずれも乱廛や横奪行為について言及したもので、彼らが都庫を営んでいたとは述べていない。それでは彼らはどこに消えたのだろうか。

一七九二年吏曹判書徐有隣は、門外米廛市民の「麻浦・西江の無頼輩十余人が廛号を詐称して基址を侵害した」という訴えと、麻浦米廛市民の「昨年の春に門外米廛が中都児を自分たちの咽喉の地に多設して市利を奪ったと刑曹に誣告した」という訴えを紹介している[34]。麻浦米廛が配下の中都児を門外米廛の縄張りに進出させたので、門外米廛は彼らを無頼輩と呼んで刑曹に告発し、麻浦米廛はこれを誣告だと反論したのである。門外米廛の言う無頼とは麻浦米廛配下の中都児であった。もともと無頼とは反社会分子の総称であり、商品流通の発展に伴い市場秩序を攪乱する者が出現すると、支配者側が彼らに無頼の烙印を押したことは容易に推測できる。一八世紀前半には暴力的手段を用いて商品を買い占め都庫に積置する者を一様に無頼と総称し、その商品を梨峴や七牌で私売する者を中都児と呼んでいたが、一八世紀後半になると両者とも中都児と呼ばれるようになったのである。換言すれば無頼は消え去ったのではなく中都児の範疇に包摂されたのである。

英祖五〇年（一七七四）には魚物廛人が、中都会が楼院で物種を買い占めるため仕入れが困難になったと訴え[35]、翌年には楼院居住の中都児崔敬允・厳次起・李星老が東北産の魚物を「都執都買積峙」し、少しずつ七牌や梨峴の乱廛に入送するので、内廛の経営は悪化し、魚物の価格も騰貴したと告発されている。[36] 正祖二年（一七七八）には内廛が、梨峴や七牌の中都児が北来の乾魚を沿途で勒買し、都庫に備蓄して潜売し、たとえ摘発しても中都児は外廛から仕入れたと言い張り、外廛も彼らと結託して庇護するため、魚物売買の利が中都児によって横奪されたと泣訴している。[37] 内廛は正祖五年（一七八一）にも、楼院の無頼が東西の魚物を勒買して都庫に積置し、少しずつ七牌や梨峴の中都児に入送して乱売させ、外廛もこれを黙認して毎駄二―三銭の税銭を収捧すると重ねて訴えている。[38] 英祖末から正祖期にかけて楼院など漢城郊外の交通の要衝を根城とする中都児は客商の魚物を強引に買い占めて都庫に囤積し、少しずつ梨峴や七牌の中都児に入送して分売させ、外廛も彼らを庇護して見返りに収税していたようである。

以上のように中都児は一七四〇年代頃から直接集荷業へ進出し始めるが、当初は客商から物貨を勒買して都庫に囤積する者は無頼と称され、中都児は彼らから商品を仕入れ梨峴や七牌で販売することが多かった。しかし英祖末の一七七〇年代になるとこれら無頼も中都児と呼ばれるようになった。一七八一年には正祖自ら「市廛民の弊害は乱廛であり、中都会であり、都庫である」と伝教しているように、[39] 中都児は楼院や松坡など漢城郊外の物流拠点に在っては都庫を営み、梨峴や七牌など漢城門外の市場に在っては乱廛を営んでいたようである。

一七八二年八月李在学は備辺司を代表して「新入魚物廛民人等の所願によれば、楊州の楼院店幕は魚商が往来する要害の処であるが、本廛に入来する魚物は所謂店漢が残らず都執（買い占め）し、名付けて乾房と曰う。内では中都児と締結し外では松坡場と符同し、絶え間なく魚物を分送して流通経路を形成している」「楼院店の乾房は先に残らず革罷され、今後もし禁を犯す者があれば各々厳刑定配すべきことについては、関文を発して畿営に命じ、厳しく科条を立てさせている。中都児の禁令は本より非常に厳しいものであるが、奸民は旧習を改めず、密かに勒買を行っているのは極めて狡悪である」と上啓した。[40] 李在学によると楼院の中都児は店漢や乾房とも呼ばれ、松坡にも仕入れ先を確保して漢城の魚物流通を牛耳っていたが、王命により一旦革罷された。乾房革罷令は京畿道観察使を通して実施されたが、中都児は密かに勒買を続けたようである。

同年一一月には創設間もない景慕宮底旅客主人（次節で詳述）が「松坡の積峙都買専利の弊も前日と異なることなく、少しも厳飭の本意が実現されていない。これは乱民である。詳しく弊源を探ってみると、広州松坡付近の富漢輩が抱川場巨里の店幕を脅して北来の魚種を都執し、郷商が京市に直行できないよう仕向け、尽く誘い込んで商品を松坡場に積峙するに任せ、権利と為す」として、相変わらず禁令が遵守されていないことを訴えている[41]。更に一七八四年、楊州南面海東村の居民別破陣・鄭光載らは、楼院の乾房が魚物を都執する弊害は甲午・乙未年間（一七七四・七五）に備辺司が畿営に命じて痛禁させたが、店民は悪習を改めないため、一昨年と昨年の詢瘼において申し上げ、乾房の革罷と中都児の禁止が通達されたが、彼らは相変わらず営業を続けていると述べている[42]。乾房や中都児は禁革後もしぶとく生き残っていたのである。

とはいえ、この頃から中都児が店漢や乾房として商品買い占めの主役を演じることは少なくなる。一七八八年楼院店民は「最近人心が荒廃し、富商巨賈は法を畏れず、北商と締結して場市や店幕で執留し、恣意に都買するので、物種がほとんど上来されなくなった」と述べている[43]。中都児・店漢・乾房に代わって富商巨賈が都買の主体となっているのが注目される。更に一八〇四年には京居豪富の民であり現在三田渡に居住する孫道康が広州の富民と締結して銭数万両を調達し、一方では咸鏡道元山に送金して魚物を全船都買し、これを積峙操縦し、一方では楊州や抱川の要路で陸商を留めて順次買い付け、恣意に乱売したとして内廛に告発されている[44]。非市廛系商人による都買行為は相変わらず続いていたが、その主役は中都児から富商巨賈へと移っていた。おそらく無頼や中都児に買い付け資金を提供し都買を行わせていた富民層が直接都庫経営に乗り出すようになったのであろう。しかし彼らが仲買問屋として成長することはなかった。旅客主人が都庫に参入してきたからである。

三　旅客主人の仲買商化

無頼や中都児に代わる新興仲買業者として登場したのが旅客主人である。既述の通り彼らは客商の接待と荷卸しを本務としており、仲介業や仲買業との兼営は限定的であった。ところが正祖六年（一七八二）東北魚商を専管する景慕宮底旅客主人が創設されたことにより状況は一変する。[45]一七八四年二月景慕宮提調尹塾は、生魚旅客主人から「旅客創設の後、本廛市人輩は憎しみを抱き、東北生魚の高価なものには一駄一両から一両二〇文の税を徴収し、廉価なものについても税は四―五銭を下らない。魚商は税の重さに苦しみ、京中に入ろうとしない」との訴えがあったことを報告している。[46]翌月趙興鎮と洪仁浩は備辺司を代表して、生鮮廛と旅客主人が廛税と煙税の高さについて互いに訴え合っていると上啓している。[47]廛税は市廛が徴収する税であり、煙税は旅客主人の客商に対する接待費である煙価が税と化したものである。元来旅客主人は市廛の仕入れ業務を分掌しており、両者は相互依存関係にあったはずである。ところが彼らが都庫として自立し、中都児による魚物の直接集荷が日常化すると、市廛は旅客主人に高額の廛税を課し、旅客主人も市廛に向かう魚商から高額の煙税を徴収するようになったようである。

しかしより深刻な対立は景慕宮の権勢を背景とした宮底旅客主人と楼院などを根拠地とする一般旅客主人との間で発生した。一七八九正月承旨洪仁浩は刑曹の言として、楊州の良人申寛聖が「楼院の旅店は数百年来東北魚商を接待して煙価を受け取ったり魚駄を仲買したりして暮らしてきた。ところが東村旅店（宮底旅客主人）の募入後、店人らは備局の定式に従わず、徒党を組んで魚駄を捕捉し、一〇両相当の物種を五―六両で勒買して中都児に売らせ、意に沿わなければ乱廛と称して訴訟を起こすので、魚商らの怨みは堪え難い。願わくば節目に依って煙価を計給した後は通共和売されんことを」「今より以後旅店人は煙税を坐捧し、魚商は煙税を計給した後、赴くがままに任せ、通共発売の意を永らく節目と成さんことを」と直訴したと上啓している。[48]翌月には承旨趙衍徳も刑曹の言として、楊州の良人孔成仁が申寛聖と同様の直訴をしたこと、また咸鏡道安辺の良人金千福も「柏洞旅店（宮底旅客主人）が創設されて以来、店人は定式に従わず、要路で捕捉して何日も滞留させ、半値で勒買する」と直訴したことを上啓している。[49]いずれも宮底旅客主人が過大な煙税を徴収していると糾弾し、煙税納付後は客商の自由な交易を認めるよう求めている。しかし宮底旅客主人の横暴は止まなかったようで、一七九〇年一〇月には行副司直慎基慶が、翌年正月には大司諫金履正が、東村旅店の東北魚商に対する勒買行為を上啓している。[50]

ここで注目されるのは、第一に、楊州居民らの訴えに見られる景慕宮底旅客主人の勒買行為が直前まで楼院の無頼・店漢・中都児・乾房が行っていたものと類似していることである。かつては北路魚商→楼院無頼→七牌中都児→乱廛と連なっていた北魚流通体系が次第に北路魚商→楼院中都児（店漢・乾房）→七牌中都児→乱廛と変化し、更に一七八二年から北路魚商→景慕宮底旅客主人→市廛・乱廛（中都児）へと帰着したのである。

第二に、中都児の仲買が市廛の流通体系と対抗する乱廛の流通体系の一角を構成するものであったのに対し、宮底旅客主人の仲買は市廛の流通体系にも順応するものであったことである。ただし旅客主人が市廛に魚物を卸す際に割高な㳍税を付加したので、市廛も彼らから高額の廛税を徴収するなど、両者は利害関係の面で鋭く対立していたのである。

そこで仲買業から排除された中都児は旅客主人の存在を受け入れ、旅客主人に㳍税を納付した後は通共すなわち自由流通を認めて欲しいと請願した。旅客主人は㳍税と称し高額の利鞘を取って商品を市廛に卸したり、あるいは自己の傘下にある中都児に乱売させたりしていた。資本が乏しく景慕宮のような権力の庇護も得られない楼院中都児は所詮旅客主人の敵ではない。従って彼らは小売業に活路を見出そうとしたのである。政府も早くから景慕宮坊民が南江における魚物取引に関与することを禁じ、その代わりに中都児が東北生魚主人すなわち宮底旅客主人の独占権を侵害しないよう節目を制定していた。[51]

旅客主人は市廛にも乱廛にも商品を卸していたが、国役を負わされている市廛にとって卸値に高額の㳍税を上乗せされることは堪え難かった。そこで市廛は旅客主人を流通過程から排除しようとした。一七八七年三月冶匠魯孝才は、八路の鉄は旅客主人を経て冶匠に渡り、彼らが器皿を打造して閭巷に販売し、雑鉄廛人には売上の一部を捧上してきたが、昨年一〇月廛人は奸計を企てて中房鉄なる名称を市案に載せ、冶匠が旅客主人から鉄を仕入れるのを乱廛行為としたと直訴した。同年九月にも冶匠鄭大云らが同様の直訴をし、通共売買を願い出ている。[52]表面的には雑鉄廛と冶匠との争いのように映るが、実質的には廛人と旅客主人との確執であった。そしてここでも通共すなわち市廛の集荷独占権の廃止が対立の解決策として提示されている。辛亥通共が実施される一七九一年以前から市廛体制の革罷は議論の俎上に置かれていたのである。

景慕宮底旅客主人は国役負担の代償として営業権を保護された特別な旅客主人であったが、彼らの登場と前後して一般旅客主人も高額の煙税を徴収するようになった。一七八三年安聖彬は、南海の船主人徐召史が京江に停泊する該邑船人の物種を預かって煙価を受け取り、風落松を買い取って板廛市民に卸すと上啓している。(53) 前年には右議政金熤が、五江には船主人と称する者がおり、来港する各地の商船を侵漁操縦するので、商船は大損害を被っていると批判している。(54) 一七八九年には承旨申耆が備辺司の上啓として「漢城府の報告によると、魚船が停泊する際には各々主人を頼り、来るも去るも本来決まった停泊地はない。前には旅客主人は皆麻浦に在ったが最近は各江に散在するようになったので、青石魚船も主人に従い、皆が麻浦に集まらなくなったのは当然の事勢である。主人の役（主人権）は既に売却されたにも係わらず、（麻浦民人は）各江の船を全て（麻浦に）泊めようとするので、道理が通らなくなったと言う。魚船の到泊はあの江この江を区別せず、各々主人のいる場所に去来すべきものだ。今麻浦の民人は既に主人権を売却したのにまた専利を奪おうと欲するのは誠に怪しからぬ事である」として麻浦民人の請求を批駁している。(55) この頃既に主人権は売買の対象となっており、客商は一定の代価を得て旅客主人に自己放売し、特定の主人にのみ物種を卸すようになっていたのである。(56)

楼院で見られたように一八世紀後期になると漢城内では市廛の専売権が弛緩し、近郊集荷地では仕入れ支配権をめぐり無頼や中都児が暴力的手段も辞さない熾烈な争いを演じていた。当然同じことは江辺でも起こっていたであろう。船商らは市廛や勢家の侵奪を禦ぐため特定の旅客主人の隷下に入り、旅客主人もまた市廛や勢家に対抗すべく景慕宮のような権力機関の庇護を受けるようになったものと思われる。

しかし集荷独占権を獲得した旅客主人も決して安泰ではいられなかった。たとえば一七九二・九三年景慕宮底二契南草旅客主人らは貢市人詢瘼にて、各地の旅客主人が要路で客商を誘引し商品を都執するため生計を脅かされていると直訴している。(57) 彼らは一八一〇年にも既に南門外にて葉草旅客が新設され宮底旅客主人が失業しているために、(58) 城外追設の葉草旅客を全て革罷して欲しいと訴えているように、新規参入者による厳しい競争に晒されていた。また一八〇〇年には景慕宮底魚物旅客主人が、近年他処の閑雑輩が私主人となり利益を横奪していると訴え出ており[59]、魚物でも新参者との競争が激しかった。

かかる厳しい生存競争を勝ち抜くため、旅客主人は景慕宮のような権力機関との結び付きを一層深めていった。権力機関もまた自己の財政を補塡するため納税と引き替えに旅客主人を保護し、旅客主人は通行税などの形態でこれを客商に転嫁した。こうして彼らの集荷独占権は徴税権と合体して客主権となり、宮房・官衙や有力家門によって集積され、また頻繁に売買されたという[60]。旅客主人もまた仲買問屋として全国に商業網を展開するより、客商から口文を名目として無名雑税を収捧する排他的徴税権所有者の地位に甘んずるようになった[61]。同様に外方浦口においても浦口主人が基址を劃定し、船商を囲い込んで口文を収捧し、地方都庫として孤立分散的に成長していった[62]。

おわりに

一八世紀中葉まで松坡など江辺に舟運された商品は江主人・船主人と呼ばれる旅客主人によって荷卸しされ、彼らは船商の接待と物種の保管を担当した。商品の大部分は市廛が独占的に買い取ったが、一部は中都児が仲買して梨峴や七牌の小売商（乱廛）にも卸された。陸運についても同様に楼院など交通の要衝において店幕・客幕と呼ばれる旅客主人が陸商接待と物種保管を行っていたものと見られる。彼らの本業は邸店であり、商品を大量に仕入れて囤積居奇する都庫は営んでいなかった。

都庫は一七四〇年代から盛んになるが、最初の担い手は無頼と呼ばれる者たちであった。ただし彼らの背後には豊富な資金を擁する富民や市廛がいたものと推測される。無頼は時として暴力的手段を用いながら客商から物種を勒買して都庫に囤積し、これを中都児に卸していた。やがて市廛の下で仲買業を営んでいた中都児が無頼に代わり都庫を営むようになったが、中都児が無頼を排除したというより、このような都庫を行う無頼が中都児の範疇に入れられた模様である。しかし一七八〇年代になると背後にいた富商巨賈が都庫に直接参入するようになり、中都児は次第に後景に退くようになる。

だが中都児の都庫を駆逐したのは旅客主人、特に景慕宮底旅客主人のような権力機関の保護を得た旅客主人であった。彼らは一般の旅客主人とも対立したが、やがて一般の旅客主人も競争に勝ち抜くために権力機関の保護を受けるようになった。一九世紀になると旅客主人は京江や地方浦口などでそれぞれの基址を定めて無名雑税の徴税請負人の役割を果たすようになり、客商もまた勢家の侵奪を予防すべく自己放売により旅客主人の庇護を受けるようになった。

都庫は漢城を中心とした商品流通の発達によって自然発生した仲買問屋であり、一七世紀中国江南に見られる牙行と類似している。しかし彼らの自由な活動と全国展開は権力機関によって阻害された。侵奪予防のため客商は旅客主人へ、旅客主人は権力機関へと投属し、彼らの保護を受けつつ排他的営業権を行使した。長い間市廛が維持していた販売独占権を打破して集荷機構を構築し、仲買問屋へと成長する可能性を秘めていた中都児や旅客主人は、権力機関の新たなる介入によりその発展を阻害されたのである。

註

(1) 李炳天「朝鮮後期 商品流通과 旅客主人」『経済史学』六号、一九八三年。
(2) 高東煥「一八・一九세기 外方浦口의 商品流通 발달」『韓国史論』一三輯、一九八五年。
(3) 李栄昊「一九세기 浦口収税의 類型과 浦口流通의 性格」『韓国学報』四一輯、一九八五年。
(4) 高東煥「一八세기 서울에서의 魚物流通構造」『韓国史論』二八輯、一九九二年、同『朝鮮後期 서울商業発達史研究』知識産業社、一九九八年、第三章第一節「京江主人層의 성장」。
(5) 林仁栄『李朝魚物廛研究』第二編「中都児論」淑明女子大学校出版部、一九七七年。
(6) 李旭「一八세기말 서울 商業界의 변화와 政府의 対策」『歴史学報』一四二輯、一九九四年。
(7) 金東哲「一八세기 말 景慕宮 募民과 그들의 상업활동」『地域과 歴史』八号、二〇〇一年。
(8)『承政院日記』第六七冊、仁祖一六年一二月一二日。

(9) 同右、第一四六冊、孝宗八年九月六日。
(10) 同右、第一五二冊、孝宗九年九月一三日。
(11) 同右、第一六二冊、顕宗元年六月一四日。
(12) 同右、第二一二冊、顕宗一〇年正月一〇日。前註(6)李、一四七頁。
(13)『各廛記事』天「諸宮家諸各司称以魚箭農所貿販不得下手於塩魚船且梨峴屛門列肆開市痛禁私貿一款各別禁断而自項山燕尾亭至三江到泊塩魚船廛人未出去前不得卸下事」(康熙四六年一〇月)
今後乙良《カラ》。塩魚船之到泊項山・燕尾亭・三江者。本廛市民。未出去之前。為主人者。称以諸宮家・各衙門。冒法作俑者。勢家之発遣豪奴。任意径先卸下者。使本廛人。不得接足者。別様痛治為乎《シテ》旀。各処乱廛及梨峴開市者。令三司各別論断為白乎《セラレテ》旀。私貿発売。亦令痛禁。以為窮残市民。一分保存之事。

(傍線部は吏読。以下同様。なお乙良は乙用良の誤記と解釈した)
(14)『承政院日記』第七七二冊、英祖一〇年正月二六日、同右、第七九三冊、英祖一一年正月四日。
(15) 同右、第八六四冊、英祖一三年一二月一二日。また同右、第九四七冊、英祖一八年八月一一日の条によれば、兵曹判書朴文秀が、任官待機中の武人が旅客主人宅に宿泊していると報告しており、当時の旅客主人は京主人(次章参照)に似た郷民宿泊施設の役割も果たしていたようである。
(16) 同右、第一〇一五冊、英祖二三年四月二九日。
(17) 同右、第三五四冊、粛宗一九年一〇月一三日。
(18) 同右、第二九四冊、粛宗八年一〇月二〇日。
(19) 同右、第五四三冊、景宗二年八月二八日、同右、第五七五冊、英祖即位年一〇月一五日、同右、第六一六冊、英祖二年五月六日。
(20) 同右、第六三四冊、英祖三年三月一一日、同右、第六三七冊、英祖三年四月一三日。
(21)『各廛記事』地「外廛以全船打発為弊謡訴本署故対卞帰正後捧徬音事」(癸亥四月)
外廛市民等状。塩魚全舡打発事。従称魚物廛等人等状。……全舡打発。元無一時給価。曠日留泊之弊。十倍於開封買売之時者。是誰欺哉。非欺父母者乎。在前開封之時。廛人与受。雖在直日散給。其余於閑雑中都児。趂不受価。奄置時月。至若全舡打発。数多折価。不可以廉耳。従市折価。両相成文。即為計給。曾無留滞之弊。
(22) 前註(4)高「一八세기 서울에서의 魚物流通構造」一七三頁。なお『承政院日記』第一〇九三冊、英祖二九年四月二二日の条によると、廛人と船商が三対一の比率で販売権を分け合ったとあるが、前者は内廛の独占買い付けを、後者は船商の外廛への販売を指すのであろう。前章註(34)参照。

(23) 同右、一七四―一七六頁。

(24)『各廛記事』人「水泊魚船中都児買来散売之塩魚等属毎駄一冬音式収捧事」（乾隆一〇年二月）
一節目中。凡船塩魚。既弛乱廛之禁。至於凍氷後。浦口所泊塩魚。中都児等。輸入京中。任自発売。則廛人之収捧分銭。事勢固然。中都等入京発売時。毎駄除出一冬音。以給於廛人処。内外廛人。各守其界。次知収捧。中徒等若拒送不給。則以乱廛律懲治為斉《スベシ》。

(25) 同右、地「七牌禁乱廛事呈訴京兆矣外廛庇護乱廛而相訟事」（乾隆一一年一一月）。

(26)『承政院日記』第一〇五一冊、英祖二五年一二月一〇日
若魯曰。……而近来洛下無頼遊手之輩。両三符同。空中図利。無所不至。凡外方民人之持物貨入京者。要於中道。誘引買売。甚至於菜鶏柴草之属。竝皆居間操縦。使其物主。不得自売。太半失利。至有中都児・候林賊之称。

(27)『各廛記事』地「刑曹堂上以都庫事執頉内外廛取招事」（乾隆一六年一一月）
内廛招内。元非私設都庫之状。已悉於前招中。蓋此南門外中都児等。凡百物種。私設都庫。壟断其利。故矣徒《ワレラ》等廛。則居在門内。緣此犯禁之民。未免失利。徒守空基之歎是如乎《トイフノデ》。……外廛招内。矣徒《ワレラ》非設都庫。私自収税之状。已陳於前供中。至於南門外中都児処収税事段《ハ》。其矣等《ワレラ》中都児所売物種処。距矣《ワレ》廛至近処。故有所告達是乎乃《デアルガ》。此則矣《ワレ》廛接送之処。果有如干収税之事是乎旀《デアリ》。門内廛段置《モ》。雖為発明。豈無中都児収税之事乎。

(28)『承政院日記』第一〇九〇冊、英祖二九年正月一七日。

(29) 前註（4）高「一八세기 서울에서의 魚物流通構造」一七七頁。

(30)『各廛記事』地「外廛濫捧税銭而曹司向頭目多発不恭説語故呈京兆懲治事」（己卯
本廛等状内。矣徒《ワレラ》等内魚物廛。与門外魚物廛。名雖両廛。物種既無彼此之殊。則実是一廛也。……所謂中都児。即坊曲穴肆発売之類。而其所物種。不過石魚・貫目・藿蝦之可作朝夕饌需者也。貿去於本廛。坐売於街巷。則東西南北。何適不可。而南門外倉洞・水閣橋・会賢洞・松峴等処。坐売之中都児。外廛人称以査実。其買来根底。一一捉去。半日詰難。若其貿来於本廛。分明無疑。則謂以更勿坐売於門内。必為移坐於七牌等地之意。無限恐喝者。幾乎無日無之。中都児等。雖甚寃抑。怯於威勢。莫敢誰何。科外侵逼。若是狼藉。事極痛駭。

(31)『承政院日記』第一一四〇冊、英祖三三年正月五日。

(32) 同右、第一四四一冊、正祖三年五月三日。なお大口魚とは鱈を指す。

(33)『各廛記事』天「銅雀船人李順建等塩魚不売本廛乱売乱廛人故呈訴事自本署捧侤於各江有司処侤音記尾付」（戊申三月）。

(34)『承政院日記』第一七一一冊、正祖一六年一一月二〇日。

(35) 同右、第一三五〇冊、英祖五〇年四月二九日。

(36)『各廛記事』人「楼院金得春処治文案顚末有圻営抱川謄給」（乾隆四〇年四月）。なお一七八一年に至り彼らは楼院の都庫と呼ばれている。前章註（47）参照。

(37) 同右、地「七牌梨峴中都児執房禁乱廛事呈状本署外廛対卞発明事」（戊戌一二月）
七牌設場。雖未知始於何時。而中都児輩。北来乾魚。中間邀執。積成都庫。而流伊潜売。或現捉。則都児称以買於外廛。外廛証於都児。互相符合。以為通利之計。故非徒不禁。従而曲護。漸至執房作家。列肆乱売。内廛則諸般魚物買売之利。都失於都児輩之手。故如是斉声血訴。実由此故。

(38) 同右、地「梨峴七牌中都児処永勿出売事呈訴京兆矣外廛不応至於相訟事」（乾隆四六年四月）、同右、人「両処乱廛人逐散事」（乾隆四六年正月）。

(39)『承政院日記』第一四七八冊、正祖五年正月一五日。

(40) 同右、第一五一五冊、正祖六年八月七日。

(41)『各廛記事』人「景慕宮坊契新募入民戸必須別般顧恤可得永奠廟堂雑議以聞事命下後自廟堂招問廛人弊瘼発関圻営申飭亦自京兆行関圻営楊抱川広州等処要路地魚種誘引積峙之漢各別禁断事」（乾隆四七年一一月）。

(42)『備辺司謄録』第一六六冊、正祖八年二月二九日。

(43)『各廛記事』天「楼院店民輩要在東北路都執物種恣意乱売故呈状圻営行会楊州官果有此習則頭民捉囚報営刑配之意謄付通衢後自楊州官謄給事」（戊申五月）。

(44) 同右、人「広州三田渡居孫道康乱廛徴贖後因此含憾誣訴京兆至出謄給故呈状京兆焼火文案後懲治事」（嘉慶九年二月）。同文には孫道康の話の前置きとして「大抵楊州楼院宮洞底。即魚物入来咽喉之地。而無頼之輩。経往魚駄。毋論多寡。迎取都賈。晨昏潜売於中都児。外而分播於場市。都下饌路。時時絶貴。故朝家洞燭此弊。申飭京兆。随現厳縄。発関該邑。摘発刑配。非止一再」と記されている。内魚物廛民はかつて無頼の輩が勒買し中都児に横流ししていた行為を今では孫道康が富民と結託して行っていると述べているのである。

(45) 須川英徳『李朝商業政策史研究』東京大学出版会、一九九四年、六八―六九頁。須川はこの動きを新興商人と権力機関との結合と新特権の発生と捉える。

(46)『承政院日記』第一五五一冊、正祖八年二月二八日。

(47) 同右、第一五五三冊、正祖八年三月二〇日・二一日。

(48) 同右、第一六五〇冊、正祖一三年正月七日。

(49) 同右、第一六五二冊、正祖一三年二月一七日。

(50) 同右、第一六八二冊、正祖一四年一〇月二一日、同右、第一六八六冊、正祖一五年正月二二日。

(51) 同右、第一五三一冊、正祖七年四月二九日。
(52) 同右、第一六二一冊、正祖一一年三月一〇日、同右、第一六三三冊、正祖一一年九月八日。
(53) 同右、第一五四六冊、正祖七年一二月一日。
(54) 同右、第一五一六冊、正祖六年八月一八日。
(55) 同右、第一六七〇冊、正祖一三年一二月二一日。
(56) 前註（4）高『朝鮮後期 서울商業発達史研究』三二六―三二八頁。
(57)『承政院日記』第一六九八冊、正祖一六年正月二日、同右、第一七二三冊、正祖一七年一一月五日。
(58) 同右、第一九八八冊、純祖一〇年九月五日。
(59)『各廛記事』人「景慕宮旅客主人等処捧侤音事」(嘉慶六年二月)。
(60) 前註（1）李。また前註（45）須川、一〇三頁。
(61)『承政院日記』第二二六〇冊、純祖三〇年一一月二二日、同右、第二三三〇冊、憲宗元年八月一日など。
(62) 前註（2）高。

第七章　京主人の殖利活動

はじめに

朝鮮王朝は明清中国と同様中央集権国家であった。しかし両国の地方統治制度は大きく異なっていた。中国では中央政府と末端行政機関である州県との間に広域行政単位である省や中間行政単位である府・直隷州が存在し、総督・巡撫・布政使・按察使が知府・知州を統轄し、知府・知州が域内の（散州）知州・知県を監督していた。一方朝鮮では末端行政機関である邑（格式の差により州・府・郡・県などと称される）が中央政府と直結しており、八道の観察使（監司）や兵馬節度使（兵司）は単に域内の広域行政（主に守令の監督）や軍政を担うだけで、各邑を隷下に置いていなかった。財政について見ると、中国が戸部―布政司―州県という整った徴収体系を形成していたのに対し、朝鮮では各邑がそれぞれ中央の宮房・衙門・軍門や各道の監司・兵司に税貢を直接送達しており、監司には税貢を取りまとめ京師に輸送する権限は付与されていなかった。従って各邑の守令は漢城に京邸を設けて京主人を置き、また監営・兵営に営邸を設けて営主人・兵営主人を置いて、税貢・徭役の納付や文書の伝達を担当させていた。本章で考察するのは前者の京邸・京主人である。

京主人は高麗時代より存在し、周藤吉之による中国唐宋時代との比較研究もなされている(1)。周藤によると、京主人は高麗中期初の明宗八年（一一七八）にその名称が登場することから、高麗初期から既に存在していたものと推測され、高麗後期の史料には頻繁に見られる。これらは唐末・五代に藩鎮が京師に置いた邸吏（進奏官）に倣ったものと想定されているが、その役割はいずれも中央と地方との間の事務連絡であった。ただし高麗後期に其人（京主人の下で郷里の事務を管掌していた者）が中央官庁に使役されるようになり、其人の逃亡が続出すると、当該官庁は京主人に償布を請求し、京主人が郷里に人を遣わしてその費用を徴収することもあったらしい。しかし基本的に高麗時代の京主人は税貢や徭役とは無縁の存在であった。

京邸・京主人制度は朝鮮王朝に引き継がれるが、その役割は事務連絡に止まらず、各種接待や税貢上納などに拡大した。田川孝三は「京主人の掌務は頗る多般に亘るもので、新旧守令の迎送、政府各司との公事通信連絡、税貢の上納、京役吏・選上奴婢の上番・就役等の周旋、上京官人・吏員の宿泊等の外、更に本官出身朝官の宴飲供応のことまでも担当した。貢吏は通例この京主人の斡旋により、貢物上納の手続をしたのである」が、一六世紀以降、防納制すなわち私主人による貢物の請負上納が一般化すると「貢吏は上京後、各司私主人のもとに投宿し、仍って各司私主人等は貢納の請負を行」うようになり、「貢吏は全く京邸に入らず、専ら各司吏・奴の防納常習者のもとに奔つた。京邸の衰微、京主人の困窮は、各司下人の侵責だけでなく、一には貢吏投宿による収入の途を失つた為でもあつた」と捉えている(2)。一方李光麟は京主人の主要な役割として①地方民の接待と保護、②地方官への私的隷属、③地方との文書連絡、④地方税貢の責任納付の四項目を挙げ、④については中央官庁が京主人に税貢を責徴した点を強調する(3)。朝鮮時代に至り税貢納付に関する業務が京主人に付加されたという事実認識は両者共通しているが、田川が京主人を単なる周旋者と理解するのに対し、李は彼らを実質的な納税責任者と捉えている点で見解が大きく異なっている。貢物の納付義務は貢吏にあり、京主人はこれを周旋して宿泊料を稼ぐ者に過ぎないという田川説は建前論としては正鵠を射ているが、実際には李光麟が唱えるように納税責任者としての性格が強かったのであろう。

朝鮮時代の京主人は郷吏（外衙前）と同じく下吏の一形態であり、明清中国の書吏（胥吏）に相当する下級事務員であった。中国の書吏はもともと人民が立番する徭役を起源としていたため、士大夫官僚とは異なり政府から俸給を与えられず、主として職務に付随する利得・利権によって収入を得ていた。郷吏は高麗時代には在地の支配者であったが、朝鮮時代には中国の書吏と同様、地方衙門に隷属する下吏と化した。従って守令や中央官庁からの責徴を最小限に抑え、逆に邑内民人に対する収奪を最大化する手腕を持っていれば、下吏は誠に実入りの良い役職となり得た。それ故下吏の地位は世襲されたり、売買されたりした。ただ本人の実力が利益に直結するとは限らない。彼らを取り巻く社会経済状況が彼らの中間搾取を許すものであるか否かにも大きく左右される。京主人について言うと、一五世紀以前まではともすれば役得より負担が上回る文字通りの徭役であったが、防納制の普及に対処するため、政府が郷吏の京主人への立番を廃止して漢城居住者を京主人に任命し、役価を支給するようになると、京主人充当権が漢城住民の間で売買されるようになり、文武高官をはじめとする権力者や富裕層による投資の対象と化した。金東哲は「京主人権の経済的価値は一次的には役価にあった。また二次的なものとして、地方の貢物や進上などを上納する過程で発生する剰余、あるいは京主人権自体が保証する特権を利用した商業活動から得られる利潤などがあった。朝鮮時代後期の商品貨幣経済の発展にともなって、京主人権の経済的価値は二次的なものに傾いていった」と述べている[4]。商業活動とは具体的に都賈活動を指している。

ただ第五章で見た通り都賈（都庫）とは物産の大量集荷行為あるいはその行為者の呼称であり、一八世紀中葉に活発化するが、制度的に何らの特権も梃子としてはいなかった。金東哲は京主人が貢物防納権を持っていたと考え、防納私主人の台頭により「京主人は、彼らと結託して防納活動を継続する層と、そこから脱落していく層に分化していった」と述べているが[5]、実際のところ京主人には防納権を含め「京主人権」と呼ぶべき何らの経済的特権も付与されていなかった。ただ李光麟も「上納を督促されても直ちに納付しないと、各機関は妄りに京主人を捕え、拘束責徴した」が、「当初は不明であるが、知恵がある京主人は中央官庁に捕まる前に、大概はソウルの富者や商人から借金して代納し、その後地方に下り自分が実際に納付した額数の倍以上を請求し利益を取ったので、多くの弊端が生じた」と述べており、官庁の督促を受けて京主人が貢物を代納し、後で邑民に倍額請求するという「高利貸的代納方法」が、政府の禁止命令にもかかわらず広く行われていたことを認めている[6]。従って京主人は公的な防納権を有していなかったとはいえ、防納により利益を得ていたのは確かであり、京主人充当権が高額で取引されていたとしても不思議ではない。

いずれにせよ朝鮮前期に京主人が貢物上納において一定の役割を果たしていたことは確かである。貢納制は防納以外にも諸般の弊害をもたらしたため、朝鮮後期になると平安道・咸鏡道を除く諸道で段階的に大同法が施行され、中央官庁は宣恵庁に納められた大同米布を貢人に支給して必需物資を調達させるようになった。ところが京主人に関わる弊害は大同法によって貢納制と切り離された後も終息せず、むしろ深刻化するのである。本章の課題は朝鮮後期における京主人の負担と役得および彼らの高利貸し的殖利活動について考察することである。なお京主人は時として邸吏・邸人・京邸主人などとも呼ばれるが、本章では基本的に京主人と称する。ただし京主人と営主人を併せて呼ぶ場合は邸吏と称する。

一　京主人と防納制

京邸は漢城における州府郡県の出先機関であり、中央と地方との連絡機関であった。従って李光麟が挙げた主要な役割の内、①地方民の接待と保護、②地方官への私的隷属、③地方との文書連絡については時代が下っても大きな変化がなかったものと見られる。これに反して④の地方税貢については、一六世紀の防納制普及や一七世紀の大同法施行にもかかわらず、朝鮮後期に至っても相変わらず議論の争点となっていた。

防納制の普及による京邸の衰退を論じる時、しばしば引用されるのが明宗六年（一五五一）鄭士龍による次の発言である。

以前各邑の吏で京師に来る者は皆京邸に止宿した。故に邸主は生計を維持することができ、各司の公文書も伝達しやすかった。今では利益は防納者の手中に入り、侵責は専ら邸主に集中する。故に迎接ができなくなり、邸舎は傾頽した。これは大きな弊害である。[7]

税貢の催促が地方在住の守令ではなく勢い京主人に向けられたことは確かであろう。しかしそれにより京邸が衰退したという言説はこれ以外には見当たらず、またその原因が防納私主人にあったというのも他に事例を見出せない。鄭士龍は京主人に対する税貢侵責の弊害を大袈裟に言い立てた可能性が高い。

実際、朝鮮後期に至っても京邸や京主人は健在であった。彼らは更に守令と結託して防納を行うこともあった。仁祖一六年（一六三八）兵曹は一部の地方が五升・三五尺の最低基準を下回る歩兵価布を上納していることを問題視し、もしも守令が京主人に軍布を防納させているならば厳しく処断せよと訴えている。[8]顕宗二年（一六六一）にも兵曹は任実県の歩兵価布が未納であるため京主人に催促したが、京主人は両端に捺印されていない綿布や印影が不明瞭な粗悪布を上納している。[9]また顕宗五年には賑恤庁が、前昌寧県監尹以宣が工曹に上納すべき漆五升と済用監に上納すべき麻布六〇疋をそれぞれ綿布五同五疋と米一二〇石に換えて京主人李兌昌に与え、防納させたと上啓している。[10]更に顕宗一一年には司憲府が、善山府使李櫁が歳幣綿布を収捧する時に粗悪品だと難癖を付けて点退し、金司果と称する京人を通じて防納することを強要したが、たまたま同府の京主人が下郷しており、彼が穏当な価格で防納することを願い出たにもかかわらず、厳しく叱責して許可しなかったと告発している。[11]李櫁は京主人の防納さえ排除し、自身と結託した貢人を通して割高な価格で綿布を上納させていたのである。

孝宗二年（一六五一）忠清道で大同法が施行された。実録はその理由を「我が国の貢法は甚だ壊れており、京中の豪猾の輩は京主人と称して諸道の貢物を防納し、その代価を本邑より倍徴している。その物が僅か一匹・一斗の値段であっても、数十匹・数十石に吊り上げ、貪官汚吏はこれを通して利を貪っている」からだと記している。[12]また粛宗二一年（一六九五）領議政南九万は「京各司が外方に求請して直ちに上送されないと京主人より徴索し、京主人は本邑より倍徴するので、その弊は少なくない」と上啓しており、[13]更に粛宗三〇年領議政申琓は「京衙門が外方の諸般の身役を受納する際、通例では本邑に関文を送り徴捧上送させるが、もし速やかに上納しなければ各邑の京主人より責徴する。彼らは倍額を払って納付した後、本邑に下往し、更に当事者より倍徴する。窮乏した人民は正額の納付でさえ堪え難いのに、ましてや倍額を責徴されるとなれば、その悲憤慷慨は言い表しようもない。これは必ず厳禁すべきである。今後各衙門に命じて、諸般の身役を京主人より替徴する弊害を一切禁断せよ」と上啓している。[14]これらの史料から、朝鮮後期に至っても京主人は積極的に軍布・貢物・身役を防納し、本邑の人民より「倍徴」すなわち利益を大幅に上乗せして徴収していたことが看取される。

ただ京主人は本邑出身者（特に任官待ちの武人）への宿泊提供や新任守令の赴任経費調達など諸般の負担を背負わされており、それらの費用を防納によって捻出しようと図ったとも考えられる。彼らを「倍徴」に駆り立てていたのは京衙門の下吏による責徴であった。粛宗二年（一六七六）には司憲府が忠清道の京主人五四名を尋問し、色吏（衙前）による人情（陋規＝付け届け）の責徴を暴いている。[15]また粛宗一七年には左副承旨金元燮が、鬼山県京主人と洪川県京主人が諸衙門に納付する銭文を着服した罪で下獄していると報告している。[16]この後も景宗期から英祖前期にかけて京主人が貢物・奴婢身貢・軍布・価布など各種の税貢を偸食（使い込み）したとして下獄する事例が『承政院日記』に頻出する。恐らく守令の借財要請や京衙門の下吏による責徴が厳しく、京主人はしばしば期限内に防納できない状態に追い込まれていたのであろう。粛宗四四年に忠勲府が嬪宮の葬儀費用を扶助と称して各道より請求し、監司や兵司はこれを邑鎮に割り付け、未納の場合には京主人が責徴を受けたのに対し、韓城君李基夏は「（扶助が）送られれば受け取り、送られなければ放置するだけであり、どうして邸吏を督責して厳しく替納させること、催科未収よりも甚だしいのか」と述べていることから推察できるように[17]、催科未収すなわち京主人に対する税貢の責徴と未収の弊害は常態化していた模様である。

このように大同法の施行後も京主人は守令に代わって各種税貢を防納し、京衙門の下吏より人情を要求される一方、それらに自己の利益を上乗せして邑民より「倍徴」するという、被収奪者と収奪者との二面性を併せ持つ存在であり続けた。彼らは守令や京衙門の下吏と結託することで防納権を獲得したが、漢城への税貢上送が滞ると自ら補償しなくてはならないため、防納は諸刃の剣であった。更に一七世紀末頃から防納が常態化すると、京主人はともすれば税貢未納の廉により下獄することさえ起こった。その反面、京主人が邑民より「倍徴」する事例は先の南九万や申琓の事例を最後に姿を消す。この時期に諸刃の剣は京主人を傷つける方が多かったようである。一七・一八世紀は京主人にとっての冬の時代であった。

英祖期に入ると防納制の弊害が朝廷で取り上げられ、改革が模索されるようになる。英祖元年（一七二五）六月、戸曹は永同県の京主人金世演が田税の綿布三同を持ち逃げした事件を取り上げ、「凡そ田税作木は各邑が品目書を作成し、監官（監督役人）・色吏を定めて納付するのが定式であるのに、本県では規則に違反し邸吏に送付しているのは極めて驚くべき事態である。邸吏たる者が既に受領しても即座に納付せず、勝手に債務の償還に充てた事もまた甚だ憎むべきである」と上啓した[18]。ここで言う債務とは京主人の私的な借財ではなく、後述する如く、守令の一族や知人が各種の口実を設けて借金を求めるため、やむを得ず借りた金のことであろう。彼ら両班は初めから返済するつもりなどなく、金世演は資金繰りに困ってやむを得ず税布で負債を返済し、それが発覚したため逃亡するに至った模様である。貢物や各種徭役の防納が常態化している中で、田税は監官・色吏による直接納付を堅持していたようであるが、政府が防納の弊害に気付き始めたのは確かであろう。

翌英祖二年には兵曹判書金興慶が、近年守令はあらかじめ使員を漢城に派遣して京主人に軍布の納付を催促させながら、現物は直ちに送付せず、差員が徒に京邸に滞在しているのは誠に遺憾であるとして、今後は監営が数箇月前に差員を選定し、各邑に命じて軍布を都会所に送付させ、差員は都会所に到着後それらを点検して受領するよう改めるべしと提言し、裁可された[19]。その後も京主人による軍布の滞納や着服に関する事例は同年一一月に一件、英祖七年に一件、『承政院日記』に出現するので[20]、監司による軍布の収納が貫徹されたとは言えないが、軍布に限定して見ると京主人による防納は終息に向かったようである[21]。

また英祖一六年には副校理兪最基が、戸曹や兵曹を始めあらゆる京衙門が各種税貢を受納する際に京主人を拘留し刑曹に移送していると指摘し、法の濫用を禁止するよう上啓している[22]。恐らく税貢を期限内に防納できなかった京主人を偸食などの罪で妄りに下獄させる悪弊の除去を求めたのであろう。翌英祖一七年には持平南泰斉が「邸人が捧銭させられる弊が甚だ多く、一族・親友が守令になると、在京の一族・親友が薬債だの酒債だの葬債だのと称して邸人を責徴し、或いは牌（逮捕状）を出してこれを捕らえる。その弊は甚だしい」と述べ[23]、守令の一族や親友が口実を設けて京主人に借財を強要し、応じなければ下獄させるという悪弊が深刻だと訴えている。地方官の使役に応じることは京主人の義務であり、一定の役価も支給されていたが、この事例のような守令の関係者による収奪は明らかに不当であると判断されたのであろう。

これらの訴えが奏効したのか否かは定かでないが、この頃から京主人を下獄させたという記録は『承政院日記』から姿を消す。しかし京主人に対する責徴が止んだわけではなく、英祖二九年にも礼曹判書朴文秀が「近年各邑の邸人は殆ど生計を維持することができない。京中の士大夫は婚礼や葬儀などを理由に親しい守令の邸人から徴債する。もし邸人が備納しなければ必ず囚禁される。しかし守令は邸人に返済しないこともある。故に邸人はこれによって破産する者が多い」と述べているように[24]、守令の関係者による京主人への金銭要求と、従わなかった場合の拘禁という形での報復は相変わらず続いていた。更に地方から漢城に上京し上疏を行う儒生も、当該邑の京主人を「親旧」すなわち友人と称して銭を取り立て、少しでも意に沿わなければ殴ったり引きずり回したりするといった狼藉を働いていた[25]。

しかしながら冬の時代にあっても京主人は決して単なる苦役であったわけではなかった。英祖二七年兵曹判書洪啓禧は「最近聞くところ、駅卒輩がその役を互いに売買していること、貢物京主人が転相売買されているが如きであり、甚だ驚くべき事態である」と述べており[26]、京主人への充当権は売買の対象となっていた。また英祖二五年戸曹判書朴文秀が「各道の船税や塩税を京主人や色吏が偸食している」と述べているように[27]、税貢の使い込みは相変わらず続いていた。すなわち上手に立ち回れば京主人は実入りの良い役職となったのである。

とはいえ、一七世紀から一八世紀にかけて京主人が相当の重負担を強いられていたことは疑いない事実である。そこで政府は英祖二九年（一七五三）に癸酉節目を制定し、その改革を図ったようである。英祖四九年（一七七三）副提学徐命善が邸人弊瘼冊子を読奏したのに対し、英祖は二〇年を経て弊害が再発したとして、更なる改革を命じている[28]。癸酉年の『承政院日記』には節目制定の記録が見当たらず、その詳細は不明であるが、英祖三八年には領議政洪鳳漢が、癸酉節目により貢人の大科や小科の講経（経書の暗唱試験）に対する文辨が軽減されたと述べ[29]、翌三九年には吏曹参判洪麟漢が、癸酉節目制定後も立廛市民の各軍門に対する旗幟進排の弊が止んでいないと述べているように[30]、京主人だけでなく貢人や市廛らに対する京衙門からの不当な徴収を包括的に禁止するものであったと思われる。

英祖の命を受けて英祖四九年新たに癸巳節目が制定されたらしい。正祖九年（一七八五）兵曹判書徐有隣は、慶尚・全羅両道の京主人金宗億らが新旧守令交替時の債銭負担や京衙門に納付する税銭の立替払い、更には士大夫からの婚喪費借用を強いられ疲弊しているとして、癸巳節目に則り諸衙門や権勢家による無償の責徴を禁止するよう求めている[31]。この節目もまた癸巳年の『承政院日記』に記録が残されていないが、恐らく癸酉節目と同様、守令や京中士大夫による債銭収奪の禁止を謳ったものであろうと推測される。

だがこれら英祖期における二度の禁令も京主人の債銭問題にはほとんど効果を発揮しなかったようである。正祖一四年二月、備辺司は乙巳（正祖九年）の禁令以降も全羅道の楽安・求礼・長水・金溝・高山、慶尚道の彦陽・安東・義城各邑で守令や郷吏の債銭未償還額が八〇両から二〇〇〇両に及んでいると報告している[32]。同年四月、備辺司は修撰閔昌爀が正月六日に全羅道京主人金賛益らを呼び出して銭四一〇両を備納させ、未だ返済していないとの訴えを調査している。その結果、全て事実であったことが判明し、借銭の返済と当人の罷職が命じられた[33]。

以上のように大同法の施行後も京主人による税貢防納は継続した。英祖三八年右議政尹東度が「宣恵庁の税豆米は正貢の中で最も重要なものである。かつて列邑は輸納を渋り、邸吏に防納させていたが、近年各軍門がこれを請得することもあり、京外の民が共にその害を受けている」と上啓しているように[34]、大同豆米までもが京主人に防納され、軍門の責徴を受けていた。防納制は京主人にとって諸刃の剣であったが、一八世紀までは邑民を収奪するよりも京衙門・軍門の色吏による人情責徴や守令とその関係者による借財に苦しめられることの方が多かった。英祖年間には癸酉節目と癸巳節目が発令されたが、京主人に対する責徴の禁止にはほとんど効力を発揮しなかった。事態が大きく変化するのは一八世紀末からである。

二　邸債の利権化と米辺

前節で述べたように京主人は守令・郷吏の赴任・出張経費を立て替えねばならず、守令の関係者による借財にも応じていた。これら京主人が貸し出した債権を邸債と呼ぶ。『承政院日記』における邸債の出現は正祖八年（一七八四）司諫安廷玹の上疏からであり、彼は文中で「外邑の監官・色吏は路資が尽きると邸債で弥縫し、畢竟過剰に使用して充償することがない」と述べ、監官や色吏が上京した時、京主人に路銀を補塡させて返済しない悪弊を指弾している。[35]また正祖二三年には沃川郡守呂駿永が「邸吏の徴債や雇馬添載などの事は瑣末であるとはいえ邑民の痼弊にも係わる。そもそも外邑の官吏が上京すると飲食費や旅費を邸人より借用せざるを得ないのであり、利息を付けて徴債することをどうしていけないと言えようか。しかし二倍で足らなければ三―四倍に至り、三―四倍で足らなければ一〇倍―二〇倍に至り、一族や隣人を侵責すること、徴税より厳しい。たとえ官長が禁止しようと欲しても、彼らは皆京城の富裕で狡猾な輩であり、備辺司に訴えたり軍営を恃んだりするので、飭関を急行させ号令を速達させても、大事には至らない」と上疏し、[36]邸債が高利貸しと化して族徴や隣徴も行われている状況を伝えている。京主人が邑に下り「倍徴」することは粛宗期にも幾例か見られたが、一八世紀末頃から京主人の邑民に対する本格的な収奪が始まったのである。[37]彼らは最早若干の役価と引き替えに重い責任を担う下吏ではなく、漢城出身で中央官庁と結託した富民であったことも、上記の史料から垣間見える。

では英祖期には邸債を踏み倒されていた京主人が正祖期になると一転して邑民に対し邸債を責徴するようになったのは何故だろうか。呂駿永は京主人が備辺司や軍門の庇護を受けるようになったからだと述べているが、下吏層が権力機関と癒着して利益を壟断する行為は英祖期の都庫でも見られた現象であり、正祖期の特徴的現象とは考え難い。また富民が京主人に就役していることも、英祖期既に充当権が売買されている事実から鑑みて、目新しい現象だとは言えない。

一八世紀末頃より顕在化した陋習として注目されるのは京主人の役価を還穀で代給する現象である。正祖二二年（一七九八）全羅道暗行御史金履永は書啓の別単に「金堤郡の邸人の役価は還穀を流用して代給している」と記し、その弊害を指摘した。これを受けて右議政李秉模は道臣に詳細を調査し善処するよう提言し、裁可された[38]。その後蔡弘遠は備辺司を代表して「該郡の邸人の役価は通例戸役米より支給していたが、昨年は凶作であったため収捧する術がなく、戸米は今秋に限り停徴し、役価は還米の中から一〇〇石を貸与した。しかし還米と戸米とでは軽重が各々異なり、安易に貸与したのは極めて憎むべきである」と非難した[39]。

金堤での還穀代給問題を契機として各邑における京主人の役価財源についての議論が浮上した。同年、全羅道綾州牧使李宗燮の上疏に対し、承旨李肇源は備辺司を代表して「民庫は大抵大同法の成立により結賦の数が決定され、これ以外の加徴は皆法意に背馳する。ただ雑役については境目が不明であるため、不時の需要には多くの官庫が対応すること、たとえば京司の各種の求請、営門の随時の割付、京営邸吏の添役価、公穀相殺時の不足補塡などであり、各種の名目は枚挙に暇がない」と述べ[40]、大同法施行後も各邑は各種の雑役を官庫で負担せねばならず、その一つとして京主人や営主人の役価があると認めている。更に慶尚道慶州府尹呉鼎源は、慶州では康熙二五年（一六八六）より京主人や営主人の経費を役価米として徴収してきたと上疏し[41]、慶尚道寧海府使閔師宣も、戸毎に毎年米麦一斗五升を徴収し、京主人や営主人の役価などに融通していると上疏している[42]。

このように朝鮮後期京主人の役価は貢物を地税化した大同米布とは別建ての雑役として戸を単位に割り付けられる戸役米より支給され続けてきた[43]。ところが一八世紀末の全羅道金堤郡では還穀が役価として流用されていたのである。全羅道では全国で唯一営邸還穀が存在し、営主人が各邑下吏の出張費用を立て替え、返済された穀物を銭に替えて高利貸しを行っており、還穀が監営財政に占める割合も高かったとされるが[44]、道内各邑も京主人と還穀との関係が深かったようである。正祖二三年には金堤郡に隣接する万頃県の県監李徳鉉が、本県では京営邸吏輩すなわち京主人や営主人が各衙門の貿米に介在して利益を貪ると報じている[45]。貿米とは米価の安い邑で米を買い込み、米価の高い邑の衙門に納入して利鞘を稼ぐ行為を指す。

しかしそもそも還穀は国家の資産であり、本来邸債の抵当に充てるべきものではない。それが正祖期に京主人の役価や邸債に流用され、最終的に邑民が返済を強いられるようになったのは、国王正祖が政策転換を図ったからである。純祖八年（一八〇八）前慶尚監司尹光顔は次のように述べている。

慶尚道諸邑の目下の民苦は多々あるが、邸債に勝るものはない。そもそも監営や各邑に命じて邸債を捧給させるのは都民を気遣う先王の聖意によるものであったが、時代が下ると弊害が生じ、却ってこれを利用して利益を貪る習慣が発生した。というのは邸吏は官令や邑事例に基づき、ある種の公用に対する支応及び邑吏が公務で往来する時の接待や旅費支給の類は固より邸債にて支出すべきであるが、初めから公用に因らず、ただ取殖のため私的に貸与するものは本より邸債捧給の中で挙論されるべきものではないにもかかわらず、（監営や各邑より）捧給される邸債は借金を背負い逃亡中の吏や没落して無頼となった民（の手中）に偏在しており、支給の虚実や多寡は未だ正確に知り得ない。しかも彼らはまた故意に（邸債を）放置し、数倍の利息が発生してから始めて明るみに出す。各邑は（邸債を）捧給せよとの朝令があると謂って文言通りに施行し、徴族と称して遍く民衆を侵責するので、無関係な人が身代わりとして公然と酷い収奪を受けている。これは極めて驚くべき事態である。この弊は今やほとんど全ての邑に存在するが、更にまた上納の色吏が公物を失うと邸債を当てにして手ぶらで上京し、邸吏も取殖を利として一緒に弥縫し、終には替徴するので、害は民に帰する。(46)

彼の訴えによると、先王すなわち正祖が京主人の負担を軽減するため邸債を監営や各邑に肩代わりさせる朝令を発したとある。この朝令に付け込んで色吏や無頼が恣意的に邸債を作り、京主人も高利貸しを目的として安易に貸し出すので、最後には無関係な邑民が債務を支払わせられるという弊害が常態化していた。尹光顔は還穀については触れていないが、純祖二年、全羅左道暗行御史張錫胤は別単にて、京主人や営主人が別還と称して官倉より米数千石を抜き取って換銭するので、還政が紊乱し民困が深刻化したと記しており(47)、また義禁府も前全羅道宝城郡守崔翼矣の罪状を列挙する中で、京邸吏の債銭を米に移録（付け替え）するのは既に邑事例となっているとはいえ、弊習を踏襲したのは不法であると報告しているように、[48]邸債はとりあえず各邑の還米で支払い、後から邑民に割り付け徴収されていたようである。かかる経理操作は監官や色吏が行っていたのであろうが、守令もそれを黙認していたと思われる。

こうして京主人の銭債負担問題を解決するため正祖が邸債を営邑に支払わせたことにより、結果として還米が邸債償還に流用され始め、京主人は色吏へ積極的に銭を貸し付け、後から元利を邑民より回収する高利貸しを営むようになった。純祖九年左議政金載瓚の上疏によると、前平安道碧潼郡守閔修益は秋還折米四〇〇石を発売する際に、京主人と営主人の役価を添入すると称して毎石三両を徴収し、総計一二〇〇両のうち四八〇両を着服したなどの罪で邑民より告発されたとある。[49]京主人や営主人の役価に充当するという口実を設ければ還米を高値で発売することも可能であったことが、この事件から窺い知れる。正祖の京主人救済策は守令や監官・色吏の不正を助長する結果となったのである。

還穀を担保として京主人や営主人の邸債償還が保障されたことにより、地方官の邸吏に対する収奪はより一層苛酷になった。たとえば純祖七年（一八〇七）前全羅監司沈象奎は、己亥年（一七七八）より営門別備銭三〇〇〇両を運用して営邑の城壁補修費用を捻出していたが、その後民弊に配慮して各邑の邸吏に殖利を委ね、毎年六〇〇両を上納させ、今に至るまでの一九年間に一一四〇〇両を得てきたと述べている。[50]逆算すると正祖一一年（一七八七）頃から営主人による殖利と上納が始まったことになる。また純祖九年左議政金載瓚は、最近京外の儒生による上疏が頻繁であり、彼らは庁を設け銭財を各道庫より分徴すると称し、これを四都三六〇邑に割り付け、邸吏を催促して先納を強要し、少しでも遅れると刑杖を加えると述べている。[51]ここで言う庁とは疏庁のことであり、地方官だけでなく儒生までもが邸吏を搾取するようになった。

朝廷もかかる邸債問題を座視していたわけではなく、節目を制定し積弊を革罷すべく努めていたが、純祖一一年には全羅道潭陽県から「官用は随時償還させ、吏負は即刻返済させ、もし（官吏が）民間より私的な債殖を行い、臥債（利子収奪）や徴族の類を招いたなら、本銭を帳消しにして犯人を刑配せよ。そうすれば邸吏と邑民とは無関係になり、百弊は自ずと止むであろう。この意を節目に付け加えて各道に厳飭し、書院や疏庁は邸銭を受け取るべからず」との意見書が出されているように、[52]官吏と邸債との関係を断ち切ることは容易ではなかった。

ところで、京主人や営主人が銭を貸し米で返済を受けたのは、米価の地域間格差を利用して還米を高値で売り捌き、米賤地域で「貿米」して官庫に償還する「移貿」によって殖利を企図したためである。京主人による移貿は一八世紀末頃から史料に登場するが、哲宗一三年（一八六二）二月に慶尚道晋州で壬戌農民蜂起が発生した時、原因の一つとなったのが該邑京主人梁在洙らによる移貿の弊害であった。[53]この事件を契機に邸債の見直しが行われ、元本を超える取息禁止の徹底、勒徴（苛烈な督促）や族徴の禁止、還銭での返済の禁止、長期債務の棒引きなどが備辺司より提起された。[54]これらの施策がどの程度奏効したかを確認することはできないが、この事件を境に邸債問題は下火になっていく。

ただし官米を用いた高利貸しは邸債に止まらなかった。一九世紀には新たに漕米の米辺が弊害として浮上する。史料上米辺が初めて登場するのは、純祖二〇年（一八二〇）知中枢府事李存秀による「本庁下吏の逋負（使い込み）の弊は固より原因が多岐に渉るものの、最大の要因を挙げれば、所謂都中の米辺債である。剰米などの食用分は全て米辺に回されるが、それでもなお足りないので年々（貸出額が）増加し、遂に二〇余万両の多きに至ったが、（これ以上）米辺に充てる米はない。そこで邪僻の心が生じ、偸窃の手が作られ、左右のごまかしや大小の抜き取りが転じて累万の欠損と化した。……近年漕運上納の時、常に不足の弊が多いのは実に漕倉近所での私債興販の弊に因るのである」との上啓である。[55]李存秀によると、宣恵庁の下吏が漢城で漕米の余剰分を用いて米辺と呼ばれる高利貸しを営んでいたが、やがて漕米自体の使い込みに及び、返済が焦げ付いて欠損を生じさせていた模様である。哲宗九年（一八五八）四月には慶尚右道暗行御史徐相至が、漕米上納時に船主が載米を偸売し、邸債で買米補填する弊害が晋州などで深刻化していると報告しており、[56]米辺は邸債と根元で繋がっていた。すなわち各邑の監官・色吏が中央官庁の下吏や運漕の船主らと結託し、漕米を不正に換金して高利貸しで運用し、欠損が生じると京主人を頼って邸債で穴埋めし、後に京主人が該邑に下郷して還米で償還するという構図が一九世紀前半頃から次第に確立されてきたのである。漕米と米辺との癒着を断ち切るため、同年七月備辺司と刑曹は、都下の饒戸が米辺の名目で私債の担保として漕米を奪取することを禁止し、彼らの文券（証文）を官庭で焼却させた[57]。

高宗元年（一八六四）には礪山など四邑の大同船の船主と沙工（水手）が漕米を使い込み、京主人と結託して邸債で穴埋めしたとの上啓が備辺司よりなされ[58]、翌二年には議政府が邸債と米辺の蕩減を上啓した[59]。しかし高宗七年領議政金炳学が、丁卯年（一八六七）興宣大院君が軍餉を補塡するため内帑より銭三〇万両を醸出し、米辺として各貢人に貸し付け、摠戎庁の軍餉三〇〇〇石を確保したと述べており[60]、翌八年には全羅監司李鎬俊が、修仁山城の封留銭から三〇〇〇両を各邸吏に貸し出して取殖させ、将卒の給与に充てていると状啓しているように[61]、政府自身が米辺を通して殖利している状況下で、沙工や京主人による私的な米辺だけを取り締まるのは明らかに矛盾していた。

高宗一四年（一八七七）領議政李最応は、かつて廷臣や暗行御史が邸債を邑民の弊害だと訴えたため、厳禁の命が下されたが、歳月の経過とともに空文化し、今や全く無関係な者より白徴しているとして、焦げ付いた旧債を棒引きするよう進言し、裁可された[62]。彼はまた高宗一七年九月、税船が漢城へ到着した時に宣恵庁と湖西庁の庫直（倉庫番）数名が互いに示し合わせ、米辺の債務回収を目的に税米を横領すると述べ、米辺（利息）と本銭を永遠に蕩減し、標券（証文）は官庭にて焼却すべしと提案して、裁可された[63]。同年一〇月には前掌令金瓊が、近年安辺府で邸債や郷債と称する無名の徴銭が横行しており、今回京主人彭啓淳と咸興邸吏金奎鎮ら三名は七万余両もの債銭を徴収したと上疏し[64]、また一九年には礼曹佐郎李斗永が、京邸吏が当該邑の乱類と結託して邸債を濫発し、回収に際しては権門や守令に請託して厳しく徴族すると上疏しているように[65]、京主人による邸債の弊害はその後も止まなかったが、二〇年には江原道暗行御史李道宰が、銀渓駅の庚辰年（一八八〇）の邸債四〇〇両が三年で二万余両に膨脹したため、元利を蕩減し文記（証文）を営庭で焼却させたと報告しており[66]、邸債を取り締まる動きも一部では見られた。しかし高宗三一年（一八九四）に至っても、外道各邑の京営邸吏が邸債を濫発したり複利を徴収したりする習慣を禁止することが軍国機務処より提案されているように[67]、邸債の禁止は王朝末に至っても実現できなかった。

おわりに

高麗時代における京主人は主に中央と地方との事務連絡を担っていたが、朝鮮時代に至ると新たに税貢納付の責任が追加された。朝鮮後期に諸道で大同法が施行された後も、京主人は防納制を通して税貢を京衙門に代納し、後で邑に下り「倍徴」することで利益を得ていた。一方で彼らは京衙門の下吏から人情を要求され、また守令や郷吏に対して邸債と呼ばれる返済の当てがない貸し付けに応じねばならなかったため、一七世紀末より資金繰りに窮した京主人が税貢未納の廉で下獄する事例が頻出した。そこで英祖期には二度に渉り節目が制定され、京主人の負担軽減が図られたが、実効性は乏しかった。一八世紀後期までの京主人はともすれば負担が利益を上回る徭役のような存在であった。

京主人が一転して収奪者の側に立つようになったのは正祖期からである。正祖は邸債を営邑に肩代わりさせる朝令を発し、これを契機として各邑の還米や漕米などの財政資源が邸債返済に流用される途が開かれた。官庫という確実な担保を得た京主人は以後積極的に邸債を貸し出し、邑民に対して族徴や隣徴を行うようになり、更に米価の地域間格差を利用した移貿や漕米を用いた高利貸しである米辺へと発展した。京主人の救済策が結果として還政や漕政を紊乱させ、地方財政を蝕んでいったのである。京主人の弊害は全羅道で特に甚だしく、一九世紀中葉の晋州農民蜂起の一要因ともなった。高宗期には邸債や米辺の棒引きが間歇的に実施されるが、政府自身も殖利を行っている中で、京主人や営主人の高利貸しだけを禁止することには限界があった。一九世紀に至り京主人は高利貸しによって邑民を収奪し財政を侵蝕する存在へと転化したのである。

註

(1) 周藤吉之「高麗朝の京邸・京主人とその諸関係――唐末・五代・宋の進奏院・邸吏および銀台司との関連において――」『朝鮮学報』一一一輯、一九八四年。

(2) 田川孝三『李朝貢納制の研究』東洋文庫、一九六四年、三四一・六一七頁。なお私主人の台頭が京主人を圧迫したことは、金鎮鳳「私主人 研究」『大丘史学』七・八輯、一九七三年や後述する金東哲論文も言及している。

(3) 李光麟「京主人研究」延世大学校文科大学『人文科学』七輯、一九六二年。

(4) 金東哲「一八・一九세기 京主人権의 집중화 경향과 도고활동」『釜大史学』一三輯、一九八九年（金『朝鮮後期 貢人研究』韓国研究院、一九九三年所収）一三一頁。日本語版は吉田光男訳『朝鮮近世の御用商人―貢人の研究』法政大学出版局、二〇〇一年、第五章「京主人の都賈活動」一六四頁。引用文は日本語版に拠る。

(5) 前註（4）金『朝鮮近世の御用商人』一五〇頁。

(6) 前註（3）李、二五六―二五八頁。

(7) 『朝鮮明宗実録』巻二一、明宗六年一〇月戊寅
知経筵事鄭士龍曰。……前者列邑之吏。往来于京者。皆止宿於邸。故為邸主者。亦得相資以生。而各司文移之際。易於通報。今則利帰於防納者之手。而侵責之事。偏萃於邸主。故不得安接。而邸舎傾頽。此亦弊之大者也。

(8) 『承政院日記』第六六冊、仁祖一六年九月一二日。

(9) 同右、第一六六冊、顕宗二年二月二〇日。

(10) 同右、第一八二冊、顕宗五年正月一七日。

(11) 同右、第二二〇冊、顕宗一一年六月一八日。

(12) 『朝鮮孝宗実録』巻七、孝宗二年八月己巳。

(13) 『備辺司謄録』第四九冊、粛宗二一年六月五日。

(14) 『承政院日記』第四一六冊、粛宗三〇年正月五日。

(15) 同右、第二五三冊、粛宗二年四月五日。

(16) 同右、第三四五冊、粛宗一七年六月二二日。

(17) 同右、第五〇八冊、粛宗四四年五月一三日、同右、第五一〇冊、粛宗四四年閏八月五日。なお李基夏は嬪宮の葬儀費用送付は義務ではなく任意であると主張しているだけであり、税貢が京主人から責徴されていることの是非を論じているわけではない。

(18) 同右、第五九五冊、英祖元年六月一六日。
(19) 同右、第六二二冊、英祖二年八月二九日。都会所とは各道の監司・兵司が特定の邑に設置した臨時の官庁であり、都会官には守令や界首官が充てられた。前註（2）田川、二四九—二五〇頁。
(20) 同右、第六二七冊、英祖二年一一月二三日、同右、第七一九冊、英祖七年三月一六日。
(21) しかし正祖一二年には金光岳が、兵曹は京主人を市井人より抜擢していると上疏しており、京衙門の本音は防納制に賛成であったようである。『朝鮮正祖実録』巻二五、正祖一二年正月乙酉。
(22) 『承政院日記』第九一一冊、英祖一六年五月七日。
(23) 同右、第九三〇冊、英祖一七年四月七日。
(24) 同右、第一〇九三冊、英祖二九年四月二日。
(25) 同右、第一〇九六冊、英祖二九年七月二三日。
(26) 同右、第一〇六七冊、英祖二七年四月七日。ただし貢物京主人は京主人ではなく貢人を指すとも考えられる。
(27) 同右、第一〇四三冊、英祖二五年四月二〇日。
(28) 同右、第一三三九冊、英祖四九年五月七日。
(29) 同右、第一二〇四冊、英祖三八年四月七日。
(30) 同右、第一二一四冊、英祖三九年正月四日。
(31) 同右、第一五八九冊、正祖九年九月二四日。
(32) 同右、第一六七二冊、正祖一四年二月一五日。各邑の負債額は楽安二〇〇両・求礼一〇〇両・長水八〇両・金溝六〇〇両・高山六〇〇両・彦陽三五〇両・安東二〇〇〇両・義城一〇〇〇両と記されている。
(33) 同右、第一六七七冊、正祖一四年四月二九日。ただし彼は正祖一八年には承旨に返り咲いている。
(34) 同右、第一二〇二冊、英祖三八年二月二九日。
(35) 同右、第一五五二冊、正祖八年三月一二日。
(36) 同右、第一八〇三冊、正祖二三年正月一〇日
沃川郡守呂駿永疏曰。……邸吏徴債及雇馬添載等事。雖属瑣屑。亦係民邑痼弊。夫外邑官属之上京者。酒食盤纏。不得不藉頼於邸人。則倶辺徴債。孰謂不可。而甲倍之不足。至於三・四倍。三・四倍之不足。至於十倍・二十倍。而分族侵鄰。急於公債。為官長者。雖欲禁止。此皆京城脂滑之徒。或訴備局。或托営門。飭関星馳。号令風生。此胡大事。
(37) 京主人や営主人が中間収奪層として台頭したことについては、張東杓『朝鮮後期 地方財政研究』国学資料院、一九九九年、七五—八〇頁を参照。

(38)『承政院日記』第一七八九冊、正祖二二年三月二四日。
(39)同右、第一七九五冊、正祖二二年八月一日。
(40)同右、第一七九七冊、正祖二二年九月一七日。
(41)同右、第一七九八冊、正祖二二年一〇月一一日。
(42)同右、第一八〇二冊、正祖二二年一二月一七日。
(43)前註（2）田川、六五五頁によると、役価は「十七世紀以降は広く地税附加税、或は地方税の一種として、この名辞が用いられた」とある。
(44)金泰雄「朝鮮後期 監営 財政体系의 成立과 変化——全羅監営 財政을 중심으로——」『歴史教育』八九輯、二〇〇四年、一八七頁。
(45)『承政院日記』第一八〇六冊、正祖二三年三月一六日。
(46)同右、第一九四〇冊、純祖八年二月七日
光顔曰。嶺邑目下民隠不一。而無如邸債一事者。蓋邸債之令営邑捧給。即我先朝軫恤都民之聖意也。而末流之弊。反有憑藉牟利之習。蓋邸吏之以官令以邑例。策応某様公用及邑属因公往来時供饋資給之類。固是邸債之当捧者。而至於初不因公。只為取殖。私相貸与者。本不當挙論於邸債捧給之中。而其所給債。偏在於負逋逃躱之吏。破落無頼之民。則所給之虚実多寡。未可的知。而又故為掩置。養成倍蓰之息。然後始出之。各邑則謂有捧給之朝令。依其言施行。称以徴族。徧侵衆民。公然使不干之人。替受椎剝。事極駭痛。此弊今幾於無邑不然。而又或上納色吏。乾没公貨。惟恃邸債。徒手上京。邸吏又利其取殖。符同弥縫。畢竟替徴。害帰於民。
(47)同右、第一八五四冊、純祖二年六月二日。
(48)同右、第一八五七冊、純祖二年八月三〇日。
(49)同右、第一九六七冊、純祖九年五月二七日。
(50)同右、第一九二六冊、純祖七年四月二〇日。
(51)同右、第一九六六冊、純祖九年五月一二日。
(52)同右、第一九九五冊、純祖一一年三月二七日。
(53)前註（3）李、二六三—二六五頁、前註（4）金『朝鮮近世の御用商人』一七四—一七五頁。
(54)『承政院日記』第二六五二冊、哲宗一三年六月二七日・二八日。
(55)同右、第二一三二冊、純祖二〇年八月二〇日
存秀曰。本庁下属逋負之弊。苟究其源。固非一端。而挙其最大者。即所謂都中米辺債也。剰米等応食者。都帰米辺。而猶為不

足。年増歳加。遂至於二十余万両之多。辺米無以抵当。於是乎邪僻之心生。偸窃之手作。左右擸那。大小標窃。転成累万之逋矣。……近来漕運上納之時。毎多欠縮之弊。実由於漕倉近処私債興販之弊也。
(56)同右、第二六〇二冊、哲宗九年四月一六日。
(57)同右、第二六〇五冊、哲宗九年七月一六日・一七日。
(58)同右、第二六七二冊、高宗元年正月二四日。
(59)同右、第二六八六冊、高宗二年二月九日。
(60)『朝鮮高宗実録』巻七、高宗七年閏一〇月壬申。
(61)『承政院日記』第二七六二冊、高宗八年三月一九日。
(62)同右、第二八三四冊、高宗一四年正月二五日。
(63)同右、第二八七九冊、高宗一七年九月八日。
(64)同右、第二八八〇冊、高宗一七年一〇月五日。
(65)同右、第二九〇四冊、高宗一九年九月三日。
(66)同右、第二九一八冊、高宗二〇年一一月七日。これは恐らく営邸債であろう。
(67)『朝鮮高宗実録』巻三二、高宗三一年八月壬戌。

第八章　公債の登場と展開

はじめに

朝鮮の国家財政は基本的に田税・賦役・貢納によって構成されていた。その内容や徴収方法は時代とともに変化していったが、人民から財貨や労働力を租税として徴収することに違いはなく、前近代中国や日本の財政とも共通していた。ただ一つ本質的な相違点を挙げるとすれば、それは租税徴収と並行して資金の運用すなわち官営高利貸しが存在したことである。これが本章で採り上げる公債である。朝鮮時代の公債は現代のそれとは異なり、政府が債券を発行して民間より資金を調達するものでなく、国家資金を民間に貸し出して利子を徴収するものである。なお営農維持や災害救恤の目的で儲備された還穀の運営すなわち還政も、時代が下るにつれ高利で米穀を貸し付ける高利貸し的性格が色濃くなり、所謂三政紊乱の一つと化したが、本章では還政を公債から除外して考察を進める。

官営高利貸しの特殊性は、一言で謂うと、本質的に租税制度と矛盾することである。あらゆる時代を通して租税制度は、負担の過重性や不平等性を伴いながらも、国家が人民の再生産を維持するために存在する。従って租税は原則として応能負担、すなわち土地や労働力など生産手段の多寡に即した税負担能力に準じて徴収される。しかし高利貸しは租税とは全く異なり一律負担、すなわち貧富の別なく元本に利子を加えて借金を取り立てる。そのため高利貸しは一般に農民層分解を促進し、税負担者を減少させ、財政を逼迫させる。一部では没落した農民の土地を安値で買い漁り富裕化する者も出現するが、彼らは自身が権力者であったり権力と癒着したりして巧みに税負担を回避するから、生産手段の集中化は財政にとって決して望ましいことではない。それ故大抵の国家では、自営業者の再生産維持や産業の保護育成を目的とする低利融資を別として、営利目的での官営高利貸しは財政本体を蝕むものとして忌避される。また民間の金銭貸借についても、上限金利を公定して高利貸しを制限している。

それでは何故朝鮮では租税制度と矛盾する官営高利貸しが存在したのであろうか。公債についてはつとに宮原兎一が救荒に仮託した古代遺制的な債務支配であるとの見解を示しているが[①]、いささか雑駁な捉え方だと言わざるを得ない。韓国では李碩崙が、朝鮮時代の長利（高利貸し）は私債中心であったこと、常平通宝の頒布を契機として実質的利子率が急上昇したことを検証しているが、公債については考察していない[②]。また金洪基は公債と私債を比較検討し、英祖四六年より国家の廩料を人民に貸与して財源を補塡したことなど注目すべき史実を発掘しているが、主たる対象は還穀や社倉など備蓄穀物の運用であり、金融公債については公債の利子率が私債より低かった程度の言及しかなされていない[③]。一方呉永教は一八世紀以降の地方財政不足が官庁殖利活動すなわち官営高利貸しを招来したことを明らかにしているが、その原因については財政構造の硬直性といった一般的解釈に止まっている[④]。総じてこれら諸研究は公私債が農民収奪の手段であり、私債より公債の方が債務者保護の側面が強く、利息も私債より軽微であった点、また地方衙門が公債を行った点に言及している程度で、何故国家機関が税収ではなく取殖活動で財政を補塡しようとしたのかについては具体的に論じていない。一般的に朝鮮の国家財政は燕山君期に代表される宮廷の浪費や倭乱・胡乱期における軍事費の急増などにより恒常的に欠乏傾向にあり、かかる事情は他国でも同様であったが、財政不足を高利貸し収入で補おうとする発想を抱いたのは東アジアでは朝鮮だけである。しかし先行研究はその意味について検討していない。

加えて先行研究は貨幣経済の発達が公債を生む一要因であったと見なすが、貨幣経済の実相については特に検討していない。しかしながら一七・一八世紀の朝鮮では銀と銅銭とが併用されていたのであり、公債にも銀公債と銭公債とが存在した。そして本論で検証するように、銀公債と銭公債とは成立過程も金利も大きく異なっていたのである。公債について論ずる際には銀債と銭債との区別が不可欠である。

そこで本章では租税制度と背馳する公債制度が朝鮮で独自の発展を遂げた理由について、使行貿易と地方財政の両側面から検討する。前者については、対清貿易を管掌する政府諸機関が手持ちの銀資金を正規財政とは別建てで便宜的に運用していたのではないかという観点から考察する。後者については、銀運用が困難になった一八世紀後半頃から銀公債を手本として銭公債が本格的に普及した点に注目し、銭公債の普及が銀公債の延長上にあるのではないかという想定に基づいて検証する。

一　使行貿易と公債

朝鮮前期には内需司長利を除き公債はなかった。内需司長利とは李碩崙の説明にある如く、王室財産を管理する内需司が米穀を農民に貸し付けたものである。その由来は定かでないが、成宗五年（一四七四）には大司憲李恕長らが、内需司長利を州郡の義倉に帰属させよと上疏していることから[5]、営農維持のための還穀のような性質を持っていたらしい。ただ成宗一三年には慈聖大王大妃が王室子女の多さを理由に内需司長利を復活させており[6]、どうやら民生保全を口実に営利を企図していたようである。慈聖大妃の措置は廷臣による激しい反論を惹起したが、成宗は祖母の意向に逆らうことができなかった。次期国王燕山君が財政規律を無視して放蕩を続けたあげく失脚した後、破綻した財政の再建を迫られた中宗は早くから内需司長利の廃止に尽力したが、実現したのは中宗一一年（一五一六）であった[7]。ただ中宗三四年侍読官尹元衡が、内需司は外方各邑に私債を貸し出し辺利（利子）を徴収していると告発しているように[8]、名前を変えた内需司の高利貸し行為はしばらく続いた模様である。とはいえ、王家による高利貸し行為は儒教的統治理念と相反しており、一五・一六世紀にあっても例外的存在であったと見なしてよいだろう。

国家の高利貸しが本格化するのはやはり壬辰倭乱を契機に明から兵餉として銀が流入し、都市部で金属貨幣経済が始まった後のことである。仁祖一二年（一六三四）権鑊は戸曹を代表して、明への謝恩使に随行する赴京員役や京中市民が各衙門の銀子を辺利で借り出し、暴利を貪っていると上啓し、その禁止を請うた。(9) 対中貿易の利潤は極めて高いが銀で決済されるため、随行の官員や商人は中央衙門の備蓄銀を辺利で借りて元手を作る必要があったのである。戸曹は使行貿易の利益が私貿易によって蚕食されることを嫌って銀資金の貸出禁止を求めたようであるが、銀を保有する各衙門としては商人が銀を高利で借りてくれることは歓迎すべき事態であり、それを阻止することは叶わなかった。

明清交替後も事態は変わらなかった。粛宗一二年（一六八六）正月、領府事金寿恒は、使行の経費は以前から不足しており、各衙門の銀貨を貸し出して補塡していたが、今年は例年とは異なり北京での需要が倍に膨れ上がることが予想されるため、各衙門が多めに貸し出そうとしたところ、辺利が甚だ高くて償還が困難なため借り受けない者が出たので、今回は利率を下げて貸し出すべしと提言し、裁可された。(10) 前年八月には三道溝事件という朝鮮人の国境犯越・清国官員殺傷事件が発生しており、清朝側の出方を探るため多額の口利き料を払わねばならず、必然的に貿易に回す銀が減ってしまった。そこで貸出利率を下げて随行官員を優待すべきだと金寿恒は考えたのである。このように使行貿易における官銀の貸し付けは単に私貿易従事者に止まらず、北京での咄嗟の銀調達に備えなければならない使節にとっても、また辺利を期待する各衙門にとっても必要不可欠であった。

それでは使行貿易における公債の利率はどの程度であったのだろうか。粛宗二五年左議政崔錫鼎は「各衙門の公債の常時の辺利は例として十分の二を取るが、捧半（十分の一）の辺利もあり、また辺利を取らない時もある」と述べており、(11) 年利二〇%を原則としつつ、時として一〇%や無利息の場合もあったらしい。一七世紀後半は倭銀が最も盛んに輸入されていた時期であり、また後述する対馬藩主導の被執取引と対抗するため、政府も高額の利子収入を期待することはできなかったのであろう。逆に一八世紀に入ると日本からの銀流入が減少したこともあり、粛宗三五年（一七〇九）には商訳への公債貸出を一切禁止し、例外的に貸し出す場合にも商品での代替返済を不許可とした。(12)

使行貿易は利潤が莫大であるため、官銀貸付利息はさぞかし高率であっただろうと思われがちだが、実は年利二

日朝貿易における被執の二類型

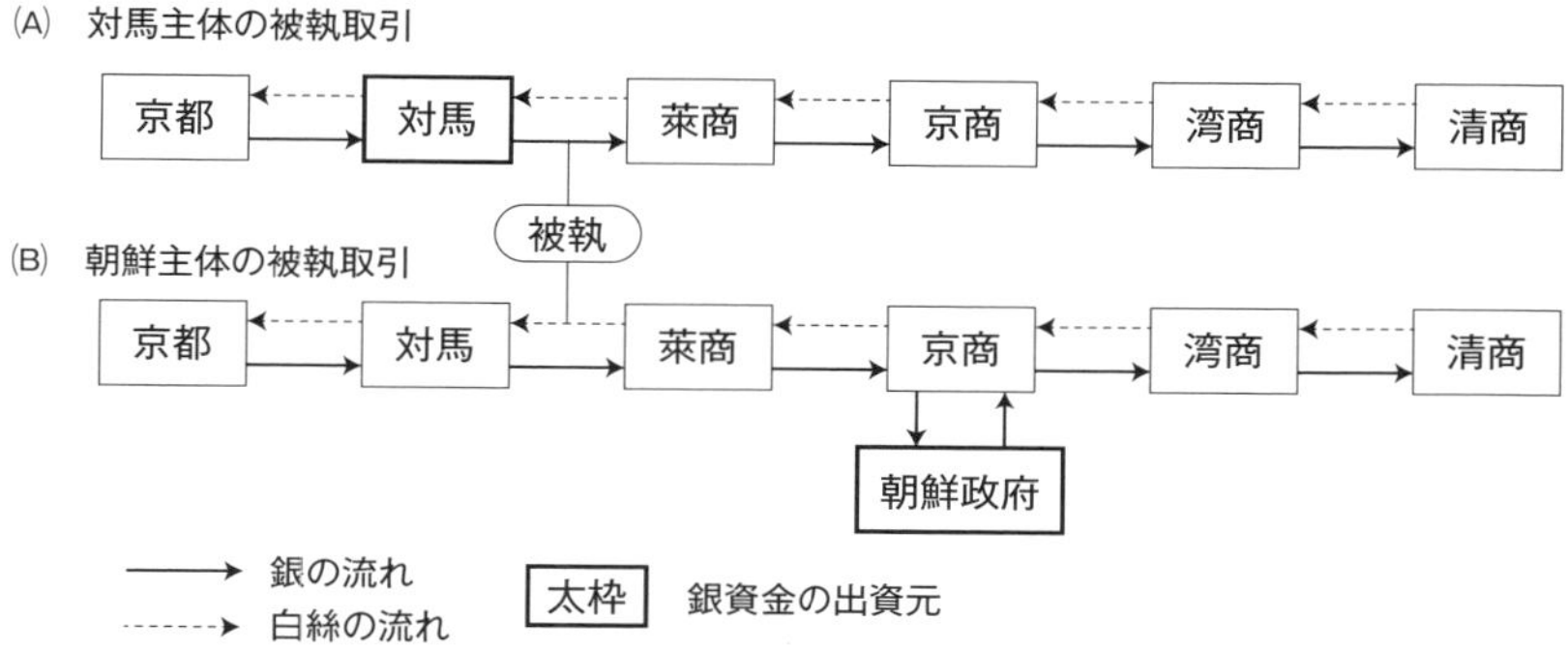

○%に止まっていた。更に粛宗四四年には国家の公債金利は米・布・銀・銭の別を問わず一律一○%、民間の私債金利は米が五○%で銀・銭・布が二○%に定められた[13]。商訳に対する官営高利貸しと言っても、その利率は「高利貸し」という言葉の響きとは裏腹に、当時としては穏当なものであったらしい。景宗三年（一七二三）の進賀使経費も公貨五○○○両の辺利五○○両と平安監営の五○○両で捻出しており[14]、公債金利は遵守されたようである。

一七世紀から一八世紀前期まで朝鮮は日本銀と中国産白絲との中継貿易によって莫大な利益を上げており、中央衙門の備蓄銀が商訳に貸し出されることも多かった。対中貿易は朝鮮前期より明朝との間で行われており、政府に一定の利益をもたらしていたが、朝鮮後期の貿易構造が朝鮮前期のそれと異なる点は、対日貿易と対中貿易とが密接不可分に連結しており、なおかつ対日貿易において被執取引が行われたことである（上図参照）。被執とは輸出入と決済との間に半年から一年あるいはそれ以上の時間が空くことであり、対馬藩が朝鮮商人に中国産白絲の購入を依頼する際には使行出立の数箇月前に東萊で銀を先払いし、逆に朝鮮商人が政府資金などを借りて白絲を輸入し東萊で販売する場合には対馬藩は銀の後払いを要求することである[15]。銀と白絲との交易において相反する延べ払いが行われた理由は、建前上は朝鮮商人が中国から白絲を買って帰るのに約半年の時間が掛かるだけでなく、対馬藩が京・大坂で白絲を売って代金を回収するのにもやはり相当の時間が掛かるからであるが、実質的には対馬藩が朝鮮政府主導の中継貿易と対抗するため、敢えて無利子先払いという優待条件を提示していたものと推測される。

そもそも取引の開始から完了まで一定の間隔が空く場合、そこには自ずと金利が発生する余地が生ずる。もし全ての朝鮮商人が朝鮮国内で銀資金を調達し中継貿易を行うのであれば、唐貨は必要経費に独占利潤と金利を上乗せした価格で対馬藩に販売されるであろう。このような事態を回避するためには、対馬藩は萊商を通して自己傘下の朝鮮商人に対し銀資金を無利子で先渡しする必要がある。対馬藩が被執に応じる動機はここにある。逆に京商や松商が官銀を用いて中国から唐貨を買い入れ、萊商を通して対馬藩に売り込む場合、対馬藩は代価の無利子延べ払いを要求する。朝鮮商人は支払いが完了するまで待たされるが、この間の金利は自己負担しなければならない。従って中央衙門が備蓄銀を商訳に貸し出すと確実に一定の利息が得られるが、その上限利率は対馬藩の求める被執取引によって自ずから制限されていたものと考えられる。すなわち中央衙門が欲を出して高金利を設定すると唐貨の輸出価格が上昇し、結果的に対馬藩が買わなくなるし、対馬藩が応じる程度に価格を下げると商訳には利益が残らなくなり、ひいては政府に対する借用銀の償還が焦げ付く危険性が生じるからである。対馬藩が中継貿易の主導権を朝鮮政府に独占されることを防遏するため被執取引を意図的に導入していた証拠はないが、結果的に朝鮮側銀資金による貿易独占を阻止していた。彼らは東萊から先の商業活動に参入できない弱味を補うため、産銀国としての強味で対抗していたのである。

ところが一七世紀末に日本が銀貨を元禄銀に改鋳し、これを日朝貿易に使用したことにより、朝鮮への倭銀流入は大幅に減少し、それに伴って貿易額も激減した。一八世紀初に慶長銀と同品位の特鋳銀が再び輸出されるようになったことで、銀をめぐる貿易摩擦は一旦解消したが、その後朝鮮の銀輸入量は漸減し、一八世紀中葉にほぼ途絶した(16)。

銀流入の減少は銀不足を招来し、必然的に市中金利の上昇をもたらす。しかしこれと連動して公債金利を上げると商訳の銀調達経費が増大し、政府機関の銀資金を用いた中継貿易が持続できなくなる。従って銀需要の高まりにもかかわらず、政府は公債金利を一〇%に据え置いた。このような公私間の金利差は民間の貸金業者の経営を圧迫する危険性を胚胎する。英祖元年（一七二五）左議政閔鎮遠は、辛丑年（一七二一）左議政李健命の建白により公債一〇％・私債二〇％の利率が公定されたが、その後施行できなくなったので、改めて公債什一・私債什二の利息規定を遵守させ、銀貨価格の安定を図るべしと述べた。これに対し都承旨権¿は、貸出金利を厳格に定めると富家の貸し渋りが発生するのではないかと懸念した[17]。

だが実際には銀の貸し渋りは起こらず、地方衙門や富家はより利回りの良い銭債を積極的に貸し出すようになった。英祖二年四月には前宝城郡守魏赫万が、ここ数年来、八道各邑は庁を設け銭で給債取殖するようになり、月利三銭という極端な甲利（違法な高利貸し）が行われていると述べており[18]、翌三年閏三月には洪州幼学李日章が、富戸巨室が春先貧民に五〇％の利息で銭債を貸し出すが、秋口には米価が下落するため、米で換算すると元利は七―八倍に膨脹すると上疏している[19]。そこで同年一一月一一日、領議政李光佐は銭債金利を二〇％に制限するよう提言し、左議政趙泰億・右議政沈寿賢・大司憲金始煥が賛成を、兵曹判書李台佐が長利の部分的容認を、戸曹判書権以鎮が更なる低金利をそれぞれ主張したが、英祖は銀債金利と同様、公債は年率一〇％、私債は二〇％を永く定制として八道に頒布せよと命じた[20]。

ここで注目すべきは、李光佐が私債の金利制限を発議し、廷臣らも私債利率について議論していたにもかかわらず、英祖は公債利率まで制限を設けたことである。おそらく粛宗四四年の規定を自動的に適用したのであろう。しかしこの規定は銀債に関するものであり、今回の銭債とは事情が大きく異なる。銀を必要とするのは使行貿易従事者であり、彼らは銀資金を対馬藩に前払いしてもらうか、中央衙門から公債で調達する。前述の如く対馬藩主導の被執取引には利息がかからないため公債金利は低率に抑えられ、銀私債が活躍する余地は乏しい。ところが銭債は国内の農民や商人に貸与される。貸し手の大部分は民間の貸金業者であり、政府の銭資金が民間に貸し出されることは本来なかった。公債＝銀、私債＝銭という分業が成立している以上、銭公債の金利をわざわざ公定する必要はなく、英祖も公債について深く考えずに粛宗期の旧制を援用したものと思われる。

ところがこの決定は意外な波紋を呼んだ。四年二月開城留守沈珙は、朝廷が公債一〇％、私債二〇％の金利を定制として八道に頒布したが、本府は他道とは異なり、従来より（公債金利）二〇％が定着していて何らの民弊もないと訴えた。これに対し李光佐は、松都だけ公債金利二〇％を許すと不公平が生ずると反対した[21]。しかし沈珙は四月にも「各庁の監任および有識の民人らは皆、昔は勅行に際し各種の費用を人民より徴責したので、民は負担に堪えきれず、物貨を官に納めて給債取殖してもらい、以て支勅の需を補ってきたと言う。近来本府（の財政）は甚だ薄弱となり、什二で取殖していた時でもなお捻出に苦しみ、借金せざるを得なかった。今もし什一の命令が行われるなら、数年以内に資金が枯渇し、必ずや更に民間を侵害する弊端となろう」と述べ[22]、公債金利を下げると勅行経費が捻出できなくなると訴えた。ここで言う各庁とは開城府隷下の財務機関のことであり、かつて計戸収米方式によって確保されてきた勅行支応などの経費を顕宗一一年（一六七一）より殖利活動によって捻出するようになったもので、当初の原資は商民から徴収した銀三万両であった[23]。

同年七月沈珙は大司憲に遷り、翌月新任留守趙遠命は、松都の民情は公債利息二〇％を願っていると伝えたが、英祖は允許しなかった[24]。彼は一〇月にも、一〇％への変更後、中江開市の資金五百余両や勅行・使行の支応費用が捻出し難くなったと上啓し[25]、翌五年右議政李㙫や左議政李台佐も同様の主張を繰り返したが、英祖は翻意しなかった[26]。更に六年五月には新任留守李箕鎮が、公債利息を一〇％に下げた結果、原資一〇万両の内五万両が逋欠となったという趙遠命の言を引用して、何らかの方途を講ずべしと上啓し、同年八月にも李箕鎮および右議政李㙫・判義禁府事尹淳・左尹金取魯・副司直李匡徳・戸曹判書金東弼が二〇％への復帰を請願したが、英祖はやはり認めなかった[27]。

開城の公債金利をめぐり国王と廷臣が激しく対立したのは、これが銀債なのか銭債なのか不明確であったからである。開城留守や廷臣らは開城の庫・庁の原資が銀であり、利息の使途も対清貿易や勅行・使行支応など銀建て経費であるから、公債金利を私債水準と同じ二〇％に設定しても何ら民弊とはならず、逆に金利を一〇％に押し下げると庫・庁に逋欠が生じ、めぐりめぐって商民の負担が増加すると認識していた。しかし英祖は銀資金が銭債に転換され農民層に貸し出される可能性を疑っていた。

実際李箕鎮によると、英祖六年における銀資金八万余両の内訳は銀が四万五〇〇〇両、銭が約一〇万両であり、使行貿易の停滞により赴燕商人は年利二〇％の銀公債を必要としておらず、民情も什二の復活を望んではいなかったので、平安道の封不動・別備銀を分給するよう請うた。[28] これに対して漢城府判尹金取魯は李箕鎮が民情探査を誤ったと非難し、行副司直宋真明も李箕鎮の民情とは一〇％の公債を借り二〇―三〇％の私債を貸して利鞘を取る将校の意見であると論じた。[29] しかし七年二月李箕鎮は「廷臣らは私が什二の復活を請願しないことを非難するが、主上より民情を訪察せよと命じられたからには、私は民情が不便とすることを敢えて請願しない。蓋し商賈通貨の路が阻まれ、商賈は利益を失っており、什一の公債でさえ引受を願わないからである。これは実に対処し難い。今もし少しでも貨路が開ければ什二に復旧することも困難ではない」と反論している。[30]

廷臣らは開城での外交・通商経費の調達を最優先し、銀債を前提として金利二〇％への復旧論を唱え、李箕鎮も当初は彼らに同調していた。しかし民情を詢問したところ、対清貿易の衰微により貿易商は一〇％の公債さえ借りる力がないことが判明したため、復旧論から離脱した。彼の裏切りを非難する金取魯や宋真明も、借り手の不在については言及しておらず、将校の鞘取り行為を問題視したが、このことは図らずも資金の借り手が貿易商から国内の高利貸し業者へ移っていたことを暴露することとなった。その内実は銭債であったと思われる。

粛宗末から英祖初にかけて行われた公債・私債金利の制限と、開城での例外措置を認めるか否かについての議論は、大局的に当時の経済情勢の変化を反映していた。すなわち中継貿易の減少による銀公債需要の低下と国内での貨幣経済の普及に伴う銭私債の増大である。そもそも租税国家である朝鮮が官銀の貸付により利益を得ていたのは、銀が対清外交上必要不可欠であったにもかかわらず、銀を人民より徴収することが不可能であったからだと思われる。従って銀公債の借り手が付かなくなると、各衙門の銀備蓄は漸次取り崩され、やがては官帽法・税帽法へと帰着した。すなわち帽子貿易の独占権と引き替えに商訳より税銀を徴収する方式に転換したのである。官営高利貸しである公債は租税制度と矛盾するものであり、銀公債のみが一時的・例外的に容認されていたに過ぎない。その銀公債が対清貿易の縮小により自然消滅すれば、公債自体が不必要になるはずである。しかし実際には銀公債に替わって銭公債が出現した。その運営主体となったのが英祖期頃から地方衙門で盛んに設置されるようになった民庫である。

二　民庫と公債

既に見た通り、開城府では財政需要の一部を正規の税貢とは別に計戸収米や公債殖利で調達していた。このような非正規財政が発生したのは、政府が開城府に然るべき財源を準備せず勅行・使行への支応を要求したからであり、その遠因は銀を租税として徴収できなかったからであった。一方開城には貿易に従事する富商大賈が多数存在したため、政府は開城留守に勅行・使行や中江貿易にかかる費用の捻出を委ねたのである。ただ開城に限らずどの邑でも大なり小なり国家財政が手当てできない地方行政経費が存在した。明清中国では銭糧の一部を存留して地方財政としていたが、これに加えて銭糧の付加税を糧戸に対し按糧攤派（税額に比例して割り付け徴収）することが黙認されており、また銭糧が課せられない、すなわち田土を所有しない商人に対しては当官と呼ばれる財貨・役務の徴発や牙行の営業税である牙税の付加税として陋規の徴収が行われていた。[31] 一方朝鮮では宣恵庁に上納する大同米の一部を大同儲置米として各邑に留置し、ここから地方行政経費を捻出していたが、一八世紀後半頃から次第に儲置穀や還穀を原資とした殖利活動へと重点が移された。[32] 更に一八世紀より各邑は中央衙門や各道監兵営からの雑役税提供要請に応ずるため、また京主人・営主人の役価や地方行政経費を支辦するため、邑事例に基づいて民庫と総称される諸種の独立した財務機関を設置し、邑民に税役を割り付けるようになったが、多くの場合、民庫に集積した資金を給債殖利すなわち高利貸しで運用し、その利益で諸費用を捻出していた。また利息の一部は民庫設立当初に上級衙門より借用した元本の償還にも充てられた。[33]

一七三〇年前後の開城では高利貸しを嫌う英祖の意志や対清貿易の衰微に伴う銀需要の減少により、公債の金利は一〇%に押さえられていた。しかし英祖二〇年（一七四四）戸曹判書金若魯が「松都の公債は旧来什一であったが今は行われず、むしろ什二を公債の定式とし、続大典にも載録されている」と述べているように、英祖の低金利政策は一七四〇年代には既に崩壊していた。その一方で漢城府左尹李日躋は「関西の公債は皆什一を定式としている。かつて守令らは民役の除去を目的に各庁を多設し、銭財を備蓄して民間に貸し付け利息を取ったため、関西の民は皆公債を負わされ、その多さに堪えかねて逃亡する者が出るに至っている。什一でもこの有様であるのに、什二など西民を絶望の淵に追い遣るようなものだ」と述べている[34]。この頃各邑の民庫は銭公債を貸し付けており、銭需要が高い開城では年利二〇%に引き上げられ、逆に銭需要が低い平安道では年利一〇%でも償還困難となっていた。公債金利は地方の銭需要に応じて決定される傾向にあり、政府による画一的な金利政策は次第に維持不能になりつつあった。

その後商訳に対する銀公債は焦げ付きがより深刻化し、一七五〇年には商訳に貸し付けられ一〇年以上未捧の公債に対し償還の一時停止が決定された[35]。同じ頃平安道では、右参賛元景夏が公債を借りるのは狡商猾校すなわち商賈や将校であると上疏し、持平李寿鳳が守令や郷吏が公債で私腹を肥やしていると告発しており[36]、銭公債は官吏や富商を利するだけで庶民には全く裨益しなかった。

官銀の運用が不可能になっても勅行・使行需要がなくならない限り、資金運用機関である民庫は廃止できない。何故なら民庫は銀以外の物資や役務も支辦していたからである。平安監司宋真明によると平安道では使行の刷馬や草料を民庫より醵出しており、また衣料・祭祀・封進・私的贈答・日常経費など勅行・使行以外の費用も民庫に支払わせていた[37]。漢城に近い楊州でも補民庁や保民庫が設置され、勅行・使行応接や刷馬の経費を負担していた[38]。更に英祖一五年、関西暗行御史李性孝の報告によると、前順川郡守兪冑基が民庫銭三〇〇両を邑人金万興に貸し付け、咸鏡北道で商売を行わせていたとあるように[39]、民庫は銭を取殖して公費を支辦していた。

公債は各邑の民庫だけでなく監兵営からも貸し出された。これらは営債と呼ばれた。たとえば英祖三二年には前忠清監司趙明鼎が、賑資の確保を理由に各邑より醵出された営穀の半数を甲利で取殖したと暗行御史趙曮に告発されており[40]、英祖三五年には知事洪象漢が、数十年前咸鏡監営では銭十余万両と綿布一二〇同を民間に貸し付け、三〇%の利息を取っていたと指摘している。[41] 英祖四七年には領議政金致仁が、近年監司は監営の銭や綿布を私的に殖利しているが、平安道が最も甚だしく、今後は原則禁止せよと上啓しており、正言宋聚行は平安道の営債が四〇万両に達していると述べている。[42] 官営高利貸しは中央衙門にも及び、禁衛営でも債銭が行われていた。[43]

各邑や監司による公債の盛行は国内市場や貨幣経済の一定の発展を前提としていたものであったとはいえ、各衙門の経費捻出を主たる目的としていたため、必然的に過剰融資に走り、焦げ付きを生じる傾向にあった。一八世紀後期の公債は外交上必要とされる銀資金の確保という本来の目的から完全に逸脱し、各邑民庫や営門儲備の維持・増殖を企図するものに変質していた。そこで正祖元年（一七七七）左議政鄭存謙の提言により公債の禁止が実施されたが、その背景には開城府のような商業の盛んな地域でさえ銭備蓄が元数六〇万両から実存一二万両に激減しているが如き、深刻な逋欠があった。[44]

正祖が公債を禁止したことにより、これまで殖利に頼ってきた地方は一定の打撃を受けた。たとえば開城府では、正祖一〇年留守尹蓍東が、同府ではこれまで許多の経費を専ら銭債に依存してきたが、近来京外の公債の多くが帳消しにされ、十数年来備蓄が漸減していると報告している。[45] この頃から隣接する金川郡の大南面・小南面および長湍府の松西面を開城府に定界劃給すべしとの議論が起こり、実施された。[46] 大邱府でも一七八一年から一八〇〇年までの間、新たな公債の貸し出しがほとんど行われなくなった。[47]

しかし全国的に見ると公債禁止令は甚だ不徹底であり、各地で取殖の事例が報告されている。たとえば江陵県では銭六一〇〇両を年利三〇%で運用し蔘価を補塡しており、長津府では銭五〇〇〇両を年利一〇%で運用し築城経費を確保しており、平安道では兵営の留庫銭一〇万両を二〇站所管の一四邑に無利子で貸与して取殖させ、行幸経費を補塡させていた。[48] かの開城府も相変わらず銭債の取殖で使行支応などの諸経費を賄っており、貸付総額はかつての三〇万両から減少したとはいえ、未だ一五万両程度を維持していた。[49] その反面、金利は公定の二〇%を超えることが多く、たとえば永川郡では六〇―七〇%の長利で貸し付けており、慶州府でも四〇%の長利を取っていた。[50] そこで正祖二四年兵曹参知李益運は、各道営邑の放債殖利が深刻な民弊となっており、什三・什五の高利で貸し付け、隣徴・族徴も横行しているとして、公債の全面禁止を主張した[51]。

それでは監兵営や各邑は直接貸金業を営んでいたのだろうか。営債の具体的な運用方法について述べた記録は乏しいが、民庫に貸付業務を委ねていたのではないかと思われる。純祖即位年（一八〇〇）一二月、勅行・使行の経費を負担させられている両西の民庫の殖利が元本割れし、庶民が穴埋めを強いられている状況に対し、垂簾聴政を行っていた貞純大妃は純祖を通して、壮勇衛の儲穀を換銭し、平安道へ一四万一〇〇〇両、黄海道へ四万四〇〇〇両を送り、該道民庫を補塡せよとの綸旨を下した。これに対し直提学尹行恁は、銭貨の取殖は久しければ弊を生じ、終には穀物の分還取耗に及ばなくなると懸念している[52]。今回は臨時の措置であるが、この頃から国家資金が民庫を通して庶民に貸し出され、その利息が各邑の諸経費に充てられるようになったものと思われる。そしてその運用は還穀と類似し、還穀以上の弊害をもたらす危険性さえあった。

前節で述べた通り、本来公債は外交・貿易上必要な銀を租税として徴収できないため例外的・便宜的に施行された措置であった。しかし倭銀の流入途絶と国内での銭流通の浸透により、銭で税を徴収して市場から銀を購うようになった後も、公債は廃止されず、むしろ雑役税の負担を口実として全国的に拡大した。純祖八年全羅左道暗行御史李勉昇は、関西では放債銭の名目があり、湖南でも一年の費用を人民より収斂し、民庫に管理させると報告しているが、二年後羅州牧使呉翰源は、京外諸衙門より銭二万四〇〇〇両を巡営に貸与し、その内の二万両を道内各邑に分送し、年利二〇%で取殖させていると上疏している。なお純祖二一年全羅左道暗行御史沈英錫の報告によると、湖南の民庫は西路とは異なり各邑が私設したものに過ぎず、初めは防役に便宜を図るために作られたが、終には利潤追求の手段と化したとある[53]。このように公債が銀債から銭債に転換した時点で勅行・使行支援銀の確保という大義名分は剝げ落ち、純然たる官営高利貸しへと転化したのである。その弊害は尹行恁が心配した通り、三政紊乱の一つに挙げられる還政と肩を並べるほどであった。

民庫の金利は建前上『続大典』の二〇%を上限としていたが、実際の邑事例によるとこれを超えるものも多かったことがわかる。張東杓が紹介している邑事例の内、『江州節目摠録』民庫別備節目の条および『江界府事例釐正記』民庫歳入の条では二〇％と規定されているが、『密陽補民契節目』癸卯正月の条および『将庁料資銭播給民間節目』では四〇％とあり、『秋城三政考録』各様邑弊矯捄秩の条では雇馬庁・将庁・訓錬庁が五〇％、郷庁・梨亭書斎が四〇％での取殖を認めている。[54] かかる高金利では商人が純然たる投資を行うことは事実上不可能と見られ、結局富民に対し強制的に貸し付けられ、後日吏逋や民逋といった焦げ付きを生じることになったものと思われる。

法令に定められた正規財政では地方行政経費や臨時的支出を賄えないという事情は中国でも同様であった。たとえば清末の四川省では公局と呼ばれる半官半民的財務機関が存在し、民庫と類似の役割を果たしていた。[55] ただ中国の公局が非正規の徴税で資金を確保する準財政であったのに対し、朝鮮の民庫は官営高利貸しという営利活動で費用を捻出していた。庶民にとっては付加税を勒徴されるか高金利を勒徴されるかの違いでしかなかったかもしれないが、金融的手法は財政の応能負担原則を逸脱しており、従って強制貸付による吏逋や民逋を招来しやすく、最終的に隣徴や族徴といった「取れるところから取る」という紊乱状態に陥ることになった。

おわりに

朝鮮王朝は明清中国と同じ租税国家であったが、壬辰倭乱以降、対中国外交・貿易に必要な銀を確保するため、中央衙門の銀資金を使節に随行する通訳や商人に貸し付け、金利を取るようになった。このような官営高利貸しは公債と呼ばれた。当時朝鮮は中国と日本との間で中継貿易を行っていたが、国際通貨である銀は朝鮮国内でほとんど通行しておらず、大半は対馬藩のもたらす銀に依存していた。対馬藩は輸出入に被執慣行を採用し、唐貨を買い付けに赴く朝鮮商人には銀を前払いする一方、倭館へ唐貨を売り込みに来た朝鮮商人には銀を後払いしたので、後者に銀資金を提供する朝鮮政府は金利を抑えざるを得ず、一〇％を上限と定めた。

一方、一八世紀頃から国内で本格的に銭が流通するようになり、銭の高利貸しが盛んになった。そこで政府は公債金利を年利一〇％、私債金利を年利二〇％に公定した。これは銀債に準拠して制定されたものであるが、一七三〇年前後の開城では公債金利が二〇％であったため、勅行・使行支応に必要な銀の確保を優先する廷臣らは松都のみ二〇％の維持を主張した。しかし英祖は銀公債を装った銭公債であるとして一〇％への引き下げを貫いた。その後政府の銀備蓄量は漸減し、銀調達手段は公債殖利から官帽法・税帽法へと移行した。

銀公債の減少と対照的に急増したのが銭公債である。銭公債は監営や各邑民庫より貸し出され、銀公債に代わって勅行・使行経費や雑役税に充てられた。正祖は一七七七年に営債を禁止したが、改革は不徹底であり、一九世紀には民庫を通した官営高利貸しが盛行するようになった。公債金利は一七四四年に編纂された『続大典』に基づき二〇％を上限としていたが、現存する邑事例には四〇％や五〇％もの長利が規定されているものも存在する。かかる高金利は逋欠を招来し、族徴・隣徴によって庶民を苦しめ、財政を蝕んでいった。

註

（1）宮原兎一「朝鮮における債務支配の一考察――公私債について――」『朝鮮学報』六輯、一九五四年。
（2）李碩崙「李朝時代의 長利」慶熙大学校『論文集』一〇輯、一九八〇年。
（3）金洪基「朝鮮時代의 公私債制度에 관한 研究」『韓国伝統商学研究』一二輯二号、一九九八年。
（4）呉永教「朝鮮後期 地方官庁 財政과 殖利活動」『学林』八輯、一九八六年。
（5）『朝鮮成宗実録』巻四四、成宗五年閏六月甲辰。李碩崙もこの史料に着目し、この頃から内需司長利が社会問題化したと捉える。前註（2）李、一五八―一五九頁。
（6）同右、巻一四八、成宗一三年一一月丙申・丁巳。
（7）『朝鮮中宗実録』巻二五、中宗一一年六月壬子。
（8）同右、巻九〇、中宗三四年五月乙酉。
（9）『承政院日記』第四二冊、仁祖一二年三月二四日
権鑊。以戸曹言啓曰。……但謝恩上使新出。而赴京員役等。例為受出各衙門銀子。辺利納贏之事。且臣曹亦有貿販銀蔘之挙。京中市民奸騙之徒。受出各衙門銀子。以為牟利取贏之計。則自備局啓下本意。帰於虚地。赴京員役及京中市民。称以辺利。図受［数字欠］銀子者。一切勿許事。

(10) 同右、第三一三冊、粛宗一二年正月五日
寿興曰。使臣之行。雖在常時。員役等行資欠少。則到北京需用之際。多有苟簡之患。故曾前必貸出各衙門銀貨以去矣。今番則又異於常時。到彼需用。必倍於前。令各衙門従優許貸。而第其辺利太重。則難於還償。反為失利之帰。初不受去者或有之。今番則辺利参酌減捧可矣。上曰。従優許貸。而辺利則亦為量減可也。

(11) 同右、第三八五冊、粛宗二五年六月一〇日
左議政崔錫鼎曰。……各衙門公債。常時辺利。例捧十分之二。或捧半辺利。亦或有除辺利之時。

(12) 同右、第四四九冊、粛宗三五年六月一二日。

(13) 同右、第五一〇冊、粛宗四四年九月一五日
上曰。……自今定制官貨。則勿論米布銀銭。京外各衙門。一従還上例。什一生殖。民間則米穀用什五。銀銭布則什二生殖。

傍線部は欠字であり『新補受教輯録』戸典、徴債所収の条文で補った。同条文の割註には康熙丁酉（粛宗四三年）承伝とあるが、本書では『承政院日記』に従う。ちなみに『備辺司謄録』第七一冊、粛宗四四年九月一六日の条は傍線部を「衙門。一従」と作る。

(14) 同右、第五六〇冊、景宗三年一一月一六日。

(15) 拙書『大清帝国と朝鮮経済』九州大学出版会、二〇一四年、第八章「銀備蓄政策と銀店開発」。

(16) 田代和生『近世日朝通交貿易史の研究』創文社、一九八一年、第十一章「輸出銀をめぐる諸問題」。

(17) 『承政院日記』第六〇三冊、英祖元年一〇月一九日。

(18) 同右、第六一四冊、英祖二年四月一二日。この頃各邑は雑役税を捻出するため庫・庁などと呼ばれる各種の財務機関を設置した。その総称が後述する民庫である。

(19) 同右、第六三六冊、英祖三年閏三月一六日。

(20) 同右、第六四九冊、英祖三年一一月一一日。

(21) 同右、第六五五冊、英祖四年二月五日。

(22) 同右、第六六〇冊、英祖四年四月二四日
各庁監任及有識民人等皆言。在昔以勅行時。百種徴責於民。民不能堪。出物納官。給債取殖。以補支勅之需矣。近来本府。既甚残薄。雖在什二生殖之時。尚患苟艱。未免称貸。而今若又行什一之令。則不過数年。自至蕩竭。必有更侵民間之弊。

(23) 金泰雄「朝鮮後期 開城府 財政의 危機와 行政区域 改編」『韓国史論』四一・四二輯、一九九九年。

(24) 『承政院日記』第六六九冊、英祖四年八月一六日。

(25) 同右、第六七二冊、英祖四年一〇月一日。

(26) 同右、第六八九冊、英祖五年閏七月一〇日、同右、第六九三冊、英祖五年九月一〇日。

(27) 同右、第七〇七冊、英祖六年五月二一日、同右、第七〇八冊、英祖六年八月五日。なお前註（26）英祖五年閏七月一〇日の李墣の上啓には本銀九万両とある。

(28) 同右、第七一〇冊、英祖六年九月五日
箕鎮曰。什二復旧事。往詢松都民人。則皆以為不便矣。……箕鎮曰。伏聞平安監営。有封不動及別備銀。其数不尠云。以此分給之意分付。何如。……上曰。……本府什一。根本幾許耶。箕鎮曰。銀四万五千両。銭近十万両。合而言之。則銀八万余両。……箕鎮曰。燕商失利之後。雖以什二為式。民情不願用公貨云。

(29) 同右、第七一一冊、英祖六年九月二〇日
取魯曰。李箕鎮誤探民情而白矣。上曰。此民情。其有別般民情乎。真明曰。其民情則出債将校之民情也。官家則以什一給債。而渠則或以什二或以什三。私自給債。及其捧納也。只以什一之利納之。其余則渠任自取食。豈不願乎。

(30) 同右、第七一八冊、英祖七年二月四日。

(31) 拙書『清代財政史研究』汲古書院、二〇〇二年、同『明清時代の商人と国家』研文出版、二〇〇二年。

(32) 前註（4）呉、孫炳圭『조선왕조 재정시스템의 재발견』歴史批評社、二〇〇八年、三四一―三四三頁。

(33) 金容燮「朝鮮後期의 民庫와 民庫田」『東方学志』二三・二四、一九八〇年、金徳珍『朝鮮後期 地方財政과 雑役税』国学資料院、一九九九年、第二部第三章「雑役税 運営機構의 設立과 弊端」・第四章「民庫의 設立과 運営」、張東杓『朝鮮後期 地方財政研究』国学資料院、一九九九年。

(34) 『承政院日記』第九七七冊、英祖二〇年九月七日
若魯以公私債什二之意仰達曰。松都公債。旧以什一為式。而今則不行。無寧以什二為公債定式。載録於続典矣。日躋曰。臣習知関西事。関西公債。皆以什一定式。而自前守令之要誉者。多設各庁。以除民役。而辦置銭財。給債於民間。存本取利而用之。関西之民。無一家不負官債。逃亡流徙。不能奠居。皆由於官債之多故也。什一之式。其弊如此。則加以什二。豈不失望於西民耶。

ちなみに『続大典』巻二、戸典、徴債には「凡徴債。勿論公私。過什二者。杖八十徒二年」とある。

(35) 同右、第一〇五五冊、英祖二六年四月一五日
近来京外公貨。多入於商訳之手。曾前所儲。殆至耗竭。尤不当不分遠近。一併停捧。至於差緩数年之限。未免太過。公債未捧十年以前者。限今年秋成前。姑勿徴捧。

(36) 同右、第一〇三〇冊、英祖二四年六月一〇日、同右、第一〇四一冊、英祖二五年三月五日。

(37) 同右、第七三三冊、英祖七年一〇月二四日、同右、第七九三冊、英祖一一年正月一〇日。

(38) 同右、第六〇〇冊、英祖元年九月五日、同右、第八九六冊、英祖一五年八月二〇日。
(39) 同右、第八九七冊、英祖一五年九月九日。
(40) 同右、第一一二九冊、英祖三二年三月一二日。
(41) 同右、第一一七三冊、英祖三五年九月一一日。
(42) 同右、第一三一六冊、英祖四七年四月二九日、同右、第一三一七冊、英祖四七年五月一三日。
(43) 同右、第一三八〇冊、正祖即位年四月二七日。
(44) 同右、第一四一〇冊、正祖元年一二月一〇日・二九日。
(45) 同右、第一六一四冊、正祖一〇年一一月一一日
著東曰。松都一府。幅圓［員］至狭。穀簿甚少。許多経用。専靠銭殖。近来京外公債。無不生弊。蕩滌者居多。而松都則以俗尚逐末之故。東西牽架。僅能支過矣。十数年来。所儲漸耗。応入之不足於応下者。幾為三分之一。
(46) 前註（23）金。
(47) 前註（32）孫、三六九頁。
(48)『承政院日記』第一六八四冊、正祖一四年一二月二九日、同右、第一七〇六冊、正祖一六年六月三〇日、同右、第一六六八冊、正祖一三年一一月二五日。
(49) 同右、第一七五九冊、正祖二〇年二月九日、同右、第一七六三冊、正祖二〇年五月二九日。
(50) 同右、第一七九二冊、正祖二二年五月五日、同右、第一七九八冊、正祖二二年一〇月一一日。
(51) 同右、第一八二二冊、正祖二四年五月二日
益運曰。各道営邑放債殖利之弊。大関民隠。称以補民防役。名色百千。雖以生殖言之。或以什三。或以什五。低仰惟意。重歇無常。不出十年之間。一境吏民。都帰債藪。甚至於徴隣徴族。始也救弊之方。終為厲民之階。尾大難掉。莫可救薬。臣意則令廟堂行会諸道。凡係放債之規。一竝革罷。
(52) 同右、第一八三一冊、純祖即位年一二月一二日・一四日・一六日。
(53) 同右、第一九五三冊、純祖八年八月六日、同右、第一九九一冊、純祖一〇年一二月二九日、同右、第二一六〇冊、純祖二二年一一月二日。
(54) 前註（33）張、一五六・一五七・一六〇―一六二・一六八・一八五頁。
(55) 前註（31）拙書『清代財政史研究』第二章「清代後期四川における財政改革と公局」。

第九章　雑種量制の収斂

はじめに

度量衡の統一は民間の商取引を円滑化し国家財政を安定させるため必要不可欠の政策であり、何より社会に対する国家権力の威信を示すものでもある。それ故東アジア諸国の歴代王朝や幕府のような執権機関は開闢の初期に度量衡を制定し、それを社会に強制してきた。朝鮮も例外ではなく、太祖期より音律と度量衡の統一が図られ、世宗期に確立された。そしてこの時の度量衡制が『経国大典』を嚆矢とする諸法典に継承され、一九世紀末まで維持された。ただ朝鮮の度量衡制は法定度量衡が民間はおろか政府機関でさえ厳格に遵守されず、時代が下るほど度量衡「紊乱」の度合いが激しくなる点で、中国や日本のそれと大きく異なっていた。それ故度量衡に関する先行研究は「紊乱」の実態把握とその原因究明に努力を傾注してきた。特に米や豆など穀物による財政運用（田税・大同・還政）や穀物を媒介とした（現物貨幣による）商取引が牢固に残存した朝鮮では、量制の「紊乱」に関心が集中した。

まず官用量制の「紊乱」について。法定量制が政府機関によって遵守されないとすれば、その原因が官僚や下吏による枡の不正操作にあることは容易に推測できる。全炯沢は朝鮮後期に官用度量衡の「紊乱」が激化した理由について、吏胥や郷吏層の数的膨脹と賦税の銭納化に伴う現物徴収部面での不正の苛烈化を挙げている(1)。また河元鎬も吏胥層を中心とする封建官吏が情費・雑費を捻出するため枡の不統一に付け込んで収奪をほしいままにしたと述

べている。(2)

次に民間量制の「紊乱」について。官用量制より民間量制の方が法定量制からの乖離が顕著であり、家ごとに枡の大きさが異なっていたことはつとに漢文史料を通して知られていたが、一九世紀後期の日本人による調査報告がより詳細な手掛かりを残している。これらを利用した河元鎬や李ビョンギュの研究によると、地域によって度量衡は不統一であったが、数箇所の郡県に跨る市場圏を単位として均一化の傾向を帯びていたことが解明されている。(3)また李宗峯は現在韓国各地の博物館に残存する枡の実測容積も加えて、法定量制と民間量制との懸隔について考察している。(4)更にこれらの諸研究は斗枡と升枡との容量比が一〇倍はおろか整数倍にさえなっていなかったこと、換言すれば一升は一斗の何分の一であるかが不確定であったことを実証している。このことは民間にあっては斗は升の上級単位ではなく、斗と升とはそれぞれ独立した単位であったこと、従って斗表示の物品を升枡で計量することはほとんど不可能に近かったことを示している。それ故たとえば一斗二升などといった容積表示はできなかったと思われる。実際李ビョンギュは地域によって一斗が三升・三升三合・四升・五升・九升・一〇升などに相当したという報告を『通商彙纂』の中に見出している。(5)

一方、日本人研究者は枡の容積だけでなく形態や計量法についても注目している。鶴園裕は朝鮮末期の枡形について、直方体だけでなく底が広く口が狭い台形の枡が存在したことに言及し、その理由を枡の不正操作予防に求めている。(6)また田代和生は宗家文書という江戸時代日本人の観察記録から「これらの枡を使用するにあたって、ほとんどの場合スリ切りに量らない、つまり少なくとも当時の対馬人が見た限りでは、それが年貢の徴収米であろうと商取引であろうと、枡の上に米が乗るだけのせて、こんもりと山高く盛り上げて計量するのが朝鮮の慣習であった」と明言している。(7)注目すべきは田代が掲示している朝鮮枡の形態である。世宗二八年（一四四六）に制定された法定量制では、大斛（全石）一斛は二〇斗に、小斛（平石）一斛は一五斗に相当し、後者は新営造尺で長さ二尺・幅一尺・深さ一尺四寸七分とされていた。(8)小斛の枡形はバスタブのような直方体に造るべしと規定されていたのである。ところが対馬人が見た官斛は、たとえば倉掛多左衛門の実測によると日本尺で長さ三尺一寸二分・幅一尺三寸三分・深さ八寸六分五であり（田代書、一二一頁）、食膳のような扁平形をしていた。斗概による擦り切りを行わないのであれば、枡の形は口狭底広の等脚台形より底浅の扁平形の方が山盛りに計量する余地が多く、税米などの過剰徴収を行い易い。

以上総じて、韓国人研究者は朝鮮後期の官用度量衡や民間度量衡が法定度量衡と乖離し、その傾向は民間度量衡の方がより顕著であったことを、日本人研究者は枡の使用法が擦り切りを行わない山盛り計量で、枡形も大盛りに好都合な扁平形であったことを乏しい史料の中から解明した。それでは何故朝鮮ではかくも量制がまちまちで、不正確な計量慣習が容認されていたのだろうか。大半の論者は「落庭米」や「斛上加升」といった下吏の収奪慣行に原因を求めている。しかし地方官や胥吏の苛斂誅求は中国でも見られたが、それは度量衡器の不正操作を通しては行われず、税額外の付加徴収として実現された。また民間の商取引で異なる枡を使い分け不正利得を企図する行為は朝鮮政府も平市署を通して取り締まっており、それ以外の雑種量制は社会に根付いた商慣行であったようであるが、何故彼らがその不便性を克服しようとしなかったのか不明である。

ところで官用量制について既存の研究が言及していない部分がある。それは米を中心とする財政制度の特徴である。江戸時代の武士階級は領民より米年貢を徴収しながら、その大部分を大坂で貨幣に交換して必需物資を購入していた。清代中国では銭糧の大部分は地丁銀として貨幣納化され、例外的に北京駐留の軍隊に供給する米穀のみ江南諸省より漕米という形で現物徴収が行われた程度に過ぎなかった。救荒備蓄制度である常平倉・社倉・義倉の米穀も貨幣形態で採買（公費購入）され平糶（廉価販売）されるのが一般的であった。これに対し朝鮮では、政府の必需物資は貢納制によって現物調達することを原則とし、大同法が施行された朝鮮後期には米・綿布・銅銭などによって代納化され、貢人がこれらを対価として官需物資の納付に責任を負った。田税は米納され、官庫に備蓄されたり官僚や兵士の俸給として支出されたりしたが、備蓄米の新陳代謝は還政を通して実施された。

江戸時代の日本量制が十進法に則り量器が精確であったのは、単に幕府の威令の強さや市場の成熟度の高さによるものではなく、幕藩財政が年貢米の市場化を前提としていたからではないだろうか。清代中国では財政に占める現物徴収の比重が低く、兵士の俸給は漕米の直接支給ではなく銅銭で支払われていた。各省に備蓄された常平倉穀も市場を通して、すなわち貨幣を媒介として新陳代謝されていた。しかし朝鮮では田税米は官僚や兵士に直接支給されており、彼らがその一部を市場で販売し他の物産や貨幣と交換していたとしても、その量は少なかったものと考えられる。備蓄米を新陳代謝する還政も中国の採買・平糶政策とは異なり、直接生産者である農民に対し陳米を強制的に貸し与え、収穫期に新米を回収する方法で運用されており、貨幣を媒介としていなかった。このような財政制度の下では、量制の不精確性が市場から反撥を受け是正される余地は少なく、立場の弱い兵士や農民が不利益を甘受させられていたものと思われる。

以上の想定に立脚し、本章では朝鮮後期の量制を財政構造の側面から再検討する。すなわち単に枡ごとの容積を比較するだけでなく、枡の形態や計量法も含め、官における不正計量が如何なる制度的条件下で行われたかについて考察する。また不正計量を釐正するため政府が如何なる政策を実施し、どのような結果をもたらしたのかを解明する。更に中央財政とは直接関わりがない還政や民間商取引における量制についても併せて検証する。

一　中央財政と量制

朝鮮の法定量制は斗以下が中国量制に倣った十進法で、石（斛）のみが二〇斗の全石と一五斗の平石に二分されていた。先行研究の多くはその理由を計量する物質（たとえば籾米と玄米）によって使い分けがなされていたのではないかと推測するが、確証はない。ただ朝鮮後期になると平石の使用が一般化したようである。一六五七年国王孝宗が「百官の禄米は古くは全石で計量し加棒も付けていたが、今では平石を用い加棒も減らしたのは何故か」と下問したのに応え、司諫趙復陽は「禄は平石であっても民は納税に事欠く。倉官に問うたところ閔聖徽が斛制を改め、底を広く口を狭くして米が外に溢れないようにした」と述べている(9)。倭乱と二度の胡乱を経て国土が荒廃し、財政が慢性的に欠乏した朝鮮政府は、大枡から小枡で禄米を支給するよう改め、また等脚台形の官斛を用いることで加捧という名の付加徴収も減らそうとしたらしい。しかし実録を繙くと、仁祖二二年（一六四四）戸曹判書閔聖徽が中央の財政官庁と各道に検定済みの官斛を頒給しようと建議したのに対し、仁祖は宣恵庁のみ実施するよう答えている。[10]王権を以てしても官僚層から加捧という既得権を召し上げるのは容易ではなく、口狭底広の官斛に改定されたという趙復陽の言は甚だ疑わしい。それはともかく平石での俸禄支給は孝宗期には一般化していた。

とはいえ孝宗七年（一六五六）戸曹判書洪命夏は、今回新製した枡は旧来の枡より公正で、上乗せ量は三升程度に過ぎないが、驚くべきことに外方では新斛を改造して過剰な加捧を続け、民怨を招いているとして「大概外方の田税を民間から収捧する時、通例一八斗を以て官倉に納めている」と述べており、[11]政府がいくら一五斗三升の平石枡を頒給しても、地方の徴税部門は官斛を改造して毎斛一八斗程度徴収できるようにしていたらしい。なお徴税用の官斛が製造当初から毎斛三升程度の添加分を追加する慣行は「斛上三升」「斛上加升」などと呼ばれ、この後も継続される。ただ一五斗強の枡を一八斗入りの枡に改造したのではなく、枡の改造と山盛り計量などの不正操作とを併用することで結果的に毎斛一八斗を徴収していたのであろう。[12]先行研究が明らかにしているように、当時朝鮮では山盛り計量が容認されており、擦り切り計量で徴税した県監が暗行御史により善政を施したと称えられるほどであった。[13]そして斛枡の形状は対馬人が目撃した通り口が広くて底が浅い扁平形で、計量者の手加減が加え易くなっていた。英祖三〇年右副承旨任璋が「現今の斛子は闊くて且つ浅く、増減を加え易い。若し大典法に記載された様式に従って枡を作れば奸吏の弄奸の弊はなくなるだろう」と述べているように、[14]法定量制は全く無視され、下吏が過多あるいは過少に計量し得る平底の斛枡が官用量制の中で定着していた。

これとは反対に支払いに用いられる官斛は一五斗を下回るのが通例であった。たとえば顕宗元年（一六六〇）司憲府は、宣恵庁が貢人への代価支給に際し一斛につき一二―一三斗しか支払わず、該庁の色吏が差額を着服していると告発している。[15]また孝宗七年戸曹判書許積は、当初湿気を含んだ木で枡を製造したため、乾燥収縮により容量が戸曹の斛子より七升五合も減少し、船人が大層困窮していると述べている。[16]恐らく官米を各邑から預託される際に使用される枡が縮み、戸曹に納入する枡と較べ毎斛七升五合の不足が生じたというのであろう。実際には各邑の下吏が枡を改造していたに違いない。

このように朝鮮後期の官用量制は自然発生的に「紊乱」したのではなく、枡の改造や計量時の不正操作により定額より多めに収捧し少なめに支給するという意図の下で懸隔したのである。そこで政府はとりあえず京外間の量制格差の是正に着手した。粛宗九年（一六八三）には戸曹参議李翔の建白により、各道・各邑に烙印された秤と枡の使用を義務付けた。(17)ところが翌年左議政閔鼎重は、戸曹が八道監営に精造した新斛を頒給し、監営にて同様の枡を製造し各邑に分給させたものの、忠清道の新斛は監司が精確に製造しなかったためなのか、以前より七―八升から一―二斗ほど大きくなったと上啓しているように、(18)量制の京外統一は当初から躓いた。粛宗四一年（一七一五）には中国に倣って口狭底広の銅製斗斛を鋳造し八路に頒布するよう王命が下されたが、(19)成功を収めた形跡は見当たらない。

量制の不正が根絶できなかったのは、その淵源が単なる官僚や下吏の需索にあったのではなく、官庁の必要経費が財政により手当てされていなかったためである。粛宗九年軍資監書員高孝巌は戸曹の調べに対し、当監では斛面落米（落庭米）を剰米と称し、毎月の炬燭等雑費に充当していると答えている。(20)高孝巌はこれを私物化したとして摘発されたのであるが、官場ではこのような下吏の人件費としての流用も半ば容認されていたのであろう。銀で徴税する清朝では地方衙門の必要経費は陋規として正規の税に上乗せして徴収することが慣例となっており、自封投櫃という胥吏の恣意的点退を予防する措置も講ぜられていたが、現物徴税の残る朝鮮では枡の改造や不正操作により必要経費を捻出していたのであろう。

不正計量の弊習は単に農民に対する田税の過剰収捧に止まらず、貢人・船戸・禁軍兵士に対する過少支払いにも及んだ。まず貢物納付に責任を負う貢人について。粛宗三五年都承旨金演は、司饔院の訴えとして「昨年水原の報状によると、戸曹が上啓して斗子を罷め、始めて斛子を使用したので、戸主の升斗の合計は以前と同様であるが、漁夫の受け取りは昔と比べ大縮した」と上啓している。(21)戸曹が斗枡を斛枡に変更したことにより、農民の税貢負担には変化がなかったものの、漁民が貢物の代価として受け取る米の量は大幅に減少したらしい。漁民を収奪したのは魚物を納める貢人や代価を支払う宣恵庁であったと見られる。英祖三年（一七二七）には領議政李光佐が「宣恵庁は官員に人材を得ず、所捧の斗斛は軽小で基準を満たさず、貢物の代価を分給するに及び、一斛は一三斗に過ぎず、米の品質も粗悪であるため、貢人は利を失っている」と述べており[22]、宣恵庁の支払い過少が貢人の経営を悪化させ、そのしわ寄せが前述の漁民ら生産者に及んでいたのであろう。

次に税貢米を漕運する船戸について。先に見た通り、外方各邑は乾燥収縮などにより小型化した枡で税貢米を計量し船戸に預託していた。一方これを受け取る京司はより大きな枡で計量するばかりでなく、下吏から諸般の情費を要求された。英祖四年右議政呉命恒が「京司上納の時、斛子大小同じからず、且つ情債を入るる所あり。船価を以て担当する能わず」と述べるように[23]、不正は京司でも行われ、船戸を苦しめていた。そこで彼らは勢い米をふやかす和水行為に走るようになり、英祖一〇年には献納徐命珩が、和水の弊害を防止するため、宣恵庁で新造した斛子での計量を各邑に遵守させるべしと上啓している[24]。呉命恒は各邑の不正計量しか念頭に置いていないが、英祖八年和水の犯人として左辺捕盗庁に捕まった海州船戸朴冑泰は、京江人鄭守江から「今回海州の京運米を宣恵庁に上納する際、毎斛一六斗有余であれば無面（定額不足）の弊を免れるだろう。そこで私は和水して納付した。君がもし官家から受託された米をそのまま上納しようとするなら、たとえ石を枡の中に入れようとも、なお不足に苦しむだろう。和水の他に方策はないよ」と唆されたと供述している[25]。宣恵庁へ税貢米を納付する際には情費などの追加徴収で毎斛一六斗以上を準備せねばならず、船戸は各邑郷吏と京司下吏との二重収奪の狭間で和水に走らざるを得ない状況に追い込まれていたのであろう。

最後に禁軍兵士について。朝鮮政府は基本的に良民の軍役によって軍隊を維持していたが、禁軍のような精鋭部隊は募兵制を採っていた。彼らは斗単位で廩禄を支給されていたが、英祖一四年一一月より斛単位による支給に切り換えられたため、一人当たりの受け取り量が四―五升以上減少した[26]。ここでも水原の事例と同様、斗枡から斛枡への変更により支給額が大幅に低下している。斗枡が正確な計量を保証していたとは断定できないが、扁平な斛枡は支給の際にも庫吏による不正の余地が比較的大きかったのかもしれない。後に正祖の下問に対し、領議政金尚喆は、別営の軍兵への料米の計量を斛単位から斗単位に変更したのは戊申（英祖四年）の（李麟佐の）乱からであると述べ、戸曹判書洪楽純は、斗枡は他と比べて最も大きく、斗で計量すると倍額支給することになり、既に謬例となっているが、今直ちに釐革するべきではないと述べている[27]。これらの発言を総合すると、もともと禁軍兵士の料米計量は斛単位であり、李麟佐の乱に際し士気高揚のため斗単位に変更されたが、英祖一四年に再び斛単位に戻されたということであろう。

この措置は兵士に不評であったため一箇月で撤回されたが[28]、英祖四五年戸曹佐郎李敬倫は「私は別営に在職している。軍兵に放糧する時、初めは斛子で支給していたが、後に斗升単位で分配するようになった。そこで軍兵の給料は自ずと手厚くなり、（別営の）一箇月の減縮量はほとんど二―三百斛に達した」として「斗子で分配していた給料をにわかに斛子へ変更するのは難しいので、料米の多少により九斗枡・八斗枡・七斗枡を製造し、これで分配すれば、減縮数は数百斛の多きには至らないだろう」と再提案した。しかし領議政洪鳳漢は実施が困難だと反論し、英祖も却下した[29]。一斗枡であれ七・八・九斗枡であれ枡自体が精確公正に製造されていれば支給額は不変であり、従って兵士の不満も政府備蓄米の減縮も招来しないはずである。李敬倫は別営儲米節約の立場からより大型の枡での支給を企図したのであるが、これは枡が大きいほど不正を働き易いことを国家が認めているようなものである。さすがに英祖はかかる露骨な廩料削減措置を許さなかったが、官用量制の不正確性は周知の事実であった。英祖一四年には国王自ら「我が国に二斛有り。給と捧の時用いる所なり」と述べているように[30]、支給枡と収捧枡とは容量が懸隔しているのが常であった。

このように宣恵庁が貢人に米を支払ったり各邑が船戸に税貢米を預託したりする際には一五斗を下回る斛枡を用い、禁軍兵士に対する料米支給でも斛単位支給の復活や大型斗枡の使用が企図されるなど、量制の混乱に便乗した過少支出が日常的に行われていた。これは貢人の生産者収奪や船戸の和水などの諸弊を招来した。更に政府内部でも支給官庁と受領官庁とで量制が異なる場合もあった。英祖二九年礼曹判書洪鳳漢は、各衙門の斗斛は各自不同であるが、特に大同米を受領する軍門の斗斛が戸曹や宣恵庁の斗斛より大きいのは問題であるとして、宣恵庁量制へ

の統一を進言し、国王の支持を得ている。(31)

しかし英祖や廷臣の努力にもかかわらず、官用量制の整理は進まなかった。正祖七年校理鄭在信は、大同の枡は還上の枡より大きく、田税の枡は大同の枡より大きいこと、軍米を郷村から捧上する場合や宮結（宮房の結税）の差人が収捧する場合には斛を用いず斗で徴収するが、その斗の大きさは一斗五―六升に達することなどを上疏している。(32)ここでは比較的公正であったはずの斗枡さえもが増徴の道具として利用されていることが注目される。

ただ田税枡は一斛当たりの実徴量が一七―一八斗程度に収斂されていった。正祖一六年には承旨申耆が、全羅・忠清道の船戸を救済するため来年より一斛＝一七斗二升の法聖倉漕斛に統一せよと提言したが、左議政蔡済恭は、法聖斛は一七斗五升であり加徴もされるから、列邑の斛子をこれに準じて造成するなら民怨が沸騰するであろうとして反対している。(33)翌一七年掌令金禧夔は、忠清道清安県では正祖四年の水運判官革罷により毎斛捧税が一八斗から一四斗に減額され、後に一三斗七升が基準となったが、県監李鼎烈が一斗を加上すると称して実際には毎斛一八斗徴収したと弾劾している。(34)

一方正祖一四年四月、咸陽郡宣諭兼査正御史に任ぜられた崔顕重が別単にて「忠清道には保米斗があり全羅道には用税斗があって、それらは（毎斛）七斗あるいは八斗だと言われるが、官斗で換算すると全て九斗・一〇斗を下らない。既に朝廷の申禁の意に背いているばかりか、所捧の斗数は定例がない。故に全羅監司はただ六斗を徴捧せよと列邑に関飭し、忠清監司は概ね七斗を徴捧せよと守令に言及せよ」と報告したのに対し、左議政蔡済恭は「戸曹が各軍門の保米斗を取り寄せ、容量を折衷して斗子を造成し、四辺を鉄で囲って各道監営に下送し、各邑に命じてこれに倣って枡を造らせ、監営が検査して烙印を押すべし」と提言し、右議政金鍾秀も「別に大斗を造り各邑異例の弊を釐正するのは当然必要であるが、斗斛の不一致は保米斗に止まらず、各邑の田税斗・賑恤用官需斗も大小が懸隔しており、甚だしい場合は還穀の収捧と分給とで斗が異なる。そこで大小の量制を調べて折衷し、鍮斛を造成して各道・各邑に頒布せよ」と回答した。(35)このように田税枡・保米枡・還穀枡など用途に応じて枡の大きさがそれぞれ異なり、田税枡であれば一斛＝一七―一八斗、保米枡なら一斛＝七―八斗といった具合に、部門ごとに収斂していったのである。蔡済恭も金鍾秀も中央政府による量制統一を主張するが、その方法は政府量制の一方的強制ではなく、各部門で使用されてきた量制慣行を調査して大小を折衷し、それを公定するという妥協的・現実的路線を考えていた。

総じて、朝鮮後期の官用量制は早くから不統一であり、粛宗期、英祖期、正祖期と時代が下るにつれその弊害がより深刻に受けとめられ、その釐正が模索された。しかしそれは官用度量衡を全面的に統一するというものではなく、納税者―徴税者間あるいは各邑―京司間で双方が納得できる均衡点に収斂しつつあった斛斗比を勘案しつつ、地域間・官庁間のばらつきを折衷・補正して部門ごとに最適値を求め、これを頒布するという方式を採っていた。従って同一部門では量制統一が実現したが、田税と保税といった異なる部門では一斛の大きさは不統一であった。正祖二三年沃川郡守呂駿永は、量制の乱れを「公私の斗斛は本より定制があるが、近来各邑は任意に造作するので、官斗と場斗はその制を異にし、還斛と税斛も定規がない」と上疏しているが、見方を変えれば官斗・場斗・還斛・税斛はそれぞれ独立した基準で統一されており、ただ各々の互換性がなかっただけであるとも解釈できる。彼は続けて「最近聞くところでは、洪州牧使が舌合斛子の制を採用した。その大小高低はまだ実見していないが、上に蓋板を設けて開閉するものである。故にこれで収捧すると他の枡と比べやや少なくなり、民は便利だと称えている」と報告している[36]。つまり上蓋付きの枡で擦り切り計量をするようにしたのである。これが人民から高い評価を得たのは、単に山盛り部分が減らされたからだけではなく、公正な徴税が行われるようになったからであろう。

一九世紀以降も度量衡の統一を訴える上疏はしばしば出現しており、公正な徴税を目指す一部の官僚と中間利得を最大化しようとする下吏との確執は継続した。しかし両者の綱引きの間で、純祖前期には実徴田税は概ね一斛＝一七―一八斗に落ち着いており[37]、この均衡点は多少の揺らぎを内包しつつその後も維持されたものと思われる。しかし還政や民間の量制は田税の量制とは別の道を辿った。これらについては次節以下で検討しよう。

二　還政と量制

朝鮮は中国と同じ中央集権国家であり、監営や州・府・郡・県は独立した地方財政を持たない、謂わば中央政府の出先機関に過ぎなかった。ただ中国では戸部や布政司のような上級官庁が財政収支を一括して監督していたのに対し、朝鮮では上級官庁である宮房や京司が分立し、各邑に対して個別に収捧を行っていた。従って量制も機関や費目ごとに個別に収斂され、部門間を横断する量制統一には至らなかった。更に朝鮮では各邑が備蓄米の新陳代謝を行っており、これを還政と称したが、官米の貸与や収捧に際して使用される枡は当然田税・大同のそれとは異なっていた。

還政においても漕運の場合と同様、小型の枡で与え大型の枡で取るという不正行為が郷吏によって行われていたことが推測されるが、管見の限り史料に登場するのは、粛宗一五年（一六八九）司憲府が前茂朱府使趙泰来に対し、同府各倉の備蓄穀一万三〇〇余斛を一九斗の大斛で収捧する反面、出糶に際しては竹筒で米を漏出させ、一斛につき七斗から一〇斗しか与えなかったとして弾劾したのを嚆矢とする。[38] しかしこれは明白な瞞着である。量制を通した収奪としては、粛宗三三年（一七〇七）瑞山郡守柳泰明が、還政はたとえ石数が定式通りであったとしても、斗で支給して斛で収捧したり、升で支給して斗で収捧するのは白徴に他ならないと上疏しているのが初見かと思われる。[39] 贅言するまでもなく、大型の枡の方が山盛り計量による加徴がしやすいからである。

還政における大小枡の使い分けが本格化するのは一八世紀半ば頃からである。英祖二四年（一七四八）司諫朴弼幹は「春に給散する際、民は一〇斗を受けるが、常に八―九斗に満たず、秋に収捧する時、官は一一斗を徴するが、必ず一二斗を超える。名目上（利息は）一割だといっても、実質的には三―四割になる」と上疏し、[40] 英祖三九年（一七六三）献納玄光宇は「各邑の倉穀は全て奸吏に委ねられているので（貸与時）一包の中味は一〇余斗に過ぎず、麤穀（粗悪穀）に換えられたり虚殻（粃《しいな》）を混ぜられたりする。古の一斛は一五斗を出なかったが、今では多いと一八斗、少なくても一七斗である。所謂落庭や看色の数も以前より追加され、また一斗半の耗穀もあるので、一石を還納するには必ず二〇余斗を費やすことになる。受領の時既に四―五斗損をし、返納の際また五―六斗を追加されるので、半年の間に損失は（毎斛）一〇余斗になる」と上疏し[41]、英祖四六年（一七七〇）左議政韓翼謩は「収捧する精穀は必ず大斗を以てし、春給する荒租は乃ち小斛を以てす」と述べている[42]。また正祖即位年（一七七六）幼学康致休は「かつて一石を受領していた戸は今では一〇余石となり、かつて二―三石を食していた戸は今では二〇―三〇石に至る。秋に捧納する時、都監・色吏・倉直・守卒が上下から収奪し、斗斛を計量する際には落庭や散地などの不正が多々ある。春に分給する時、斗数を改量すると、一石あたり一五斗であるべきものが僅か八―九斗に過ぎない。石数の多い戸の損失は如何ばかりか」と人民の窮状を訴え[43]、正祖二〇年（一七九六）前持平姜碩亀は「州県の胥吏輩による瞞着が最もひどい。春季民に散給する時には粃や腐敗した穀を与え、秋になれば必ず精穀で還納させる。また小さくて定量に満たない枡で分給し、収捧の際には看色や落庭と称して好き勝手に収奪を行い、大斗全石（二〇斗）で民より取り立てる」と述べている[44]。小枡での貸与と大枡での収捧、粗穀の貸与と精穀の収捧、計量における看色・落庭などの中間搾取、そして貸付量の強制的引き上げなどを通して、地方官や郷吏が農民に対する収奪を強めていったことが、これらの史料から読み取れる[45]。一八世紀末から還政の弊害は田政や軍政の弊害と併せて三政紊乱と呼ばれるようになる。

還政における諸弊の中で量制を通した不正を予防する最も簡単な方法は、田税や大同の場合と同様斗枡での計量であった。正祖一八年大司憲林蓍喆が「分還の法は邑ごとに異なり、斛で分かつ所もあれば斗で分かつところもある。斛分の邑は石数を計って分給するが、当初は計量しなかったので、一包の穀が一〇斗に満たず有名無実となって、民は頼る所がなかった。斗分の邑は斗に準じて量給するので、民は失う所がない」と述べているように[46]、斗単位での貸与は斛単位より公平だと認識されていた。ただ、林蓍喆は本来一包に一五斗詰められているはずの米穀が実際には一〇斗以下であることを問題視しており、斛枡の大きさや計量法については言及していない。なお正祖六年判府事鄭弘淳が、宣恵庁の賑米を斗枡で分給すると救恤に間に合わない心配があるので五斗枡や二斗枡を作って分給すれば簡便だと述べたのに対し、行副司直鄭民始は一応賛同したものの、大型斗枡では不正を招く恐れがあると注意を喚起した[47]。賑恤は還政と事情が異なるが、枡が大きいほど不正の余地も広がるという認識は共通している。

以上のように、還政は貸与時と収捧時との二局面で計量を行い、両者の差額と利息で収奪するため、田税や大同のように一斛の容量がある範囲内に収斂することはなかった。蓋し一五斗枡で貸して大型枡で還させる場合もあれば、小型枡で貸して一五斗枡で還させる場合もあるからである。純祖一六年（一八一六）行知中枢府事南公轍が「外方の還穀斛子は邑ごとに各おの同じからず」と述べているのは[48]、その証左であろう。もちろん同じ邑でも貸与用と収捧用では枡の大きさは異なっていたのである。

三　民間量制

田税・大同の徴収や貢人・兵士への支払いは権力による人民収奪と密接不可分であるから、官用量制は還政を除き一定の数値に収斂する傾向にあったが、民間量制は取引者双方が納得すれば如何なる容積の枡でも使用できたので、先行研究が解明しているように法定量制との懸隔はより甚だしかった。景宗三年（一七二三）修撰呉命新は「我が国の斗斛権衡は皆基準があるが、即今八路の場市では斗升が各々異なり、都城ではその弊が最も甚だしい。市中の斗升は大小まちまちであり、朝夕で変化する」として民間量制の統一を訴えている[49]。英祖八年（一七三二）には副修撰黄晸が、近来斗斛が不均一となり、京外の民生が非常に不便になったと唱え[50]、翌九年には承旨柳儼が、京中では工曹が、外方では営鎮が毎年秋分の日に度量衡器を検査し、合格したものには烙印を押すべしと提案して、裁可された[51]。しかし英祖一五年には右副承旨尹彙貞が、賑恤庁の枡より市上の枡が大きいため、官米発売時に価格が（市斛建てで表示されるため名目上）高騰すると述べており[52]、翌一六年には校理徐命臣が、度量衡は八道で各々異なり、市廛では最も定制がなく、売買に弊害をもたらすことが多いので、八道および市廛で用いられる秤や枡を五年あるいは一〇年ごとに検査すべしと提言しているように、[53] 民間量制と官用量制とは相変わらず大きく懸隔しており、毎年秋分の検認さえ実施されていなかった。

ここで注目されるのは、呉命新も徐命臣も民間量制の乱れは八道よりも漢城の市廛で著しいと認識していることである。交換経済が未発達な外方諸邑では法定量制を強制することもある程度可能であったが、市廛では自律的に形成された取引慣行を否定して法定量制への転換を強いることは至難の技であった。英祖七年右副承旨洪尚賓は、平市署を通して銭一両＝米三斗前後の公定米価を遵守させ、駔儈には平市署の烙印を押した官定の枡を使用させるべしと提案したが、平市署令朴弼教は、近年国家の度重なる物資調達要請により市廛民の凋落が著しいことに配慮し、急激な度量衡統一を控えるべしと反論している。[54]

正祖五年掌令洪秉聖は「近日国中の秤や枡は一家の中でも入用と出用とで異なり、一廛の中でも朝用と夕用とで異なる。此の邑の一升はほとんど彼の州の半斗に当たり、東の市の一尺は西の村の数寸に満たない」と述べ、[55] 翌六年漢城府判尹鄭昌聖は、市廛民が作り漢城府や平市署の烙印を押されている升斗は本より定式がなく、廛によってまちまちであるとして、戸曹の鍮升・鍮斗を基準にすべしと提言している。[56] このような民間量制の乱立状況と政府による量制統一の必要性はその後も繰り返し主張されているが、改善された兆しは見られない。それどころか急激な改革は弊害を惹起するという慎重論さえ唱えられた。正祖一九年全羅道暗行御史鄭晩錫が、閭閻・場市の斗升はそれぞれ大きさが異なり、不正の糸口となりかねないので、鍮斛に準拠して大小を均一にし烙印を押して通用させるべしと報告したのに対し、備辺司は各道・各邑・各村里で異なる民間量制を一挙に矯正するのは到底不可能であり、却って弊害を生むとして、これを留保すべしと回答している。[57] 量制の不統一は確かに不正行為を引き起こす可能性があるとはいえ、民間の取引が雑種量制により概ね円滑に行われている以上、国家が敢えて市場慣行に介入し、余計な混乱を引き起こす必要はないというのが政府の見解であった。

それでも民間量制を官用量制に統合せよと言う主張は間歇的に提起された。たとえば純祖二六年（一八二六）正言具定黙が「最近では国法がないがしろにされ、列邑の市斗は大小不揃いとなり、徒に大型枡が主流となった。甚だしい場合は官斗二杯分を一斗と称するに至った。このため秋収後各地の豊凶を弁別できなくなり、市価により小民の官物納付は大層混乱するようになった」と告発しているように[58]、地域ごとに異なる量制が民間で普及したことにより政府の物価調査や貢物納付に支障をきたすことはあったらしい。だがこの程度の不都合であれば甘受する方が簡単である。政府は一九世紀末まで民間の雑種量制を放置した。

おわりに

朝鮮後期の量制は不統一であったが、その様態は中央財政の量制、還政の量制、民間量制でそれぞれ異なっていた。中央財政では大枡による過剰徴収や官庁間の量制の差異を梃子とした下吏の不正が蔓延し、その被害は農民・貢人・船戸・禁軍兵士に及んだ。これを是正する努力が積み重ねられた結果、部門ごとに一定の斛斗比「相場」が形成され、斛枡の容積が収斂されたが、異部門間の互換性はなかった。これに対し還政では貸与と収捧との差額が収奪の源泉となるので、双方が毎斛一五斗前後であるとはいえ、枡の容量が収斂することはなかった。官用量制では還政を除く中央財政で徴税や支給における部門ごとの統一が緩やかに進行したと言えよう。ただ擦り切り計量はほとんど実施されず、枡を不正操作する余地は残された。一方民間量制は各道・各邑・各村・各家でそれぞれ異なっており、民間商取引の自律性に委ねられていた。民間量制の乱れは地方場市よりも漢城市廛においてより顕著であった。政府は「同律度量衡」の名分を掲げ、粛宗期より鍮製量器を八道に頒布し、これを基準にして諸邑に枡を作らせ、検査に合格したものに烙印を押して通行させており、また英祖期から毎年秋分の日に枡の検量を行うこととされたが、これらの措置が遵守された形跡は乏しく、結局官民の度量衡が統一されることはなかった。

朝鮮の量制と密接不可分の関係にあるのが計量される米穀の流通形態である。朝鮮では農民から徴収した税貢米は貢人や兵士に支給され、また還政を通じて官倉と農民との間を往来することはあっても、政府によって市場化されることは原則としてなかった。度量衡という取引の基準を制定する政府が自ら市場との取引を行っていなかったのである。手持ちの穀物を高く売りたい政府とこれを安く買いたい商人との緊張関係が存在しない財政制度の下では官用量制と民間量制との擦り合わせを行う動機は生まれない。一方官用量制の中でも収奪—被収奪の対抗関係に置かれた徴税部門では相互の綱引きの結果として一定の均衡点に収斂していったが、官庁ごとの分立傾向が強い財政制度の下では部門間の統一は一九世紀末までなされなかった。

註

（1）全炯沢「朝鮮後期 度量衡制의 紊乱과 実学者의 整備論」『歴史教育』二四輯、一九七八年、七四—七五頁。

（2）河元鎬「조선후기 度量衡『문란』의 원인 연구」『韓国史研究』五九輯、一九八七年、一一八頁。河は官辺度量衡と称するが、本書では官用度量衡と呼ぶ。

（3）前註（2）河、이병규「朝鮮 後期 量制 運用의 地域別 実態」『全北史学』二四輯、二〇〇一年。

（4）李宗峯「朝鮮後期 度量衡制 研究」『歴史와 境界』五三、二〇〇四年。

（5）前註（3）이、一五九頁。

（6）鶴園裕「李朝末期の度量衡」『東洋文化研究所紀要』九九冊、一九八六年、三九—四〇頁および六〇—七五頁の付図（出典は徳永勲美「近時ニ於ケル度量衡器」『韓国総覧』第一九章、度量衡、第二部、一九〇七年）。

（7）田代和生「対馬藩の朝鮮米輸入と『倭館枡』——宗家記録『斛一件覚書』からみた朝鮮米の計量法——」『朝鮮学報』一二四輯、一九八七年（田代『日朝交易と対馬藩』創文社、二〇〇七年所収）、一一八—一一九頁（著書頁数）。

（8）『朝鮮世宗実録』巻一二三、世宗二八年九月壬辰。なお田代は朝鮮後期東萊の官斛と世宗期制定の小斛とを比較して、前者が後者より大きくなったと述べているが（田代書、一四四頁）、これは世宗実録の記述が法定度量衡で東萊官斛の計測値が官用度量衡であることの差異に過ぎず、朝鮮前期と朝鮮後期とで度量衡が異なっていたとは結論付けられない。

（9）『承政院日記』第一四六冊、孝宗八年九月六日
復陽曰。……且民間田税収捧之日。改其旧斛。加以一斗。民情不快。而其怨亦極。維城曰。此非改斛。毎有欠縮之勢。故外方加捧。以致此言耳。上曰。初之改斛者。必有之怪底事也。百官頒禄。古則全石而且厚。今也平石而減数。何也。復陽曰。禄則平石。而民猶□納。問於倉官。則閔聖徽。改其斛制。内広而外挾［狭］。以米不溢於外。

（10）『朝鮮仁祖実録』巻四五、仁祖二二年四月戊辰

戸曹判書閔聖徽啓曰。虞周之治天下。孔門之論治道。皆以量衡為言。則斗斛雖微物。而有関於治道亦重矣。近年以来。詐偽百出。量衡出納之際。奸巧罔測。斗斛制度。任自高低。公私之害。有不可勝言。本曹已令有米穀各司。較正斗斛。一体行用。請宣恵庁・訓錬都監・内需司・司僕寺及外方各道各官升斗斛。一依本曹制度。烙印行用為当。答曰。都監別無田結収米之事。外方則金起宗為判書時。既已造送。今不必改造。而宣恵庁則依啓辞施行。

(11)『承政院日記』第一三八冊、孝宗七年三月二六日。

(12)たとえば校理兪得一は、近日江華府では斛上三升が常態化し、列邑が民間より収捧する際には毎石一―二斗を加捧すると上啓している。同右、第三二八冊、粛宗一四年四月一三日。

(13)同右、第二五四冊、粛宗二年六月二二日

忠清道暗行御史姜碩賓書啓云云。……清安県監李慎段。到任以後。留意恤民。頗束下吏。処事明敏。捧上之際。平其斗斛。民称善政太守。

(14)同右、第一一〇二冊、英祖三〇年正月一一日

瑋曰。……而即今斛子。闊而且浅。易於盈縮。若依大典法所載之様而為之。則無奸吏弄奸之弊矣。

(15)同右、第一六〇冊、顕宗元年二月一四日・一五日。

(16)同右、第一四三冊、孝宗七年一二月二二日。

(17)同右、第二九八冊、粛宗九年三月二〇日。

(18)同右、第三〇三冊、粛宗一〇年三月一一日。

(19)『朝鮮粛宗実録』巻五六、補欠訂誤、粛宗四一年二月乙亥。

(20)『承政院日記』第二九七冊、粛宗九年二月二七日。一方、軍資監の枡は内需司・各宮・戸曹の枡より著しく小さかった。同右、第三一五冊、粛宗一二年閏四月一二日・一三日。

(21)同右、第四四七冊、粛宗三五年二月二五日。

(22)同右、第六五二冊、英祖三年一二月二五日

光佐曰。……而恵庁之官。不得其人。所捧斗斛。軽小未満。及当貢物分給之時。則一石不過十三斗。米品亦麤賤。故貢物失利矣。

なお貢物とは貢物主人すなわち貢人の意と解釈した。

(23)同右、第六六六冊、英祖四年七月二〇日

命恒曰。……京司上納之時。斛子大小不同。且所入情債。不能以船価担当。

(24)同右、第七八五冊、英祖一〇年九月二八日。

(25) 同右、第七四一冊、英祖八年四月二八日
李聖龍。以左辺捕盗庁言啓曰。和水罪人朴冑泰・鄭守江等。因筵奏。令捕庁究覈得情事。捧伝旨矣。即為開坐究問。則冑泰招内。……逢着京江人鄭守江。則守江自言。海州京運米。今番上納於宣恵庁之時。毎石十六斗有余。然後可免無面之弊。故吾果和水以納。汝若以官家所受。直欲上納。則竝其空石而入諸斛中。猶患不足。和水之外。他無計策云云。

(26) 同右、第八八一冊、英祖一四年一一月一八日。

(27) 同右、第一四〇〇冊、正祖元年五月三〇日。

(28) 同右、第一七三五冊、正祖一八年九月一五日
因軍資監判官李英裕所懐。……往在戊午本曹啓辞内。十一月朔為始。以斛量給。比諸斗給。減縮少不下四五升。貧残禁旅。失望大矣。依前以斗分給云云。行之一朔。旋即停罷。可知其有弊。

(29) 同右、第一二九二冊、英祖四五年五月一九日
戸曹佐郎李敬倫曰。臣方待罪別営矣。毎当軍兵放糧時。則初以斛子捧之。後以斗升分之。此是軍兵所給之料。自不免厚。則一朔所縮。幾至二三百石。在本曹誠非細慮矣。以斗分給之料。猝難以斛子改定。而因其料米之多少。分作九斗斛・八斗斛・七斗斛。以此分給。所縮之数。似不至屢百之多矣。以此意言于本曹判書。方欲筵稟而未果。故敢此仰達矣。上曰。此言何如。鳳漢曰。毎自戸曹有此議。而似難施行矣。上曰。置之。

(30) 同右、第八八二冊、英祖一四年一二月一八日。

(31) 同右、第一〇九一冊、英祖二九年二月二一日。

(32) 同右、第一五三六冊、正祖七年七月四日
校理鄭在信疏曰。……且夫度量衡之不均。尤為病民国之痼弊。以言乎其量。則大同之斛。大於還上之斛。田税之斛。大於大同之斛。甚至於軍米之自郷捧上者及宮結之差人収捧者。不用其斛而以斗捧之。其斗之大。恰受一斗五六升。為弊之端。罔有紀極。

(33) 同右、第一六九九冊、正祖一六年二月一一日・一四日。

(34) 同右、第一七一六冊、正祖一七年四月一日・二日・三日。

(35) 同右、第一六七六冊、正祖一四年四月七日・一四日。

(36) 同右、第一八〇三冊、正祖二三年正月一〇日
沃川郡守呂駿永疏曰。……公私斗斛。本有定制。而近来各邑。任意造作。官斗・場斗。既異其制。還斛・税斛。又無定規。……近聞洪州牧。有舌合斛子之制。大小高低。雖未目覩。上設蓋板。以之開闔。故其為捧上。視他稍歇。民皆称便。

(37) 同右、第一八五五冊、純祖二年七月一二日、同右、第一八五七冊、純祖二年八月一六日、同右、第一九一二冊、純祖六年五月二五日、同右、第一九一七冊、純祖六年九月二九日。

(38) 同右、第三三五冊、粛宗一五年五月二一日。
(39) 同右、第四三七冊、粛宗三三年八月二七日。
(40) 同右、第一〇二五冊、英祖二四年正月一四日。
(41) 同右、第一二一六冊、英祖三九年三月三日
献納玄光宇疏曰。……夫各邑倉穀。全付奸吏。逐石犯手。恣意除出。一包所存。多不過十余斗。此亦換以麤穀。雜以虚殻。……古則一斛所納。不出於十五斗之外。而今也則多至於十八。少至於十七。而所謂落庭・看色之数。比前尤加。又有斗半耗穀。故将納一石。必費二十余斗之多。受去之時。既損四五斗。備納之際。又添五六斗。半年之間。所失十余斗。
(42) 同右、第一三〇九冊、英祖四六年九月一四日。
(43) 同右、第一三八三冊、正祖即位年六月一三日
幼学康致休疏曰。……曾受一石之戸。今至十余石。曾食二三石之戸。今至数三十。入秩［秋］捧納之際。都監・色吏。除食於上。倉直・守卒。攘奪於下。量斗計斛之際。落庭散地之端。不一而足。開春分給。改量斗数。則一石十五斗。僅存八九斗。多石之戸。其失幾何。
(44) 同右、第一七六三冊、正祖二〇年五月九日
前持平姜碩亀疏曰。……州県胥吏之輩。幻弄尤甚。春間散及於民者。不過空殻腐敗。而秋来必以精穀督納。且以小斗・楞斛。分之於民。而及其収捧之際。或称看色。或称落庭。侵奪狼藉。乃以大斗全石。取之於民。
(45) 実際には還穀を長利（高金利）で貸し付けたり、邸債の償還に流用したりする弊害もあった。邸債と還政の関係については本書第七章を参照。
(46)『承政院日記』第一七三七冊、正祖一八年一〇月一五日。
(47) 同右、第一五一九冊、正祖六年一〇月一九日。
(48) 同右、第二〇七二冊、純祖一六年閏六月一〇日。
(49) 同右、第五五五冊、景宗三年六月一九日
呉命新又進曰。……我国斗斛権衡。皆有準式。而即今八路場市。斗升各異。至於都城。則此弊尤甚。市中斗升。大小不斉。朝夕変改。
(50) 同右、第七四九冊、英祖八年九月三日。
(51) 同右、第七六九冊、英祖九年一二月一三日。
(52) 同右、第八八三冊、英祖一五年正月一四日。
(53) 同右、第九〇六冊、英祖一六年二月一四日

命臣曰。……我国度量。本有定制。而近来朝家無申飭之事。故奸偽日滋。所用衡尺斗斛之属。八道各異。至於市廛。則尤無定制。斂散買売之際。弊端多出。臣意以為。八道及市廛所用権量之属。五年一考。或十年一考。永為定式。各別申飭。似好矣。

(54)同右、第七三二冊、英祖七年一〇月八日、同右、第七三三冊、英祖七年一〇月二一日。

(55)同右、第一四九六冊、正祖五年一〇月二四日。

(56)同右、第一五一〇冊、正祖六年五月二六日。

(57)同右、第一七四四冊、正祖一九年五月二六日・二八日。

(58)同右、第二一九九冊、純祖二六年正月二〇日

正言具定黙疏曰。……而自近以来。国法掃地。列邑之市斗。大小不斉。徒以大為主。甚至以二官斗所入。為名一斗。以是之故。報秋之後。遠近之豊凶莫辨。従市之価。小民之官納太濫。

終章

近世朝鮮では通貨政策と国防政策とが銅という金属を介して連繫していた。朝鮮前期まで銅は専ら大砲を鋳造するための原料と見なされていた。特に一六世紀になり仏郎機砲をはじめ西洋式火砲が東アジアに伝来すると、中国や朝鮮は大砲によって倭寇を撃退しようと図った。蓋し大砲は命中精度こそ低いものの船舶の撃破には効果的であったからである。同じ頃日本では戦国時代の地上戦の経験から火縄銃が普及した。火縄銃も通説で言われるほど命中精度は高くないが、近距離から発射すれば弓箭を凌駕する破壊力を持っていた。壬辰倭乱では火縄銃中心の日本軍と大砲中心の明軍とが衝突したが、兵器の性能では勝敗がつかず、最終的に明軍の兵站の力が日本軍を膠着状態に陥らせ、秀吉の死を契機として終戦に至った。

倭乱の経験を踏まえて戦後の朝鮮政府は積極的に火器製造に乗り出した。そこでは鉄製の小銃も青銅製の大砲も共に重視された。一方彼らは明軍の兵站の威力も目の当たりにしていた。明は銀を遼東や朝鮮に持ち込んで兵餉を現地調達することができたからである。倭乱後の朝鮮では明軍の残した銀が相当滞留し、漢城などの大都市では銀の通行が始まっていたが、朝鮮政府は高額貨幣の銀と併せて小額貨幣の銭を流通させることを企図した。

ところが銀も銅も朝鮮国内ではほとんど自給できず、共に日本からの輸入に依存せざるを得なかった。銀は丁銀と呼ばれる慶長銀がそのままの形で流通したが、銭は紆余曲折を経た後、一六七八年に常平通宝を鋳造することが決定された。銅は鋳砲にも鋳銭にも不可欠の原料であったが、総じて清国に対する恐怖感と貨幣経済に対する拒否感が残る一八世紀前期までは鋳砲が優先され、政府は鋳銭利益を以て鋳砲に充当していたが、一八世紀後期以降、貨幣経済の発達と倭銀流入の減少により銭需要が否応なしに高まると鋳銭が優先され、鋳砲とは切り離されるようになった。一九世紀には銀が貨幣経済から退場し、朝鮮は銭遣い制に収斂するようになった。英祖は倭銀流入が減少しつつあった時期に使行支援を名目として官帽法や税帽法そして包蔘制を相継いで実施し、結果的に貴重な銀の中国への流出を促進する政策を採ったが、その背景には中継貿易の影響を受け易く流出圧力の強い銀遣い制を放棄し、国内で流通が完結される銭遣い制に幣制を統一する意図があったものと思われる。一八世紀末に甲山銅鉱が開発され銅の自給がある程度可能となったことも銭遣い制を後押しした。

銀と並んで朝鮮が自給できなかったのが堅牢な軍用綿布である。明代中国では朝鮮にて青布・藍布・三升布と呼ばれる、衣料用としては不向きであるが耐久性に優れた特殊な綿布が製織されていたようであり、壬辰倭乱に際して来援した明軍は太糸で織られた厚手の綿布を用いた軍服・天幕・甲冑などの軍装を配備していた。倭乱により青布の軍需品としての重要性はにわかに高まった。一方明軍は青布を兵餉調達にも用いたが、民間衣料用には不適であったため、市場では青布がだぶついた。

壬辰倭乱の終結後青布の需要は急落するが、丁卯胡乱に勝利した後金は中江開市で青布の交易を朝鮮に強要した。朝鮮政府も軍布として青布を必要としていたが、丙子胡乱を経て清国の脅威が次第に遠のくと内地の将兵は錦衣を愛用するようになり、実戦向きの青布は敬遠されるようになった。一方中国でも清朝がモンゴルを服属させ北辺の緊張が緩和したことによって厚手の軍用綿布は次第に製造されなくなり、価格の高止まりと品質低下が同時進行した。一八世紀中葉には小青布に代わって帽子が輸入されるようになり、朝鮮政府は軍用綿布の大部分を国産品に置き換えた。

一方朝鮮前期北辺で女真族の警戒に当たる烽燧軍に送られる兵士には当初何らの衣料も支給されていなかった。そこで彼ら戍卒を慰撫するため、一五世紀後半から狗皮衣や衲衣と呼ばれる粗末な防寒着が断続的に支給され始めた。更に一六世紀前期には禦風性に優れた紙衣が支給されるようになった。これらは襤褸布や古紙を中綿の代わりに詰めたものと推測される。ただし恒常的な衣料支給はなされず、また戍卒全員に行き渡るほどの数量は送られなかった。軍役として立番する戍卒に対する処遇は極めて劣悪であった。

ところが丁卯・丙子胡乱の後、北辺で清国と対峙するようになると衣料支給政策は強化され、紙衣の他、狗皮衣・衲衣に代えて綿布・綿花・襦衣が下賜されるようになり、支給対象も現地の貧民にまで拡大された。ただし一八世紀に入り対清関係が改善すると、更なる救恤措置は実施されなくなった。朝鮮後期には軍門・軍営が大きな経済的影響力を行使しており、漢城では兵士の一部までもが権勢を笠に着て商業活動に参加し得たのに対し、そのような機会に恵まれない北辺では粗末な防寒着が支給される程度で、中央と辺境との落差は極めて大きかった。

常平通宝の鋳造に象徴されるように朝鮮後期は商品経済が発達し、政府もこれに応じて財政政策を修正する必要に迫られた。商品流通の構造的変化により一七四〇年代頃に出現したのが都庫である。都庫とは清代江南の牙行に相当する仲買問屋であり、地方から上京する船商や陸商より商品を大量に買い占めて小売商である市廛や乱廛に卸していた。初期の都庫は政府に対して貢物納付を請け負う貢人が設けた官物収蔵庫を指していたが、一七四〇年代頃より市廛（官商）や富民（私商）が商品を囤積する倉庫としての都庫が盛んになったのである。都賈（買い占め）行為は違法ではなかったが、市廛の都庫と江上富民の都庫とが仕入れの主導権をめぐって熾烈な争いを展開し、暴力的手段も辞さず物種を勒買したので、朝廷では一七五三年と一七六〇年の二度にわたり都庫禁止を令達したものの、いずれも失敗に帰した。そこで政府は一七九一年に辛亥通共を実施し、六矣廛を除く市廛と都庫とを併せて革罷した。

中国でも「把持行市」と呼ばれる仲買商の勒買行為と地方官による当官科派は一六世紀末の江南で社会問題となったが、最終的に一七二六年の牙行制度改革により牙行への恣意的な徭役賦課の禁止と牙帖発給権の布政使への一元化が達成されたことにより終息した。しかし朝鮮では互いに激しい競争を繰り広げる都庫が各種権力機関に庇護を求めて投属し、権力機関も営業権や徴税権を保障する見返りとして利益の一部を収捧した。一九世紀に入ると都庫を営む旅客主人が漢江沿岸や地方浦口にて主人権（客主権）を確立するようになり、仲買商として自然発生した都庫は権力機関の庇護と収奪を受ける客主へと収斂したのである。結果的に朝鮮では中国のような単一機関における営業権の認可と課税が実現されず、客主権が動産として各種権力機関や勢家に所有され、頻繁に売買されたのである。

次に都買商人の種類について見ると、都庫の最初の担い手は無頼であったが、その背後には買い占め資金を提供する富民がいたものと思われる。やがて無頼に代わり中都児（中都会・店漢・乾房）が登場した。もともと中都児は市廛から商品を仕入れて行商に卸す仲買商であったが、やがて無頼が客商より勒買し都庫に囤積した商品を梨峴や七牌の乱廛に卸したり、自ら楼院などの集荷拠点に進出して直接収買を行ったりするようになった。

一方松坡などの浦口では船商に酒食と宿所を提供し荷役業・倉庫業を兼営する旅客主人がいたが、一八世紀中葉までは斡旋・仲買業には進出していなかった。ところが一七八二年に東北魚商を専管する景慕宮底旅客主人が創設されると、彼らは景慕宮の権威を盾に中都児を排除して楼院での魚物集荷独占権を掌握した。更に客商からは酒食や宿所を提供する代価として高額の煙価を徴収するようになり、やがて煙価は煙税となった。宮底旅客主人に対抗するため一般の旅客主人も権力機関の庇護を得ようとし、また庇護の見返りに煙税を上納するようになった。辛亥通共は市廛の販売独占権と都庫の集荷独占権を一併革罷する施策であったが、都庫は権力機関の庇護を得て生き残り、仲買問屋として流通網を全国的に展開させる途ではなく、各自が浦口に陣取って基址（営業区域）を定め、仲買権や徴税権を排他的に行使する途を選んだ。

ところで朝鮮の税制は主として税貢すなわち田税・賦役・貢納により成り立っていたが、各邑から上送された税貢や漕米を中央政府の各機関に納付する役割を担っていたのは京主人であった。京主人は高麗時代より存在し、京邸という中央と地方との連絡機関に所属する官吏であったが、朝鮮時代には下吏が充当し、また税貢納付の責任も追加された。大同法の施行後も京主人は防納制を通して税貢を京衙門に代納し、後で邑に赴き高額の代価を増徴することで利益を得ていた。一方で彼らは京衙門の下吏から人情を要求され、また守令とその関係者および郷吏に対して邸債と呼ばれる返済の当てがない貸し付けに応じねばならなかった。すなわち京主人は徴税請負人として収奪者と被収奪者との両側面を有していたのである。

英祖期まで京主人は税貢防納や邸債強制に苦しんでおり、二度に渉り節目が制定されたが、本格的な負担軽減には至らなかった。そこで正祖は京主人の役価を還穀で代給するよう命じ、邸債を監営や各邑に肩代わりさせた。債権回収が確実な還米が邸債償還に流用されると、京主人は一転して郷吏へ積極的に銭を貸し付け、後から元利を邑民より徴収する高利貸しを営むようになった。彼らが銭を貸して米で返させたのは、米価の地域間格差を利用して還米を高値で売り捌き、米賤地域で買米して官庫に補塡する移貿によって殖利を企図したためであった。更に一九世紀には漕米を流用した高利貸しである米辺も登場し、還政や漕政を紊乱させた。京主人の弊害は全羅道で顕著であり、一九世紀中葉の晋州農民蜂起の一要因ともなった。

京主人は邸債という高利貸しを営んでいたが、朝鮮後期には政府自ら公債と呼ばれる官営高利貸しを行っていた。朝鮮時代の公債とは政府機関が使行貿易に従事する商人や通訳に銀を貸し出して金利を徴収するものであった。当時対清貿易に必要な銀は日本からの輸入に依存していたが、日朝貿易を独占していた対馬藩は自己の委託を受けて唐貨を買い付けに赴く商人には銀を先払いし、反対に朝鮮政府の公債を借りて唐貨を仕入れ倭館に売り込みに来る商人には銀を後払いする被執慣行を採用していたので、後者に資金を貸し付けていた朝鮮政府は前者との対抗上公債金利の上限を一〇%に制定した。

一方、一八世紀頃から国内で銭流通が盛行するに伴い銭の高利貸しも出現した。政府は公債金利を年利一〇%、私債金利を年利二〇%に公定したが、これは銀債を基準とした銭債金利であった。政府の銀備蓄量が減少するにつれ銀公債は減少し、これに代わって監営や各邑民庫から貸し出される銭公債が急増した。一七七七年には公債禁止令が出されたが効果はなく、一九世紀になると民庫を通した官営高利貸しが蔓延し、金利も非常に高くなった。こうして一七世紀には勅行・使行支援を目的に貸し出されていた公債は一九世紀には民庫を通した地方官庁の営利手段と化した。

商品流通や財政収支には度量衡の統一が必要不可欠であるが、朝鮮後期の量制すなわち枡の大きさは中央財政・還政・民間で大きく異なっていた。中央財政では徴税費目ごとに一定の斛斗比相場が形成され、容積が収斂する傾向を見せたが、還政では貸与と収捧の差額が収奪の源泉となるので容積が収斂することはなかった。民間では各道・各邑・各村・各家で量制がまちまちであり、商取引の自律性に委ねられていた。かかる量制の不統一は日本や中国と比較しても著しい。これは銀納を基礎とする中国財政や米納と年貢米販売を基礎とする幕藩財政と比較して、朝鮮財政が現物納を基本としつつ収取物の販売を行わなかったため、国家と市場との緊張関係が発生しなかったからであると推測される。

本書は朝鮮後期財政史に関する部分的考証に過ぎず、その全貌を解明するものとは到底言えない。しかし各断章を通して、後期朝鮮社会が対外関係を契機として貨幣経済の荒波に呑み込まれ、それと並行して財政の貨幣化が進展したことが読み取れるであろう。もとより朝鮮後期に商品貨幣経済が発達したことは既に許多の先行研究が言及しているところである。著者が前著および本書で強調したい点は貨幣経済の発展が著しく跛行的であったことである。

朝鮮後期の貨幣経済は対中・対日中継貿易に負うところが大きく、一七世紀の対日貿易が銀流通を促し、一八世紀になって倭銀輸入が減少すると銀遣い制に代わり銭遣い制が進展した。銭経済の普及に伴い各邑の京主人や民庫は還穀や漕米を担保とした銭の高利貸しを行うようになり、最終的に庶民が犠牲となった。商品流通においても一八世紀中葉から漢城で中都児や旅客主人が都庫と称される仲買問屋を営むようになり、一九世紀には地方浦口でも旅客主人が強制的仲買権を行使した。先行研究はこれらの現象を中央や地方の権力機関が財政収取を目的として新たな収奪を始めたものと理解してきた。そのような捉え方が誤りであるとは言えない。しかし巨視的に観察すると、国際的契機から出発した貨幣経済が未熟な国内市場を上から再編成したために生起した矛盾であるとも考えられるのではないだろうか。

そもそも一七世紀朝鮮の国内市場は米や五升綿布を標準的価値物に措定する程度に止まっていた。大同法はまさに現物貨幣を媒介とした国内市場の発展に対応した現実的収取制度であった。ところが中継貿易の拡大は国内に銀経済と輸入品市場をもたらした。漢城では軍布として青布が使用され、将兵は錦衣を着ていたが、北辺の戍卒には綿花・綿布や紙衣が支給される程度であったように、対外貿易の恩恵を受ける層とそれ以外の層との乖離は拡大した。財政においても力役や米布を現物徴収する段階で勅行・使行支援のための銀支出に迫られた政府機関は勢い公債を通した銀殖利に走らざるを得なくなり、これが銭殖利を誘発して京主人や民庫の高利貸しを引き起こしたものと見られる。国内市場は枡の規格さえ不統一なほど未熟であり、一般庶民は相変わらず米布を納税や交換に使用していたにもかかわらず、貨幣経済は漢城から地方市場へと押し寄せ、物価や量制の差異を利用して商人や下吏層が暴利を貪り、その一部は彼らを庇護する権力機関や営邑へ吸い上げられた。

朝鮮財政の特徴は、第一に先行研究でもしばしば言及されている収取機関の分立性である。しかし財政収支が現物に依拠している以上、それを一元化することは容易ではない。そもそも現物税制の下では徴収された税貢の再分配や長期保存に相当の負担を要する。蓋し貨幣と較べ現物は重くてかさばるため輸送や保管が困難であり、また経年劣化や官吏による不正（米への和水や上質布の麤布への置換など）も起こり易いからである。そこで政府は戸曹など中央の財政官庁を経由せず、執行機関と財源とを直接結び付けようとした。すなわち特定機関に特定地域・部門への徴税権を付与したのである。その代表的事例が景慕宮に対する宮庭旅客主人からの収取権付与であるが、常平通宝の鋳造権までもが戸曹・常平庁だけでなく各衙門・軍門に分与されたことも併せて注目すべきである。

第二の特徴は金融への依存度の高さである。本来高利貸しは商人が行うもので、商業を卑賤視していた朝鮮の支配層は常平通宝さえ高利貸しを誘発するものとして忌避していた。即位当初の英祖が銭廃止論者であったことはよく知られている。その一方で政府機関は対馬藩との対抗上手持ちの銀を使行貿易従事者に比較的低利で貸し付けており、中継貿易が行き詰まり銀の確保が困難になると勅行・使行支援を名目とした銭の高利貸しが盛んになった。一九世紀には各邑で民庫が設置され、やむを得ぬ措置として実施された銭債が常態化した。総じて朝鮮後期の財政は、本来例外的であったはずである貢人や市廛など商業部門からの収税が行き詰まり、その代替措置として実施された浦口や還政からの徴収が肥大化し、更に貨幣納の割合が上昇した後も収取機関の一元化はなされなかった。

それでは財政制度の構造的歪みは商品経済に如何なる影響を及ぼしたのであろうか。権力機関による保護と統制が旅客主人のような新興の仲買商を浦口の収税権者に矮小化したことは否定できない。しかし松坡や楼院の仲買商も主たる取扱商品は魚物であり、米穀や綿布が全国的に流通していたという史料は現段階では見つかっていない。中国や日本と比較して商品流通が未成熟であったことは如何ともし難く、権力機関が新特権商人層を生んだと言うよりは、もともと彼らが収税権者に甘んじてしまう程度の商業しか営んでいなかったと言うべきであろう。そして公債を通して中継貿易の利益を享受していた政府機関が安易に商業部門からの収税に依存するようになり、一九世紀に至り営邑にも波及したことは、萌芽的段階の商品経済を萎縮させる結果となった。

とはいえ、一八世紀から一九世紀にかけて海外流出の心配がない常平通宝を基礎とした銭遣い制が確立し、銭による徴税や官営高利貸しが生まれたことは、朝鮮でも遅まきながら「国民経済」が形成されつつあったことの証左であろう。ただしそれが商業的農業や小商品生産を基礎としたものであったことを積極的に示す史実はほとんど見られない。確かに山蔘に代替する新たな輸出商品である紅蔘の生産開始や魚物・煙草の漢城への大量流入など一八世紀には商品生産や商品流通の側面で新たな展開が見られた。しかし同時代の中国や日本で見られた綿業や製糸・絹織物業に代表される家内手工業はほとんど発展していなかった。農村部は中国や日本以上に自給自足的であり、その上空に貨幣経済が屹立していたのである。銀遣い制から銭遣い制への転換は両者の距離を縮めたが、その恩恵を享受したのは小商品生産者ではなく高利貸しを営む下吏層であった。

ただし上述のような後進性と跛行性を伴いながらも朝鮮財政は着実に進化を遂げていた。軍事部門では火器や軍用布において朝鮮前期より向上したし、商業部門では仲買問屋に対する収取制度が確立した。貨幣部門では銭遣い制が選択され、銭による財政収支が普及したし、金融部門では政府や営邑による高利貸しが成長した。そこには権力機関による客主・京主人・民庫を通した新たな収奪も生まれたが、無名雑税や甲利によって庶民が一方的に窮乏化したとは言えない。中国でも銭糧や漕米など正規財政の外には各種付加税や商業部門からの非正規徴収（地方的徴収）が存在した。これらは商品経済の発達により深刻化したが、一八世紀前期の牙行制度改革で一旦決着し、一九世紀に地方財政需要が増大し「苛税雑捐」の収奪が生起すると、郷紳層が公局を設置して釐金や捐輸の公平な割り付けや地方行政の部分的肩代わりを行った。一九世紀の朝鮮でも、確かに旅客主人は権力機関と癒着して浦口の収税権者に退化したが、同じ頃漢城の貢人や市廛は貢市人詢瘼を通して権力機関との利害調整に尽力していたし、地方では松都商人らが市場網を拡張させていた。

後期朝鮮経済が直面した最大の危機は倭銀流入の杜絶によって中継貿易が行き詰まったことであろう。シルクロード沿いのオアシス都市や琉球のように中継貿易を中心とした外部依存型経済に立脚した地域は環境変化に対して脆弱である。しかし朝鮮は本来農業国であり、中継貿易の比重もさほど大きくはなく、国内で商業的農業や家内手工業を育成し、それらを基盤に萌芽的段階の「国民経済」を発展させる可能性も十分にあった。ただ目に見える成果を挙げられないまま開港を迎えたのである。

あとがき

二一世紀に入って嫌中本や嫌韓本が巷の書店や公立図書館に溢れ出した。しかしこの間中国や韓国が日本に何をしたというのだろうか。確かに歴史問題や領土問題は依然として未解決のまま横たわっている。だがそれなら嫌露本は何故出版されないのだろう。極右が勢力を伸ばしていると言われるヨーロッパでもさすがに嫌土本や嫌希本などは堂々と刊行できないし、戦後オーデル・ナイセ線以東を割譲させられたドイツに「自虐史観」という発想はない。

とはいえ私の周囲の明清史研究者は、現在の政権に対してはさておき、総じて中国が好きだし、もちろん私もその一人である。しかし朝鮮史研究者は必ずしもそうではないようで、たとえば思想史が専門のある大学教授は嫌韓本の中で朝鮮をインカ帝国のような中世社会だったと書いている。嫌いなものを研究対象に選んだのはご自身の不幸としか言い様がないが、いくら嫌韓が金になるとはいえ、学者としての矜持を平気でかなぐり捨てることができるこの国の同調圧力は空恐ろしい。またＮＨＫが放送する韓流史劇の吹き替えでは朝鮮時代の登場人物が「朝鮮」と発語している部分を極力他の表現に置き換えているが、局の方針として「朝鮮」という語はたとえ歴史的文脈であっても使わないことにしているのであろうか。だとすれば誰の如何なる意向を忖度しているのであろう。

かくの如く韓国・朝鮮については専門家でもわからない点が多い。そしてそれらは、たとえば朝鮮半島の言語を「ハングル」と称するが如き目に見える形の政治的配慮を通り越して、国民的雰囲気の域に達していると思われる。この雰囲気を共有できない私はひょっとしたらまだまだ門外漢なのかも知れない。私の知らない恐ろしい韓国・朝鮮がどこかにあるのだろうか。その密教的で淫靡な世界が知りたくて近所の図書館で許多の嫌韓本の類を渉猟したが、結局何の成果も得られなかった。基本的にどれもまず嫌悪感があって、その理由は後付けなのである。私は明清史研究者としての知見から朝鮮の商業が中国より二世紀ほど遅れていたと推測しているが、先述の大学教授は恐らくインカ史についてほとんど何も知らないだろう。

確かに、一見すると朝鮮が停滞社会であったような史実も少なからず存在する。たとえば日本では新安沈船に象徴されるように中世から宋銭や明銭が輸入されており、貨幣経済が発達していたのに対し、朝鮮では常平通宝が本格的に通行する一八世紀まで現物貨幣による「物々交換」が行われていた。しかしこの違いを商品生産の発展水準の格差によるものだと単純に理解することは早計である。蓋しベトナムやジャワなどでも中国銭を輸入しているからである。また朝鮮が日本に先んじて綿布の輸入代替生産を開始したことも無視できない事実である。結論から言えば、中世日本は社会的分業の展開と貨幣経済の発達を原動力として中国銭を輸入したというよりは、東方見聞録に黄金の島と紹介されているほど金の産出量が多く、銅銭を輸入する対価が潤沢であったからである。対して朝鮮は中国との経済的同質性が高く、中国が欲する鉱産物や熱帯の特産物を産しなかった。そのため高い費用を掛けて中国の銅銭を輸入する動機に欠けていたと言える。このことが結果的に商品生産の成長を阻害する一因となった可能性は否定できないが、ただ単に金属貨幣を必要としないほど遅れた社会であったというのは明らかに誤りである。歴史は多様な要因が複雑に絡み合って形成されており、それを剔出するためには地道な史実の発掘と鳥瞰的視座からの観察に拠らなくてはならない。間違っても自国を礼賛し、特定の国や地域を貶める意図から、都合の良い部分を切り貼りして偏った物語を紡ぎ出すべきではないのである。

本書は純然たる歴史学の専門書であり、偏見を払拭するために著したものではないし、私が浅学である故に誤りも多々あろうと思われるが、東アジア理解のための一助になれば幸いである。ただ本書を読んで下さる読者がそう多くないことは覚悟しているし、それは必ずしも日本のナショナリズムによるものとは限らない。

今日、中国や朝鮮半島の歴史に関心を持ち、東アジア史研究を志す若者が、安定的地位を確保して研究に没頭できる可能性は極めて小さい。私が駆け出しの頃にも特定の若手研究者に対する理不尽な差別は存在したが、現在では歴史学全体が淘汰の対象となっており、余程の僥倖に恵まれない限り研究職に就くこと自体が困難なのである。将来の可能性を秘めた若手研究者が非常勤講師の掛け持ちに疲れ果て潰れていく事例を私は数多く知っている。私は勤務先で余剰人員扱いを受けて心を患ったが、身分保障を受けている点で彼らより遙かに恵まれている。また低賃金で不安定雇用の非常勤講師のおかげで我々常勤教員が口に糊することができることも知っている。私は被害者であると同時に不本意ながら加害者の側にも属しており、潔く職を辞する勇気も持たない臆病者なのである。そこでせめて在職中は持病に配慮しながら大学教授としての肩書きに恥じないよう最後まで研究を続けようと決意した。前著出版後僅か三年で本書を刊行した理由はこれに尽きる。そして本書の続きは大学の紀要などで随時発表していくつもりである。

なお本書の刊行に当たっては北九州市立大学より「学長選考型研究費Ｂ」による出版助成を得た。また研究面ではソウル大学校の金泰雄先生と釜山大学校の金東哲先生に許多の御教示を頂戴した。記して感謝の意に代えたい。最後に九州大学出版会の永山俊二氏には前書に引き続きお世話になった。厚くお礼申し上げます。

二〇一七年九月二七日

山本　進

索　引

さ行

た行

な行

は行

〈著者紹介〉
山本　進（やまもと　すすむ）
1959 年　滋賀県生まれ
1989 年　名古屋大学大学院文学研究科博士後期課程修了
現　在　北九州市立大学外国語学部教授

主要論著
『清代財政史研究』汲古書院，2002 年
『清代社会経済史』創成社，2002 年
『清代の市場構造と経済政策』名古屋大学出版会，2002 年
『明清時代の商人と国家』研文出版，2002 年
『環渤海交易圏の形成と変容』東方書店，2009 年
『大清帝国と朝鮮経済』九州大学出版会，2014 年

朝鮮《ちょうせん》後期《こうき》財政《ざいせい》史《し》研究《けんきゅう》
——軍事・商業政策の転換——

2018 年 3 月 10 日　初版発行

著　者　山　本　　進
発行者　五十川　直行
発行所　一般財団法人　九州大学出版会
〒814-0001　福岡市早良区百道浜 3-8-34
九州大学産学官連携イノベーションプラザ 305
電話　092-833-9150（直通）
URL　http://kup.or.jp/
印刷・製本／大同印刷㈱

ISBN978-4-7985-0226-7